长江边的后浪

贺雪峰 主编

武汉大学社会学院
2018级研究生读书生活

人民东方出版传媒
东方出版社

序言

贺雪峰

（武汉大学社会学院院长）

2002 年我从荆门职业教育技术学院调到华中师范大学中国农村问题研究中心工作，中心主任徐勇教授委托我主持中心研究生读书，遂成立研究生读书会，布置读书任务，每月一次读书检查与交流。坚持下来，效果很好。2004 年我从华中师范大学调到华中科技大学社会学院工作，成立了中国乡村治理研究中心，继续主持中心研究生读书。华中师范大学中国农村问题研究中心研究生是政治学专业，华中科技大学研究生是社会学专业，专业不同，读书要求却一样。

2017 年年底我调到武汉大学，担任社会学院（原社会学系）院长，在武汉大学社会学院推动学生读书。不仅全力推动研究生读书，而且推动本科生读书。两年多时间下来，武汉大学社会学院学生"以读书为业"已成风气，除上课以外的几乎所有时间，同学们都泡在图书馆读书。同学们号称"8-10-7"读书，即每天早八晚十、每周七天泡图书馆读书，不是抱怨而是自豪，因为他们也没有想到自己竟然可以在大学期间如此自律。

本书选入的主要是武汉大学社会学院 2018 级研究生的读书生活总结。2018 级研究生遭遇到读书，是一场"美丽的误会"。我是 2017 年 12 月调到武汉大学担任社会学院院长的，2018 级研究生早在 2017 年 9 月就已保研，10 月就已考研报名，无论是保研还是考研的同学都是按传统研究生培养模式来预期研究生生活的。传统研究生培养模式大都是研究生参加导师课题，做课题调查，完成硕士论文毕业。我担任院长后要求同学们除上课以外的时间都必须泡图书馆读书，提出"两不要一要"，即读研究生期间不要参加课题，不要发表论文，要读书。这完全超出了同学们的想象力，同学们对此很意外、反感乃至反抗，都是可以想见的。

2017 年年底，我在武汉大学社会学院开始动员本科生与研究生读经典。在全院老师尤其是党委书记李玉龙同志的支持下，建立了各个年级定期与学院主要领导交流的制度——"与院长面对面交流"制度（简称"面对面"制度）。每个年级每个月与院长等学院主要领导进行一次深入的交流，主要交流内容为一个月的学习、锻炼和作息情况。每位同学用大约几分钟时间报告个人情况，并就个人学习过程中产生的困惑提问，由学院主要领导对每个同学的情况进行点评，并答疑解惑。这样，社会学院全体本科生和研究生每个月就都有一次与学院主要领导当面深入交流的机会。同一个年级每个同学汇报的个人情况不仅是汇报给老师的，更是汇报给所有同年级同学的。每个同学提出的学习困惑就不仅是他个人的困惑，而可能是所有同年级同学的困惑；学院主要领导的答疑解惑也就不只是针对提问题的同学，而是针对整个年级。结果，一次面对面交流下来，耗时四小时，既交流了同学们的学习生活情况，又解答了同学们学习中存在的各种疑难问题。可以确信，当前大学生群体都是很愿意进步的，他们存在的问题主要有两个：第一，方向不清晰，方法不明确，容易陷入迷茫状态；第二，学习动力不足，难以坚持。通过每月一次"面对面"交流，就为所有同学提供了进步的方向，解答了成长中的困惑，提供了持久的动力。刚开始，同学们状态比较迷茫，动力也不足，外在压力大于内在动力，控制作息难，安心读书难，坚持锻炼难……不过，每月一次的"面对面"所营造出来的强大氛围（政治正确、学风倡导），不断让同学们审视自己的学习状态和锻炼作息情况，部分同学很快就调整过来，成为每次"面对面"的表扬对象，其他同学也受到感染。仅一个多学期，在"面对面"制度和全院师生共同努力下，社会学院的学风就有了很大转变。建成武汉大学学风最好学院的目标很快成为共识。

2018 年春节以后，武汉大学社会学院正式实施"与院长面对面交流"制度，主要是动员学生体系化阅读经典。学院为全院本科生列出 80 余部社会学经典书单，其中入门类和必读类有 50 多部，是每个本科学生的必读书目。学有余力的同学再读拓展类书籍，结果大多数本科学生竟然将拓展类书籍也读完了。研究生方面，我进入武汉大学社会学院时，2016 级研究生已是二年级下学期了，"面对面"交流一次，效果不佳，同学们都已经在考虑就业的事情，就没有贸然去组织。学院重点组织 2017 级研究生进行体系化经典阅读，因为他们才研究生一年级下学期。刚开始组织 2017 级研究生读书有难度，很多同学不理解，甚至有很多同学找借口不愿参加"面对面"；直到 2018 年秋季学期，2017 级研究生才真正形成了阅读习惯。

2018 年春节后开始实施"面对面"时，2018 级研究生还没有报到，且考研的同学也还在等待复试。到 2018 年 3 月底考研同学复试结束，社会学院建立了"武汉大学社会学院 2018 级研究生读书群"，要求每个保上或考上武汉大学社会学院的研究生自己制订 9 月开学前五个月的学习计划，要求每个同学每月体系化阅读四至六本社会学经典著作，最好从古典时期社会学家的著作读起，每个月检查一次。2018 级研究生在未入学前毫无心理准备地遭遇到学院的强制要求，很多同学之前制订的毕业旅游计划因此"梦碎"，不理解、畏难和畏惧是当时同学们的主要心态。武汉大学社会学院 2018 级研究生自 2018 年 4 月开始体系化阅读经典训练。收入本书的很多同学都回顾了他们遭遇读书要求时的心理状态，此处不再赘述。

需要说明的是，我到武汉大学社会学院来主持本科生和研究生读书的同时，仍然主持华中科技大学中国乡村治理研究中心的读书会，其中 2017 级研究生读书会有 20 多名成员，这些同学读书早就保持"8-10-7"的节奏，其读书已经相当在状态了。而且，华中科技大学中心读书会几乎每年都会利用暑假组织读书，或者说暑假每个月读书会同学都是不放假的。2018 年暑假，华中科技大学中国乡村治理研究中心读书会 2017 级研究生同样不放假；考取武汉大学社会学院的部分 2018 级研究生也想找地方读书，我让这些同学到华中科技大学参加集体读书。参加华中科技大学 2018 级研究生暑假读书班的同学，除武汉大学社会学院以外，还有华中科技大学、华中农业大学、四川大学、浙江师范大学、海南师范大学等学校的一些同学。这次暑假读书班对同学们读书学习产生了深远影响，参加了暑假读书班的同学进入各自学校读研以后仍然坚持体系化阅读经典的习惯，同样取得了良好的效果。因此，本书收录了部分参加暑假读书班的非武汉大学社会学院研究生的读书生活总结。

2018 级研究生在 2018 年 9 月入学报到的当天，开学典礼后紧接着就举行了首场"面对面"，学院对每位同学之前五个月的读书情况进行了总检查。之后，2018 级同学正式开始了在校读书生活。因为武汉大学社会学院是将研究生体系化阅读经典作为一门课程计入学分的，到 2020 年 4 月，同学们要交一份读书总结作为学分依据，遂有了本书收录的研究生读书生活总结。

2018 年 9 月底，随着 2019 级研究生推免保送的完成，我们将所有保送到我院的推免生召集到武汉进行了为期三天的学习动员，并建立了 2019 级研究生读书群。最重要的是，由于 2019 级研究生人数比较多，从而建立了学习小组，每组七八名同学。学习小组从此成为武汉大学社会学院研究生读书学习和生活的基本组织形式，尤其是在 2020 年疫情期间，各个研究生学习小组和本科跨年级学习小组通过每天打卡，保持了高度的组织性和自律性。

2019 年暑假，武汉大学首次实行第三学期制，主要针对本科生，为期一个月。社会学院将第三学期延长到 50 天，并将研究生纳入进来，主要是利用暑假集体读书。研究生暑假放假两周，其他时间都在学校图书馆读书。2017 级研究生和 2018 级研究生皆如此。2019 级研究生也采取自愿原则，绝大多数 2019 级同学在 7 月 3 日提前到武大报到参加暑假读书班。

2019 级研究生读书状态应当更甚于 2018 级。等到 2019 年 10 月初，2020 级研究生推免结束，保研到我院的 50 名同学也立即组织起来集体读书，也同样组建了读书学习小组。2020 年 5 月初，考研的同学面试录取后也迅速加入集体读书，全体 2020 级研究生正式开始"8-10-7"的读书奋战。

2020 年遭遇新冠肺炎疫情，我院学生与全国一样无法上学，便开启了以网络远程教学为主的全新教学模式。我院将之前与各本科和研究生年级每月一次的"与院长面对面交流"制度频次改为每十天一次，每个月总汇报一次，研究生各学习小组（含 2020 级未入学研究生）每天坚持学习小组的打卡。本科生则坚持跨年级打卡，从而建立了强有力且高效的基层学习组织。整个疫情期间，我院学生始终保持了昂扬的学习状态，甚至一点也不亚于在校时。这也说明，经过两年以学生为主体的学风建设，我院学生已经相当自律。"自律"也正是收入本书同学所写读书总结中的一个关键词。

2019 年年底，武汉大学图书馆统计各个学院学生人均进图书馆次数，我院排在第一。在当前大学生普遍浮躁，本科生和研究生都很难静下心来阅读经典的情况下，我院学生能做到"8-10-7"泡图书馆读经典，仅就这一点来讲，我院学风建设也是十分成功的。

研究生培养不仅要改变浮躁的状态，让研究生能安心学习，更要具备正确的训练方法。我一贯以为，研究生期间最为重要的训练就是通过体系化阅读学科经典来训练思维能力。中国文人的一大缺点就是想象力过于丰富，思维发散，缺少严密的社会科学思维能力。通过体系化阅读西方社会科学经典著作，尤其是社会学、经济学、政治学和人类学经典著作，不仅可以掌握社会科学的理论与方法，而且可以训练出社会科学思维能力。因此，我将研究生的严格学术训练等同于体系化的经典阅读。早在 2002 年主持华中师范大学中国农村问题研究中心研究生读书会时，我就对研究生提出了"两不要一要"的要求。实际上，我们不仅不让研究生参加导师课题研究，不允许研究生发表论文，而且较大幅度减少了研究生的课程要求，也反对包括大数据分析在内的各种技术性的训练。当前社会学研究生教育中，不仅越来越重视课堂，重视老师的授课，而且极其重视社会学方法和技术的训练。我以为，没有社会科学思维能力，没有社会学思想，再好的技术和方法也是无用的；反过来，只要有了社会学思想和社会科学思维能力，任何技术和方法都可以成为我们认识世界、解释世界的工具。

下面，简单讨论一下为什么研究生严格的学术训练等于体系化的经典阅读及相关的认识问题。

1. 什么是严格的学术训练

相对于自然科学来讲，社会科学公理性比较差，存在着多元的真理，基本上不存在一个理论代替另外一个理论的问题，社会科学之间的关系不是相互替代的关系，而是相互补充的关系。不同的社会科学理论提供了不同的看问题的视角，以及不同的分析社会问题的工具，各有所长也各有所短。因此，社会科学严格的学术训练，主要是通过体系化阅读社会科学发展史上的经典著作，来掌握社会科学理论和方法，同时训练社会科学思维能力。在长期持续不断的阅读中内化形成社会科学思维，积累社会科学知识。

相对来讲，大学本科时期体系化的课程可能会比较重要。经过十二年基础教育的积累和大学四年广泛的知识接受，学生在研究生阶段就需要通过自主学习形成学习能力和研究能力，具备基于专业经典体系阅读的学科视野与思维能力。在研究生阶段，用两年时间专心致志做体系化经典阅读这一件事，比继续通过上课来接受碎片化的知识，要重要得多。

2. 为什么需要读西方经典

之所以主要读西方社会科学经典有两个原因：一是社会科学是在西方产生的，二是西方社会科学同时也是一套分析的逻辑体系。通过体系化阅读西方社会科学经典，可以在掌握社会科学理论与方法的同时，训练思维能力。西方社会科学经典是磨刀石，研究生是刀，通过成体系的长期专注阅读，西方社会科学经典著作这块磨刀石就将研究生思维之刀磨得锐利。

既然读西方社会科学经典的目的是磨思维之刀，就应当坚持读硬书、硬读书。读硬书就是读比较难懂的具有相当挑战性的经典著作。因为是硬书，就只能耐着性子慢慢理解，从认字开始，逐步读懂读通，这样一个读懂读通的过程同时也是不断提升阅读者思维能力的过程。在阅读具体的社会科学经典中形成一般化的社会科学思维。所谓硬读书，意思是阅读经典等硬书时，不要轻易借助辅导资料和教材，甚至不要指望老师来教，而要一字一句地读，慢慢体悟。即使理解错了也不要紧，后面的阅读会对前面的错误理解进行自动纠正。只有经历了绞尽脑汁的从认字开始的读懂读通过程，才可能真正进行思维训练，才可能提高思维能力。

3. 为什么要体系化阅读经典

一般我主张社会学科的研究生读四个学科的经典著作，这四个学科分别是经济学、政治学、人类学和社会学，至少应有两个学科的体系化阅读。

一般来讲，一个学科中被称为经典的著作，都是其提出的问题至今仍然在讨论的著作。从古典作家的经典著作开始阅读，尽可能通读每个经典作家的所有著作。连续体系化阅读，就可以在不断重复经典作家的著作阅读中理解和打通。从古典作家向现当代作家一路读过来，后面的作家会不断提到、回应之前作家的问题，与之前的经典问题对话。通过对后来作家的阅读，可以更加深刻地理解古典作家，以及理解整个学科体系，学科问题成竹在胸。

社会科学不同学科是用不同的概念和方法讨论工业化以来的人类社会，研究对象是一致的，因此，本质上不同学科是相通的，一个学科的体系化阅读和贯通性理解，会极大地帮助对第二个学科的阅读：原因一是有了第一个学科的阅读，阅读能力、思考能力将大幅度提高；原因二是学科之间是相通的。因此，读通一个学科如果要一年半时间的话，读通第二个学科可能只需要半年时间。

通过多个学科的体系化阅读，就可以极大地提高思维能力，掌握丰富的概念与方法工具,也就可以具备用社会科学理论来分析现象的能力,而不是仅从教材上学到一些抽象概念,然后用概念来套现实。

4. 读翻译过来的西方社会科学经典行不行

当然可以。读经典既要逐字逐句,又要连蒙带猜,在语境中理解。读经典前,研究生已有一定社会科学基础,他们读经典仍然艰难,就是翻译过来的经典著作,字都认识,意思却不是很清楚,要反复琢磨、反复猜。大概觉得懂了就再往后看,觉得不对再翻到前面看。这样反复琢磨,就逐步理解了经典著作的部分意思,不能说已经完全读懂,更不能说精准理解,却多少懂了一些。继续读,读得多了,理解能力提高了,之前似懂非懂的东西越来越懂,再回头看之前感觉没有读懂和读起来很艰涩的部分,就往往能够看懂,而且还能感觉到翻译者的翻译错漏。读多了,通过上下文语境就可以很容易理解翻译过来的西方经典著作。当然,翻译质量高的著作读起来更愉快,翻译不够好的著作,也可以让阅读者在连蒙带猜中迅速提高理解能力。

5. 读经典的三重效应

前面讲到读经典可以学习社会科学理论与方法,训练思维能力,这是读经典的两重效应。此外,因为经典难读,非得全神贯注、长期坚持才能读懂读通,任何三心二意都是读经典的大敌。因此,两年时间专注阅读经典,就极大地提高了研究生的专注能力和意志力,就使得他们在今后思考任何艰难问题时可以凝神聚力找准一个点集中发力,产生出思维的持续爆发力。这样一种专注的品质是快餐时代获得成功最重要的稀缺品。

6. 读书要读经典,不要读教材

这条也非常重要。辅助资料往往让读经典进入捷径,这样即使学到了知识也没能训练能力。自己读经典,不借助教材,不请教老师,个人冥思苦想反复琢磨,就是训练思维的过程。看起来走了弯路,其实,走弯路正是要达到训练的目的。正如通过长跑来锻炼身体,就必须要一圈一圈跑下来而不能直接走到终点。长跑的目的是跑步而不是直接到达目的地。读经典的关键是读而不是背诵具体的知识。

这个意义上，读经典千万不要指望有一个好老师来指导。好老师是学生读经典的"毒药"，真正有创造力的研究生从来都不是老师培养出来的。老师传授知识很容易变成只有知识，甚至陷入无关紧要的知识细节，却丧失了一般化的思维能力提升的机会。

7. 读经典的目的是提升自己的能力

有一种误解，以为读西方社会科学经典就是要去研究古希腊历史，当大学理论课教师，做学术翻译工作，或是为了显摆自己有文化，等等。但，这些都不是目的。读西方社会科学经典的目的只有一个，就是要训练出具有锐利社会科学思维能力的研究生，这个研究生走上社会之后具有强大的分析能力、思维能力，有解释问题和解决问题的能力。一句话，读经典是要训练研究生一般性能力而非获取具体知识，虽然不反对获取具体知识及一定会获取具体知识。

8. 读经典要靠集体

读经典是非常个体化的事情，因为只有自己仔细读，慢慢体会理解，才能读懂读通。这个意义上，读经典是一项孤独的事业。

不过，仅仅个人读经典往往很难坚持下去。第一，读不懂，很容易怀疑自己的智商，认为自己不适合读经典；第二，读经典很容易陷入细节，走不出来，甚至走火入魔；第三，读经典长期看不到进步，或陷入瓶颈，会丧失信心；第四，一个人读书感到孤单，走着走着就疲惫了、就迷失了；第五，没有环境就没有比较，也就很难认识自己；第六，很难有节奏感；第七，一个人读书，掉到思维陷阱就上不来；第八，个人读书缺乏交流，得不到激励；第九，读书方法陷阱；等等。一言以蔽之，一个人读经典往往很难坚持，能坚持的往往也是意志力极其强悍的；换句话说，也就是很偏执的，偏执的读书人越读越偏执，很容易就走火入魔了。所以，长期读经典，必须靠集体。

当前高校研究生读书会很多，不过这样的读书会往往集中于读单本书上，甚至集中于讨论具体知识上，这样的读书集体很容易因为无法照顾每个研究生的读书节奏，难以满足每个研究生个性化的读书要求，而无法坚持下去。

自 2002 年以来，我主持研究生读书检查汇报会，就如前面讲的"面对面"交流，一般不讨论具体知识问题，将读经典的主体性完全交给研究生。这样一来，一方面调动了每个研究生内在的读书积极性，让他们可以保持自己的节奏，另一方面则通过集体读书氛围营造，答疑解惑，鼓励加油，比学赶帮，形成了集体激励机制，从而让所有研究生都可以通过两年体系化的经典阅读，大幅度提升个人能力，真正实现研究生阶段的严格学术训练。

2020 年五四青年节，一个题为"后浪"的短视频抒情朗诵热爆网络，这是最近 20 年对青一代的最强自信。也有人说是中年人对年轻人的最大献媚。无论如何，年轻人是祖国的未来。毛主席说："青年人朝气蓬勃，正在兴旺时期，好像早晨八九点钟的太阳。希望寄托在你们身上，世界是属于你们的，中国的前途是属于你们的。"

中国当然是属于年轻人的，世界也是属于年轻人的。年轻人要拥有这个世界也必须有准备，机会从来都只留给有准备的年轻人。没有准备的年轻人就不可能成为推动历史潮起潮涌的后浪。当前一个时期，大学生努力程度是很高的，因为他们很清楚自己要靠本领面向未来。不过，当前中国大学生也普遍比较浮躁，甚至急功近利，钱理群说的"精致的利己主义"至今仍然是大学的普遍现象。本科生用大量时间追求外在符号，研究生不读经典，这是当前大学再普遍不过的现实。这样的精致利己主义者当然不可能成为推动历史潮起潮涌的后浪。后浪必须有一个真正提升自己能力的准备。

武汉大学社会学院 2018 级研究生可以说是遭遇了读经典这个事件。不过，这次遭遇正在变成最美好的回忆。因为 2018 级研究生用两年时间"8-10-7"泡图书馆读经典，极大地提升了自己的能力，他们一定会变成汹涌澎湃的后浪，他们用奋斗的青春完美诠释了后浪是如何炼成的。我相信，只有经过艰苦努力和刻骨铭心，我们才能有一个值得铭记的青春，也才会有一个辉煌卓越的未来。

这是一本记录后浪挥洒青春、快速成长的书，是一本青春励志的书，是一本可以为所有本科生和研究生尤其是文科专业研究生提供启示的书。

是为序。

2020 年 5 月 23 日

目 录

想要的成长终实现

——研究生读书生活总结

陈瑞燕

（武汉大学社会学院 2018 级研究生，本科毕业于华中科技大学）

不知不觉，研究生两年读书生活已经接近尾声。读书之前，觉得要完全放下其他杂念，纯粹地去读两年书太漫长了；两年过去，回首再望时却觉得犹如弹指一挥间。两年中也是常常觉得时间过得太快了，怎么就过年了、怎么又要放暑假了，总希望时间走得慢一点，可以再多读几本书。两年时间是快的，内容却无比充实，每一年每一学期乃至每一天都觉得刻骨铭心。

这两年来，受到了太多帮助、支持和关心，我常常觉得要感谢许多人。老师是引路人，读书会小伙伴的陪伴与支持，还有许许多多师兄师姐乃至师弟师妹带来的帮助等等，这些仅用文字是不能够表达的。所以最后的总结仍是以我为主，讲讲两年读书生活给自己带来的改变，以及自己对读书本身的一些思考。

一、从不可能到无限可能

本科大三的时候，开始面临毕业抉择，读研、找工作，抑或是考公务员，有很多选择，可我总觉得不管选择什么，自己都做不好，找工作没有实习经历，读研自己好像也没什么悟性、论文每每写得很痛苦，考公务员又觉得官场复杂自己适应不了。那段时间很自卑很迷茫很挣扎，总觉得好看的皮囊是别人的，有趣的灵魂也是别人的，自己却没个性、没特点、没想法。虽然本科大多时候，自己也蛮乐观积极的，但是自我怀疑、迷茫焦虑的情绪也常常袭来，经常因为一些小事，类似说错一句话，一个不好的举动等，而埋怨自己许久。

研究生第一年的时候，偶尔也还会焦虑紧张茫然，而研二这一年再回想起来，发现已经好久没有这样的情绪了，即使这半年因为疫情滞留在家读书学习，也没有太大的情绪波动，也没有因为家里事情多、妈妈生病住院等而焦虑心烦。因为不管是对现在还是对未来，心中有一种确定感。这种确定感不是来自确定以后从事什么行业什么工作，而是一种对自我的确定感，是觉得以后不管从事什么工作自己都会做得不差，而且也总觉得这个社会可以做的、值得做的、需要我们去做的事情有太多太多，不止是那些看似已经设定好的职业和道路，自己的未来充满无限可能。

每次开读书会，我们经常会聊到，感觉老师们特别神奇，每次指导点评总是能把大家的一些消极情绪转化成积极能量，会说"缺点不是缺点，而是每个人的特点，会转化成我们的优势""不怕负能量，就怕没能量"等等。如果从旁人的眼光来看，可能会觉得这只是一种精神安慰的方式，但实际上如果身在其中去体会，会发现这是一种思维方式，是一种辩证的、流动的思维。我以前很多时候会因为遇到一些糟心的事情而受困于负面情绪，很难逆向思维，不停地后悔闹心，总想着要是没遇到这些糟心事、麻烦事该有多好，不愿意接受现实。包括这段时间在家看护母亲也是如此，很难从种种遭遇中看到其中所蕴含的力量与光亮。而自己在两年读书生活中，从书中，从老师身上，从读书会朋友们身上，逐渐耳濡目染到这种思维方式，改变了看待生活和面对苦难的眼光，可以从不可能中发现可能。

社会学看重结构，讲结构和个人的关系，每个人都处于不同的结构相交汇的结构点上，这个结构点就是我们在这个社会上所处的位置。结构会束缚我们，而我们也可以反思结构，从而驾驭结构。但往往我们会受困于结构，不是我们驾驭结构，而是我们被结构推着走、压着走，所以才会觉得生活很艰难、自己很无力，感慨时代一粒沙，个人一座山。尤其是社会学和社会工作的专业知识学习中，都有很强烈的"问题视角"，关注社会不公、不平等、社会苦难等。这些确实能培养个体的社会关怀，但只是表面简单地学习这些专业知识，会导致只见现象而不见结构，只见树木而不见森林，难以看到这些苦难和不公背后的结构性原因。久而久之便只有对抽象社会的不平等和不公的泛泛印象和情绪，这种情绪也会反攻自我，形成对现实对未来的消极感、无力感。这种感觉可以大致概括我本科时的感受，自我的焦灼和面对社会不公的愤慨汇聚一身，但是其中的个体面和社会面却是异常撕裂的，所以呈现的是焦虑和拧巴的状态。而这两年对社会学经典的系统阅读，让我明白了个人和结构的这种关系，让我去重新认识自己、定义自己，反思那些塑造我的结构。尤其是在布迪厄那里，受到的启发特别大，他将抽象结构化作了我们日常生活中的衣食住行，每个人的所言所行所表都带有过去的痕迹、历史的痕迹、结构的痕迹，告诉我们人从何处来，又会往何处而去。

我一直是个大大咧咧的人，说话做事有点急性子，往往顾及不到那些细节。之前对家庭、对家乡、对自身周遭环境多是呆滞，很难发现那些发生的故事以及那些自己面对的人的特点，所以常会觉得自己无趣、生活也无趣。但是在家这几个月，我发现自己会不自觉地去观察爸妈、观察弟弟，看他们说话做事和相处的方式方法，重新认识和反思自己的家庭关系，以前因为家庭纷扰而积郁许久的东西忽然哗啦啦全都被冲刷而去。虽然明白家庭里有些结构性的东西是无法改变的，但是面对家庭不再是之前的混沌与无序。保研之后老师有一次找我聊天，那段时间正因为家里发生的一些事而苦恼，老师说："现在正是父母的壮年，你要相信他们有能力去应对这些事，他们是大人，他们现在能够为子女遮风挡雨，你此刻要做的、能够做的是全身心地投入到自己的成长中，这才是真正无愧于父母。"当时看来只是安慰的话，却是这两年来能够放下心理负担、排除杂念、专心于自己成长的动力。现在转眼再看，家庭结构已不再是自己的束缚。

在家这段时间，我也重新认识了家乡和家乡人的劳作方式、生存方式，现在对周围的事物好奇心总是特别强，感觉身边发生的不管大事小事都值得观察和了解。曾经觉得空洞无物的家乡鲜活了起来，任何看似不起眼的事物都蕴含着丰富的内容，都归属于一个广阔的知识体系和社会结构。这些不起眼的事物汇聚之处，便形成了一个个结构，每个人都踩在这些结构点上生活。

社会学家都说，现代社会是流动的社会、不确定的社会、风险的社会，这次新冠肺炎疫情也是让我们切身地体验了何为风险社会。而能够认识自己所踩着的结构和变动的结构，从而反思自己，便是有了对自我的确定感，能于不确定性中寻找确定，以不变应万变，化危为机，于风险社会所造成的不可能环境中发现无限可能。

二、我理解的经典阅读

关于经典阅读，学院和团队已经形成了一套较为体系的方法论，除了那些每次开读书会时耳濡目染感受到的，也有已经形成文字的，而我想结合这两年的读书生活，说说对其中一些点的切身感悟。

学院关于研究生培养和指导阅读经典的一些方法，会受到来自外界的一些追问和质疑。我开始阅读经典时，也不是完全理解和明白老师的指导方法所蕴含的道理所在，包括本科时也会听到身边一些质疑的声音，当我还未体会到这套方法论的内涵时，也会心有狐疑。所以开始时我会带着疑问去读硬书，以及参与到读书会的自治生活中，会想着那些质疑有没有道理，团队这套以阅读经典培养学生的方法论的道理又在哪里。其实对于已经经历两年读书生活的我们，这些都已不再需要解释，我们已经在实践中体会到了这些方法论，成为我们的经验和我们的身体记忆。但每个人的经验和形成的思考却是独特的，值得留存的。

第一个是读硬书。硬书，通俗来说就是很难读懂的书，很难读懂却硬要去读。脑细胞和其他身体细胞是一样的，坚持运动身体才会健壮，不停思考大脑才会保持活跃。遇到越困难的事，调动起的脑细胞也会越多。全身心读两年硬书，便意味着几乎每天大脑都保持高活跃的状态，攻坚克难，大脑经脉自然越来越粗壮，思维也越来越敏捷。硬书还有一个理解，指社会科学的理论著作，而不是涉及具体现象的经验著作。老师们常说，其实经验著作比理论著作更难读。本科时候读过《江村经济》，读完之后很疑惑这本书为何这么著名，记录的都是一个村庄的详细琐碎的生活，不懂有何意义。理论是经验的高度抽象，是更一般的规律，也是日常生活大量琐碎事件背后更本质的东西。社会科学是关于人的研究、关于社会的研究，人和社会都是变动不居的，不同的地方不同的人就会发生不同的故事，不同的故事背后却蕴含着一般的、本质的规律。浸泡式阅读社会科学的理论著作就是不停地思考，不断地体会人与社会中那些不变的、本质的存在，理解了人类社会中不变的存在，便能够于纷繁多变的社会故事中抓住要害，不至于陷入信息泡沫中。从理论到经验还需要生活，需要经历，但理论阅读的思维训练却是基础。

第二个是体系化阅读。配合读硬书的，一定是体系化阅读，也就是按照社会学的发展阶段，一个大家一个大家地系统阅读他们的著作，然后再一个学科一个学科地阅读。读硬书时，首先遇到的便是读不懂，体系化阅读则不强调一定要每本书都读懂读通，更重要的是读下去。比如说我读韦伯的第一本著作时读不懂，但是没关系，至少是一个字一个字读完了，然后再接着读韦伯的第二本、第三本、第四本，把他思想体系相关的主要著作全都读一遍，这便是体系化阅读。大家的思想体系是贯通的，不同著作之间是勾连的，所以往往读他的一本书很难明白他在讲什么，而只要坚持一本本地读下去，之前读不懂的后来也就懂了。大家的核心思想也是通过不同的书来不停地论证、不断地完善，所以第一本、第二本读不懂的地方，在第三本、第四本中大家可能又有新的论证，然后自己豁然开朗。另一方面，体系化阅读对理解一个大家、一个学科来说是更系统深刻的。阅读一个大家，往往最先看到的是他的脑袋、胳膊、腿，然后是眼睛、鼻子、嘴，最后才能认识他的心，体系化阅读便是不停地认识这个大家，直到最后才能抓住他的心。对于一个学科也是如此。

第三个是集体读书。我们不是一个人在读经典，而是一群人在读，共读不寂寞。读书本身是一件很个人化的事情，一本书，不同的人会读出不同的理解，阅读时也会有不同的经验，绝对不会有普适的阅读方法和标准。集体读书不仅不是要所有人读书读得都一样，反而是让大家明白并不存在普适的读书方法。就拿做读书笔记来说，有些人做，有些人不做，有些人摘抄句子，有些人只记关键词，有些人手写做笔记，有些人用电子工具，等等。集体阅读是提供一个公共空间，让大家去分享自己的阅读经验，如何攻下那些硬书、难读懂的书。现在有很多关于如何读书、如何阅读的方法指导书，但所有这些书只是分享一个人的读书方法、技巧、窍门等，这些经验放到另一个人身上可能便不适用了。而我们在集体阅读的过程中，每个人都有自己的读书经验，并且会面对面分享自己的经验，这样我们便可以实验各种各样的读书方法，这是一本《如何阅读一本书》这样的阅读手册所远不能包含的。

说到集体读书，一般都会想到读书会，学院确实每个月会给我们开读书会，但是老师们常说开的是"读书检查汇报会"，顾名思义，主要是他来检查我们的读书情况，指导一下方法，帮我们调整一下心态，并不会跟我们进行读书内容上的交流。这也是常常被质疑的一点，觉得老师不指导内容怎么能叫读书会，只听学生汇报书单怎么知道他读没读，读得怎么样，学生谎报老师也不知道。但实际上每月给我们开的"读书检查汇报会"只是集体读书的一部分，学院将读书内容的交流活动交给了我们自己，让我们自发组织起来交流读书经验、交流读书内容，这个部分可以称为读书会自治或者读书小组自治（2019 级的经验）。读书会自治，在于我们自发地、主动地探索如何进行读书交流、如何营造一个公共讨论的空间、如何将读硬书这个高难度动作进行下去。我们在自发组织集体活动时，不管是娱乐活动还是读书交流，老师都是不在场的。尤其是对于具体的读书内容交流，我们会组织读书论坛，论坛上有主持人、发言人、评论员，但这些人都是我们自己来担任，全程没有老师参与。最开始的时候，我们也会有点交流不起来，也会想着要不要请老师来指导一下，后来多组织几次以后发现我们越来越能聊得来，也聊得很深入，每每还觉得意犹未尽。现在想想，尤其是读完哈贝马斯之后，觉得没有老师的读书论坛和读书交流，是有其道理的。也明白了老师为什么常说，老师指导学生读书，不能进行读书内容上的指导，老师把自己对书的思考全都讲给学生，这样学生是读不好书的。

在老师和学生之间权力关系是不对等的，老师在传道授业解惑的过程中，是代表着权威、代表着正确、代表着标准的，当有个正确答案在时，学生便会受制于这个答案。但是就社会科学而言，我们常常说的是，"没有对错之分"，社会科学强调的是不同视角的思考、多维度的思考，大多时候对一个现象、一个问题，很难说哪个视角或解释是唯一的绝对的。所以读书过程中更重要的是要激发学生不受限制的、自己思考的能力，而不是参照老师的思考方向去思考，参照一个正确标准去思考，这也是老师让我们读书时直接阅读经典，而不要去读参考书的原因，学院在开读书检查汇报会听我们的读书报告时，也从来不说谁说得不好、谁理解得不对。有老师指导的读书交流和我们学生自己开的读书论坛，可以说是一家之言和百家争鸣的区别，在读书论坛中，成员之间都是平等的，没有谁说得更对更正确，人人都可说，人人不怕错，说出来的都是属于自己的，那种从自己脑子中迸发出的思考所带来的快感和兴奋是从别人嘴里获取知识时的感受所无法代替的。这也是哈贝马斯所说的交往理性的道理所在，去权威的、身份对等的讨论和交流，才是消除了主体理性对他者理性的暴力，实现真正的理性的自由。

三、读书会自治和集体成长

前面说到集体读书时提到读书会自治，这也是我两年读书生活中很重要的篇章，自己很多的成长不仅是来源于读书本身，还来自和读书会小伙伴们的相处。而正如前面所说，读硬书与集体读书也是分不开的，一个人读硬书很难坚持下去，一群人读硬书却是可能的，两年读完100—150本经典并不是梦。但两年前的我是没有这样的意识的。

本科的我一向独来独往，从小到大也总是自己的事情自己扛，不习惯向人袒露自己的内心和想法，也不太会语言表达。在华中科技大学参加本科读书会时，贺老师总说我们是游击队，研究生才是正规军，我当时不明白这是什么意思。只是大二下学期到大三参加读书会一年多的时间，确实没有读太多书，经典书常常读不下去，便会找些"软书"来读，没课的时候自己都是一个人去图书馆，偶尔读书会读出空虚感、孤独感和无意义感。直到2017年大四保研结束后11月份，贺老师向我们提出更严格的读书要求，让我们向研究生师兄师姐学习，也说甚至可以跟他们坐在一起读书。但是我做不到，还是一个人在图书馆寻了一个安静的位置，和一个考博的师姐一起学习，有人一起学习一起吃饭，相比之前一个人读书时，不再会感到孤独空虚，虽然读硬书时出现的具体困惑无人一起交流，常常觉得很是头痛，但是很喜欢这样时光静静流淌、每天不紧不慢、阅读时也能获得一两点思考的节奏。所以每每想到毕业的暑假以及未来两年要一群人一起读书时，我都觉得有点心塞。一个人的自在，两个人时的陪伴，都觉得舒适自由，三个人以上的共读我却很难想象出是什么样子。

所以2018年暑假集体读书最开始的时候，我一直不太适应，觉得极其受束缚并且有压力，当时读书上进展也不是很顺利。之前自己独立惯了，有什么事情如果让我自己去做或许可以做得很好，但是要让我和别人一起合作完成我却不一定能做得到。天天有许多人在耳边嗡嗡嗡，我不知道该听谁说，在集体中我往往找不到自己的位置，就好像失去了自我。后来我慢慢甩掉一些心理包袱，也可能是大家慢慢熟悉了的原因，也适应了一起读书的节奏，从大家身上也学到很多东西，不过当暑假集体读书结束时还是松了一口气。但是想想研究生读书马上又要开始，我又叹了一口气。

集体读书是包含读书会自治这个重要部分的，就是我们一起读书，同时一起交流读书中遇到的困难和一些读书经验，还有组织一些集体活动来锻炼身体放松心情，所以最开始的时候无论如何还是需要一个组织者的。老师一般都会找参加读书会时间长的、对读书会了解多的同学来做这个桥梁。暑假的时候是飞哥（飞哥研究生在华科读）主要操持组织集体活动和读书交流相关事宜的，我有事就找他沟通一下，然后他来决定和主控，即使如此我也还是觉得读书会组织者的责任太重了，我没法适应这个身份。虽然不知道到武大之后，以前在华科的研究生读书会模式会不会有调整，还是预期到自己已经站到这个结构点上，所以内心会焦虑和担忧。

到武大读研究生，选择导师后，学院要求读书，导师组也要求读书。贺老师让我牵头导师组同学的阅读。老师最初也没有直接要求我们去组织大家开展集体活动，但是每次谈话中能感觉到他对我们一级、对我们导师组的期待。我当时也很困惑该怎么办，虽然对前面几届的读书会和集体活动有一点了解，我却没有做好担当组织者这个角色的准备，特别慌。后来跟师姐约饭时，一个师姐跟我说，虽然现在你处在这样一个结构点上，最终选择权却还是在你，是承担这个角色、积极主动地做一些事，还是就安心读自己的书、给导师组传递一下大家的情况。当时觉得师姐说的蛮抽象，谈的是个人和结构的关系，我不是很明白，不过后面帮忙分析的这些话却让我清晰了不少，可以放下无用的情绪焦虑。后来实践证明，行动比瞎想更能解决问题。

当然后来在跟大家相处的过程中，包括组织一些读书分享和集体活动时出现了很多摩擦。虽然本科参加读书会两年有余，实际上对贺老师、对团队的读书方法和理念却知之甚少，很多事情我也不知道度在哪里，所以会找2017级师兄师姐请教一些经验，但是我又没办法结合我们年级的实际情况来灵活应对，生搬硬套的结果便是常常好心办坏事。我自己觉得压力很大，伙伴们也觉得我有点固执，对我的有些做法也迷惑不解。我很想与大家都能亲密相处，希望大家能够读书读得更顺畅，却因为有些做法把大家越推越远。

2019 年 4 月份导师组同学组织麻城春游和参加 8 月份的学术研讨班，应该是我们读书会自治建设的两次转折点，通过集中开会和讨论的方式把日常集体读书生活中积攒的彼此之间的误会和不理解给解开，把问题拿到台面上讨论，把心理包袱给放下。虽然两次我都觉得没把问题完全疏通和解决掉，但神奇的是，两次之后我们 2018 级读书会自治建设有很大变化和成长。尤其是参加研讨班之后，整个研二上学期到现在我们团队的集体活动都特别流畅和自如，读书交流和论坛组织愈发顺畅和深入，大家也觉得状态很好。我也觉得实现了我最初想要的集体状态——彼此真诚、互相关心牵挂、亲密信任。尤其是上学期有次我遇到电信诈骗，和诈骗者网聊 4 小时之后心力交瘁到最后崩溃无助时，最先想到的还是去图书馆找小伙伴们，看到他们来时心安的感觉或许此生难忘。

正是这两年的集体读书生活，让我学会了如何和集体相处，如何在集体中找到自己的位置，如何与人合作，如何信任他人，如何打开自己，也从伙伴们身上看到了更丰富精彩的世界。这些是一个人独处时无法体会到的。本科的时候，和朋友聊天常常说到，不喜欢集体聚餐、群体活动等场合，觉得束缚、不自在，在群体里越发觉得孤独。现在看来，和集体相处也是一种需要训练的能力，是在趋向原子化、个体化的现代社会中愈发需要的能力。从社会学来讲，人，是社会性的存在，包含两个部分，一个是个人性的自我，一个是社会性的自我，社会性的自我会帮助建立更坚定的个人性的自我，但是现代社会的个体主义浪潮淹没了个体社会性自我的一面，也越来越缺乏培养个体社会性自我的机制，从而个体性自我的一面也越来越迷茫、焦虑与不确定。而两年集体读书生活，是对我社会性自我这一面的重塑，使我找到了自我确定感。

最后再谈谈对导师组读书会会长这个角色的理解。会长或是组长，在我看来是组织者、集体活动推动者乃至服务者，它并不是一个权威、一个核心，这是我感受到的集体在培养人时一个特别的地方，在学生之间营造一个去权威的环境，以塑造平等的自由的理性的公共讨论氛围。会长的角色就像举办学术论坛时的主持人一样，负责串场控制时间，而主角是那些论坛的发言。营造一个良好的读书氛围和积极的公共讨论环境，是与读书会中的每一个人都脱不开的，与每一个人的读书坚持与积极参与都分不开。不管是在集体，还是在读书会，只要积极便都可以成为核心，会长不代表就是读书最出色的、最好的，评价标准一直都是来自自身、来自读书的用力程度和思考程度，核心是自己赋予自己的，边缘也是自己赋予自己的。只要愿意努力、积极、坚持、勇敢，每个人都有机会成为这个舞台上最出彩的舞者。

对于读书会具体如何自治方面，一句话：都是实践出来的，正如毛主席说的"实践出真知"。读书论坛怎么组织集体运动、如何安排务虚会、茶话会怎么开，都是我们一起交流讨论、实践、再讨论反思、再实践得来的。理想不是说出来的，而是实践得来的。不同的年级会遇到不同的情况，具体的组织办法也就不一样，从来都没有一个读书会该如何组织与自治的书面标准，可以彼此分享经验，最终选择还要结合实际情况。

四、尾声

读书会有一个前辈，一直是我仰望的对象、看齐的目标。我曾想象着两年之后会成长为你的样子，最后我却没有成为你，而是成为了我自己，我明白了这才是成长最好的模样。我本科时期心心念念的、想要的成长终于实现，可以从容地对自己说一句："姐妹恭喜你，你长大了。"

阅读书单 ①

涂尔干

《教育思想的演进》 《职业伦理与公民道德》

《道德教育》 《孟德斯鸠与卢梭》

《乱伦禁忌的起源》

韦伯

《宗教社会学·宗教与世界》 《古犹太教》

《社会学的基本概念》 《印度的宗教：印度教与佛教》

《经济与历史 支配的类型》 《马克斯·韦伯传》（玛丽安妮·韦伯著）

《法律社会学》 《支配社会学》

《非正当性的支配》 《经济行动与社会团体》

《学术与政治》

斯塔夫里阿诺斯

《全球通史》

马克思、恩格斯

《哥达纲领批判》 《德国的革命与反革命》

《路易·波拿马的雾月十八》 《法兰西内战》

《共产党宣言》 《资本论》第一卷

《家庭、私有制和国家的起源》 《资本论》第二卷

《马克思恩格斯选集》第一卷 《资本论》第三卷

《1844 年经济学哲学手稿》 《反杜林论》

凡勃伦

《有闲阶级论》

莫斯

《礼物》

鲍德里亚

《消费社会》

马尔萨斯

《人口原理》

---

① 每篇文章后附作者阅读书单。书单中书目的分类方式、顺序等皆遵循作者原意。——编者注

波兹曼

《童年的消逝》

贝尔

《后工业社会的来临》

齐美尔

《货币哲学》　　　　　　　　　《时尚的哲学》

《宗教社会学》　　　　　　　　《桥与门》

《历史哲学问题》　　　　　　　《社会学——关于社会化形式的研究》

《哲学的主要问题》　　　　　　《生命直观》

《叔本华与尼采》　　　　　　　《金钱、性别、现代生活风格》

库恩

《科学革命的结构》

过渡时期

帕累托《精英的兴衰》　　　　　布劳《社会生活中的交换与权力》

米德《心灵、自我与社会》　　　曼海姆《保守主义》

曼海姆《意识形态与乌托邦》　　曼海姆《重建时代的人与社会》

曼海姆《文化社会学论集》　　　帕累托《普通社会学纲要》

帕森斯《社会行动的结构》　　　默顿《社会理论与社会结构》

霍克海默、阿多诺《启蒙辩证法》　马尔库塞《单向度的人》

马尔库塞《爱欲与文明》　　　　舒茨《社会世界的意义构成》

戈夫曼《日常生活中的自我呈现》　科塞《社会冲突的功能》

米尔斯《社会学的想象力》

福柯

《疯癫与文明》　　　　　　　　《规训与惩罚》

《词与物》　　　　　　　　　　《临床医学的诞生》

《知识考古学》　　　　　　　　《惩罚的社会》

《不正常的人》　　　　　　　　《必须保卫社会》

《安全、领土与人口》　　　　　《生命政治的诞生》

《福柯》（加里·古廷）　　　　　《福柯与布朗肖》

《主体性与真相》　　　　　　　《主体解释学》

《说真话的勇气》　　　　　　　《性经验史》

《什么是批判》　　　　　　　　《自我技术》

《福柯集》（杜小真编）　　　　　《乔姆斯基、福柯论辩录》

索绪尔
《普通语言学纲要》

布迪厄
《继承人——大学生与文化》　　《实践理论大纲》

《再生产》　　《国家精英》

《区分：判断力的社会批判》　　《实践感》

《单身者舞会》　　《男性统治》

《自我分析纲要》　　《关于电视》

《反思社会学导引》

斯考切波
《国家与社会革命》

斯沃茨
《文化与权力》

哈贝马斯
《合法化危机》　　《认识与兴趣》

《理论与实践》　　《后民族结构》

《交往行为理论》第一卷　　《交往行为理论》第二卷

《重建历史唯物主义》　　《哈贝马斯》（詹姆斯·芬利森著）

《公共领域的结构转型》　　《后形而上学思想》

《现代性的哲学话语》　　《包容他者》

吉登斯
《资本主义与现代社会理论》　　《批判的社会学导论》

《社会的构成》　　《社会学方法的新规则》

《现代性的后果》　　《现代性与自我认同》

《权力、财产与国家》　　《民族—国家与暴力》

《超越左与右：激进政治的未来》　　《亲密关系的变革》

《第三条道路》

政治学
冯友兰《中国哲学简史》　　梁漱溟《中国文化要义》

布迪厄《帕斯卡尔式的沉思》　　柏拉图《理想国》

柏拉图《政治家》　　柏拉图《法律篇》

亚里士多德《政治学》　　孔飞力《叫魂》

霍布斯《利维坦》　　洛克《政府论》

托克维尔《旧制度与大革命》　　马基雅维利《君主论》

托克维尔《论美国的民主》　　卢梭《论人类不平等的起源和基础》

卢梭《社会契约论》　　穆勒《论自由》

孟德斯鸠《论法的精神》　　托马斯·潘恩《常识》

汉密尔顿等《联邦论》　　汉密尔顿等《联邦党人文集》

边沁《政府片论》　　边沁《道德与立法原理导论》

霍布豪斯《自由主义》　　诺齐克《无政府、国家与乌托邦》

福山《政治秩序的起源》　　罗尔斯《正义论》

托克维尔《旧制度与大革命》

欲行万里路，先读万卷书

——我的研究生读书生活

何晨

（武汉大学社会学院 2018 级研究生，本科毕业于本院）

转眼研究生生活已经过去了大半，经典阅读也已经持续了两年的时间。回顾过去的这两年，不得不感叹自己由内而外发生了蜕变，可以说是洗去浮华，整体得到了沉淀。详细而言，我的成长体现在了两方面。治学上，更关注事物的核心本质，不困于表象，学会了透过现象看本质和抽丝剥茧的逻辑思维。为人上，生活态度更加积极，心境变得平和，更加细致和沉稳，交友时更加注重思想的有益碰撞，甚至能够成为激励朋友们进步的存在。

一、认知

在详述自身成长之前，首先要谈谈对于经典阅读的认识及态度的转变过程。行为建立在认知的基础上，因此真正的成长是始于我真正认可和接受了系统阅读训练之后。

两年前，也就是 2018 年的 4 月，所有准研究生被拉入了一个微信群，我们直接收到了学院布置的任务，要求立刻开启每天从早到晚不停歇的经典阅读，甚至要直接向院长反馈学习情况。不知大家是否和我一样，第一反应十分复杂，迷惑、震惊、紧张，种种情绪混杂在一起，完全不包括积极的情绪。迷惑的是为什么还没有研究生开学，甚至连本科都还没有毕业，就要求我们开始研究生的训练；震惊的是这种闻所未闻的训练方法，让习惯了兴趣主导、自由学习的培养方式的我不禁惊呼"魔鬼训练"；紧张的是我们每个人都需要直接和院长沟通，而在大多数大学生心目中，"院长"仿佛是一个触不可及的存在，可能直到整个大学学习生涯结束，都不会被院长记住名字或是面容，我们却还没开学就已经和院长一一对接上了。其实在较长的一段时间之内，我一直维持着这样的心情，对这套体系化经典阅读训练保持着负面的看法和抵触的情绪。快四年的本科学习阶段，我一直是处在较为自由的学习氛围当中，除了课本知识范围内的硬性规定，大多数的经典书籍老师只作推荐，并不会强行要求我们阅读。"兴趣是孩子最好的老师"这句从小听到大的俗语使我的自由导向学习方法根深蒂固。我一直会挑选自己感兴趣的方向进行深入的拓展学习，自然对于忽然而来的体系化经典阅读训练十分不习惯，大多数经典的话题沉重、表述拗口，对没有兴趣的我来说无休止地阅读这些书籍简直可以说是煎熬。硬着头皮读了一个月，心情愈发烦躁。就在这时，心态第一次发生了转变。

和朋友讨论当时的一起社会事件时，忽然联想到了正在看的书籍中所提到的只言片语。朋友感叹说大家都在享受毕业前的狂欢，而我居然还能看得进去这么晦涩的内容，还说我"听起来很高级的样子"。当下忽然就有了成就感，前一个月的痛苦片刻间在朋友的欣赏和肯定下消散无影。我发现阅读经典并不像我自己想的那样只是枯燥乏味地消耗了时间，即使抱着抵触的心态阅读，我依然汲取到了不少养分。对"体系化经典阅读训练"的看法也因此从"折磨"变成了"磨炼"。心态发生变化之后，每天不再是抱着消极的态度阅读，尽管依然时不时感到坐不住、看不进去，但明显的，阅读的速度有了较大的提升，烦躁情绪到访的次数也越来越少。而真正的接受和肯定则是 2018 年暑假之后了。开学后见到了久违的一同保研的本科同学，感觉大家气质都发生了变化，短短几个月成熟了不少。我一边认识到几个月的"体系化经典阅读训练"真正给人带来的积极的变化，一边期待着我是否在他人眼里也有了这般进步。另一方面，开学后在经典阅读上我不再是孤军奋战，能够和朋友们共同奋斗。一同早起，一同步行到图书馆，一同啃硬书，一同用餐，一同锻炼，一同回寝室，一同交流心得感悟。这种大家一起进步的氛围让我感到非常积极和充实，也从此正式走上了稳步前进的体系化经典阅读训练成长之路。

二、成长

1. 治学

体系化的经典阅读要求读硬书、硬读书，相比起深入理解书本内容，更重要的是通过"8-10-7"模式磨炼阅读能力、理解能力、文字能力和意志力。以往我认为读书就应该深入，对每一个存疑之处刨根问底，坚信着学业在精不在多。体系化经典阅读却要求我们尽可能地提升阅读效率，舍弃对细枝末节的纠结，可以在欲钻牛角尖时囫囵吞枣。另外，经典中所涉及的理论知识已经有后人进行了简洁明了的总结，且辅以社会案例辅助理解，阐述语句也通俗易懂，然而体系化经典阅读却要屏蔽这种高效的学习方法，转而阅读相对晦涩甚至显得有些陈旧的经典书籍。以前我觉得如果要学习知识，直接看前人总结好的核心理论模型讲解就可以了，简单明了又比较高效，毕竟原著没有经过后人发展，在叙述上也显得十分繁赘。此外，最开始也并没有"体系化阅读"这个概念，不理解经典阅读的核心在于体系化，以为只要不停地读、读的都是经典书籍就可以了。尽管阅读量起来了，但书和书之间没有联系，整个阅读进程是零散而跳跃的。

逐渐，在不断的阅读和自省过程中我找到了上述问题的答案，也在治学上得到了长足的进步。经典阅读，相比起说它是知识学习和吸纳的过程，更应该说它其实是能力的训练。正如我所理解的那样，理论体系我们早已在本科阶段进行了高效率的课程学习。但我们以往是站在巨人的肩膀上直接吸收他人的理解成果，在这个中间，我们的理解能力其实并没有得到提升。因此，经典阅读训练正是要求我们回归原始书籍，去理解那些晦涩难懂的语句，去提升我们的阅读效率，训练我们的理解能力，扎实我们的文字功底。这样才能帮助我们更好地进行社会学研究，提升能力才是为治学打下基础。阅读效率上来了，就可以在未来研究中高效过滤文献和访谈录中的有效信息；理解能力上来了，就可以透过现象看本质，抓住社会具体事件、群体现象、矛盾问题等的核心；文字功底上来了，就可以良好表述我们的研究成果。也因此我对"读万卷书，行万里路"有了新的个人理解。对于我们社会学研究者来说，实地考察与社会观察是研究基础，正可以类比为"行万里路"，而经典阅读是我们进行社会学研究的基础。因此，对于社会学研究者而言，欲行万里路，先读万卷书。

就我本人而言，经过这两年的读书生活，快速阅读的能力、长难句的解读能力都得到了长足的进步，写作能力、叙事能力与话语逻辑都随之得到提升。且时常能够拨开复杂问题的外衣指出其核心所在。

2. 为人

治学能力的提升是一方面。经典阅读带来的蜕变不止于此，它远远延伸到学业能力的提升之外，体现在我生活的各个方面。性格方面，以往我总是急性子、心气浮躁，这两年来逐渐变得温和平静，得到了沉淀，可以说是逐渐摸到了"不以物喜，不以己悲"的至高心境的门槛。性格上的变化尤其体现在疫情发生以来。武汉封城后，大事件层出不穷，整个网络上沸沸扬扬，处于疫情中心——武汉的我，周围的亲友都十分焦虑，我却并没有感到恐慌。回顾了身体状态后基本确定自己与家人没有健康方面的问题，于是劝慰身边的人无需恐慌，只要做好防护就能够确保安全，实在没有必要忧心忡忡，大可安心在家。之后超市物资紧缺，又引起了家人的一轮恐慌情绪，我依然十分平静，统计了家里已有物资的存量后，联系社区确定能够保证每周一团购，就安慰家人生活一定是有保障的。事后父母也对我的沉稳冷静感到惊讶，表示我这两年性情着实沉稳不少。此外，专注的时间也显著增长，很少出现"坐不住"的情况。意志力和心性也得到了磨砺，成功去掉了"娇生惯养"的标签，能够吃苦耐劳，硬着头皮克服困难。这也体现在了体育锻炼上。曾经我怕苦怕累，连八百米跑都觉得是十分困难的事情，现在有了一坐大半天的意志力，能够咬牙坚持长时间、长距离的有氧运动。得益于此，身体素质大大改善。总的来说，两年的经典阅读使我形成了良好的自身生态循环，积极锻炼塑造健康体魄，健康体魄保障经典阅读，经典阅读提升个人能力，同时锻炼良好心境，提升能力收获积极反馈，良好心境达成积极生活状态。

最后，除了我本人自身的成长外，交际情况也随着经典阅读有了些积极的变化。以前我交友是以性格相合、共同兴趣为主导，平时的交流也基本是聊些娱乐八卦，或者商量着聚会享乐。自从开始了经典阅读，我开始和朋友们交流读书感悟。不只是和体系化经典阅读训练的"战友们"交流密切，共同进步，其他院系的朋友们也受到了影响，他们在感叹我的进步的同时也多多少少受到了一些激励，我也很荣幸能够成为朋友们中传播正能量的那个人，也很欣慰我能够给朋友们带来或大或小的积极改变。

积极的个人状态是良好生活的前提，经过体系化经典阅读训练，我能够以更向上的生活态度、更健康的体魄、更积极的社会关系、更沉稳的性格面对生活。就我个人看来，对于生活这条道路，同样也应"欲行万里路，先读万卷书"。

阅读书单

1. 已读书单
涂尔干
《社会分工论》 《自杀论》
《宗教生活的基本形式》 《孟德斯鸠与卢梭》
《实用主义与社会学》 《社会学方法的准则》
《道德教育》 《乱伦禁忌及其起源》

韦伯

《社会科学方法论》　　　　　　　《学术与政治》

《新教伦理与资本主义精神》　　　《儒教与道教》

《宗教社会学·宗教与世界》　　　《社会学的基本概念》

《支配的类型》　　　　　　　　　《法律社会学》

《经济与社会》第一卷　　　　　　《经济与社会》第二卷

《宗教与社会》　　　　　　　　　《非正当性的支配》

马克思、恩格斯

《资本论》第一卷　　　　　　　　《资本论》第二卷

《马克思恩格斯选集》第一卷

齐美尔

《时尚的哲学》　　　　　　　　　《货币哲学》第一卷

《货币哲学》第二卷　　　　　　　《货币哲学》第三卷

《生命直观》　　　　　　　　　　《社会是如何可能的》

《现代人与宗教》　　　　　　　　《社会学：关于社会交往形式的探讨》

《历史哲学问题》

弗洛伊德

《精神分析引论》　　　　　　　　《梦的解析》

米德

《心灵、自我与社会》

米尔斯

《权力精英》　　　　　　　　　　《社会学的想象力》

戈夫曼

《日常接触》　　　　　　　　　　《日常生活的自我呈现》

帕累托

《社会行动的结构》　　　　　　　《普通社会学纲要》

《精英的兴衰》

帕森斯

《社会行动的结构》

默顿

《社会理论与社会结构》

曼海姆

《保守主义》　　　　　　　　　　《思维的结构》

《意识形态与乌托邦》

布迪厄

《反思社会学导引》　　　　　《男性统治》

《单身者舞会》　　　　　　　《实践的逻辑》

《自我分析纲要》　　　　　　《言语意味着什么》

《关于电视》　　　　　　　　《继承人——大学生与文化》

福柯

《疯癫与文明》　　　　　　　《规训与惩罚》

《主体解释学》　　　　　　　《词与物》

《知识考古学》　　　　　　　《求知意志》

《临床医学的诞生》　　　　　《不正常的人》

《古典时代疯狂史》　　　　　《声名狼藉者的生活》

哈贝马斯

《后形而上学思想》　　　　　《合法化危机》

《公共领域的结构转型》　　　《重读历史唯物主义》

《包容他者》　　　　　　　　《后民族结构》

《理论与实践》

吉登斯

《超越左与右：激进政治的未来》　《失控的世界》

《第三条道路》　　　　　　　《现代性的后果》

科塞

《社会冲突的功能》

卢梭

《社会契约论》

斯宾塞

《社会学研究》　　　　　　　《群学肄言》（严复译作）

2. 计划书单

吉登斯

《晚期社会的自我认同》　　　《历史唯物主义的当代批判》

《社会学的方法新规则》　　　《资本主义与现代社会理论》

《民族—国家与暴力》

鲍曼

《现代性与大屠杀》

卢梭

《论人类不平等的起源和基础》

卢曼

《权力》

穆勒

《功利主义》 《代议制政府》

《论自由》

福山

《历史的终结与最后的人》 《政治秩序与政治衰败》

舍勒

《知识社会学问题》

洛佩兹、科斯特

《社会的结构》

凡勃伦

《有闲阶级论》

杜赞奇

《文化、权力与国家》

诺齐克

《无政府、国家与乌托邦》

奥斯特罗姆

《公共事务的治理之道》

亨廷顿

《变化社会中的政治秩序》 《文明的冲突与世界秩序的重建》

道阻且长，行则将至

——我的研究生生活

宋佳奇

（武汉大学社会学院 2018 级研究生，本科毕业于山东大学）

在写下这篇总结之前，我翻了翻朋友圈，2018 年入学时我写到，从山东济南来到了湖北武汉，从黄河下游来到了长江中游，从山大兴隆山千佛山软件园后山来到了武大珞珈山，那时的我还在因陌生的环境、湿热的气候、听不太懂的方言心生怯意，如今却发现，被疫情困住的这三个多月，我是多么想念这座烟火气十足的城市，这所有着极强历史厚重感的学校，这个全中国社会学中最有温度的学院和最亲爱的老师和同学们。

转眼间两年已逝，研三将至，这是漫长的两年，每天早出晚归，日复一日地读书、锻炼、交流，生活似乎没什么变化；两年的时光也实属短暂，梳理从保研至今的书单，竟发现已超过一百本，即将从社会学转向政治学、经济学经典的阅读，过去从未想过自己有这样的潜力，也在不知不觉中一步一步走向了研究生生活的结尾。

一、环境：难得的净土

回想本科，系里的老师都很"佛系"，对经典阅读从不做强制性要求，对学生也是以鼓励为主，那时的我常常偷懒贪玩，心思都在学生工作、社团活动上，每天跑这跑那忙得不可开交，虽取得了一些荣誉奖励，但内心是空虚的。大一上了一年的课也没能培养起我对社会学的兴趣，自然也毫无"社会学的想象力"，只知道社会学包罗万象，却又说不出个所以然。大二古典社会学课程让我仿佛找到了一丝社会学的灵感，知道了涂尔干的社会事实、韦伯的解释性理解和理想类型、齐美尔的形式社会学等简单概念，那时候把概念背得滚瓜烂熟，常常为闭卷考试时取得了不错的成绩而沾沾自喜。大三时以为自己不能保研，还曾一边准备出国，一边将武大社会学参考书目作为备考资料，现在想来，到这里读书还真是命中注定的缘分。

如果说本科是被调剂到社会学专业，那么本科期间的似懂非懂则让我下定决心在研究生阶段继续深入学习一探究竟。确定保研后，在学院严格要求下，从2018年4月开始走上经典阅读之路，清晰记得当时学院与每个人探讨学习规划，那时的我既有与社会学大牛交流的紧张雀跃，又暗暗想着这样的机会也就一两次，老师哪有时间把心思都放在我们学生身上呢。两年过去了，学院没变，学院的每一位领导和老师都没有变；在我们读书状态良好时从不吝啬表扬与鼓励，给我们继续阔步向前的动力；在我们偷懒倦怠时，也会一针见血指出问题所在；对每一位同学的读书进度与状态了如指掌。即使与学生交流到夜里十一点也从未有怨言，时时刻刻兑现着"一切以学生为本"的承诺。

经典阅读看似简单，真正做到营造宁静安稳的读书环境实属不易，老师们事必躬亲的做事风格，对学生关怀呵护的工作态度，于我们就是最好的言传身教。一帆风顺的日子，如果不是在逃避应有的苦难，那就一定是有人在为你负重前行，现在想来，真的是发自内心地感激。

二、读书：进步的欢喜

两年的经典阅读让我困惑又清醒。

读经典让人困惑。社会学包罗万象，社会学研究的问题多种多样，社会学著作的难易程度大相径庭，每一位社会学家也都有其独特的思想体系与研究方法。从古典过渡到后现代时期，社会学家们从宏观、中观、微观不同角度研究经济基础，也思考上层建筑；研究社会结构，也探讨社会行为；研究社会关系，也反思剖析自己……一本接一本读下来，我时常因自己管中窥豹，只了解冰山一角而感到力不从心，也总是忍不住懊恼到底要积累多大的阅读量才能拨开层层迷雾看个究竟。但在老师们的教导之下，我已不再过分纠结于这个问题。胡适说，怕什么真理无穷，进一寸有一寸的欢喜。人生之宽广，绝不是在于我们读过多少书，而是在于我们对自身的系统性维护。读经典就是训练思维、提升自身系统性的过程，我们可以记不清内容和具体观点，但要培养分析问题的能力，明确思路、掌握方法才是重中之重。

读经典也同样令人清醒。一是对自己的无知保持清醒。庄子有言，吾生也有涯，而知也无涯。以前在网上常常看到像"一年读完一百本书""一周读完一本书"之类的挑战，当时认为这是不可能完成的事。但在梳理自己从入学至今的书单后，内心多少是有些骄傲的，我从未想过自己也可以静下心来读这么多书。骄傲的同时也清醒地意识到了自己的短板与不足之处，多次反省，阅读过后记住了多少？不同观点之间有哪些联系与区别？在课堂上老师提到的书籍文献有多少是还没看过的？这些问题让人焦虑，也让我时时刻刻保持清醒。二是对自己的变化有了清醒的认知。2019年秋季学期社会学原著导读课的课程作业我选择了写韦伯著作的书评，当时我找到了大二也就是2015年时关于韦伯的读书笔记，文笔稚嫩，对书的总结也仅停留在内容表面，与现在相比，既没有纵向上的深度梳理，又未能从横向上与其他观点进行比较，更不必说联系当下我国现实情况去探讨问题。这，就是实实在在的、肉眼可见的成长吧。三是看待问题时能够保持清醒，不随波逐流，也不人云亦云。面对这次新冠肺炎疫情的冲击，武大社会学院的每名同学都理性又不失温度地观察着身边的人和事，从全球化、基层治理、社会心理、舆论治理等多角度记录这次疫情带给我们的影响，在纷繁复杂的观点中保持独立、批判性的思考，这就是两年经典阅读对我们思维和能力的提升。曾经看过这样一句话，社会学"让我们知道什么时候应当怀着生命的勇气与力量决裂与反抗，什么时候要怀着老成的性情面对人生的无可奈何"，那时的我还不能完全理解。如今看来，有想法但不固执，有好恶却能包容，耐寂寞也能融入，这就是社会学教给我们的。

三、生活：同行的快乐

木心说，"生活最好的状态是冷冷清清的风风火火"，经过两年的研究生生活，我深以为然。

生活是个体化且平淡的。说生活平淡是因为每天的活动范围都集中在图书馆、食堂、健身房、东湖绿道、宿舍五个地点，生活得很规律。在经典的阅读中仿佛整个世界都安静了下来，现在也越来越觉得，专注且不甘寂寞地做一件事是一种能力。如果有人问读经典能收获什么？我想，获得什么并不重要，读经典这件事本身就能让我们感受到平淡生活的可贵了。

生活也是集体化且热闹的。在动物世界中，海豚捕食需要默契的合作，宽吻海豚们通过用力摆尾搅动海水形成巨大的屏障将鱼儿困在其中，待鱼儿跃出水面正好落入口中，海豚便可以尽情享受这一场饕餮盛宴，这就是集体协作的力量。在经典阅读中也是如此，一个人走得快，一群人走得远。一个人读书时总是爱钻牛角尖，遇到晦涩难懂的部分抓耳挠腮止步不前，遇到不同的解读时也总是试图用一个观点去推翻另一个，殊不知最怕死读书、读死书。但在社会学院，我不是一个人在战斗，与师门、室友、朋友的交流与碰撞让枯燥的学术理论变得生动有趣，让个人单一的观点变得丰富多元，让平淡无趣的生活变得有滋有味，就像化在咖啡中的那颗糖，不知不觉感受到了那浓浓的甜。我们一起关注国内国外时事热点，一起讨论文化输出与意识形态碰撞，一起思索社会与个人的关系，一起品读古典现代至后现代乃至其他学科的经典著作，一起钻研锻炼方法与养生之道，一起分享快乐、分担忧愁……与他人口中"原子化"的研究生生活不同，我们是积极向上且多元化的共同体。

四、总结：无尽的未来

　　三分之二的研究生生活已经过去，有收获但还有太多太多的不足之处，与他人的差距自不必说，从自身出发一是对观点的梳理总结能力仍需加强，这应是未来一年经典阅读努力的方向，二是在阅读中仍存在浅尝辄止的问题，还应有取舍、深挖掘、多联想、常交流。希望在未来，我们都能敢拼敢闯，有所收获。

阅读书单

涂尔干

《社会分工论》　　　　　　　　　　《职业伦理与公民道德》

《道德教育》　　　　　　　　　　　《教育思想的演进》

《乱伦禁忌及其起源》　　　　　　　《宗教生活的基本形式》

《自杀论》　　　　　　　　　　　　《社会学方法的准则》

《实用主义与社会学》

韦伯

《学术与政治》　　　　　　　　　　《新教伦理与资本主义精神》

《中国的宗教：儒教与道教》　　　　《印度的宗教：印度教与佛教》

《古犹太教》　　　　　　　　　　　《社会科学方法论》

《经济与社会》

马克思

《资本论》全三卷　　　　　　　　　《马克思恩格斯选集》第一、二卷

齐美尔

《货币哲学》　　　　　　　　　　　《现代性的诊断》

《生命直观》　　　　　　　　　　　《现代人与宗教》

《宗教社会学》　　　　　　　　　　《社会学——关于社会化形式的研究》

《时尚的哲学》　　　　　　　　　　《大都会与精神生活》

《桥与门》　　　　　　　　　　　　《金钱、性别、现代生活风格》

曼海姆

《重建时代的人与社会》　　　　　《思维的结构》

《意识形态与乌托邦》　　　　　　《保守主义》

马尔库塞

《爱欲与文明》　　　　　　　　　《单向度的人》

米德

《心灵、自我与社会》

戈夫曼

《污名》　　　　　　　　　　　　《日常生活的自我呈现》

《公共场所的行为》

埃利亚斯

《文明的进程》

帕森斯

《社会行动的结构》　　　　　　　《现代社会的结构与过程》

滕尼斯

《新时代的精神》　　　　　　　　《共同体与社会》

米尔斯

《白领：美国的中产阶级》　　　　《社会学的想象力》

《权力精英》

科塞

《社会冲突的功能》

勒庞

《乌合之众》

贝克

《风险社会》

斯科特

《弱者的武器》　　　　　　　　　《国家的视角》

《农民的道义经济学》

戴蒙德

《枪炮、病菌与钢铁》

帕累托

《精英的兴衰》　　　　　　　　　《普通社会学纲要》

默顿

《社会理论和社会结构》　　　　　《科学社会学散忆》

波兰尼

《大转型》

哈耶克

《通往奴役之路》

怀特

《街角社会》

吉登斯

《社会学》　　　　　　　　　　　　《资本主义与现代社会理论》

《历史唯物主义的当代批判》　　　　《现代性的后果》

《第三条道路》

鲍曼

《现代性与大屠杀》　　　　　　　　《废弃的生命》

贡德·弗兰克

《白银资本》

温铁军

《八次危机》

三浦展

《下流社会》

科林斯

《发现社会之旅：西方社会学思想述评》

布迪厄

《自我分析纲要》　　　　　　　　　《男性统治》

《实践理论大纲》　　　　　　　　　《实践感》

《遏止野火》　　　　　　　　　　　《单身者舞会》

《继承人——大学生与文化》　　　　《国家精英》

《再生产》　　　　　　　　　　　　《关于电视》

《言语意味着什么》　　　　　　　　《自由交流》

《艺术的法则》

福柯

《规训与惩罚》　　　　　　　　　　《疯癫与文明》

《这不是一只烟斗》　　　　　　　　《必须保卫社会》

《知识考古学》

哈贝马斯

《合法性阅读》

图海纳

《行动者的归来》　　　　　　　　　《我们能否共同生存》

斯宾塞

《社会学研究》　　　　　　　　　　《群学肄言》（严复译作）

费孝通

《乡土中国》

陈心想

《走出乡土》

贺雪峰

《新乡土中国》

赫拉利

《人类简史》　　　　　　　　　　　《未来简史》

我的读书历程和感悟

杨珺中

（武汉大学社会学院 2018 级社会工作专硕，本科毕业于北京大学）

两年的读书生活已经实实在在地进入了尾声。现在回想起刚刚接触贺老师和刚刚来到武大社会学院的情形，真是有恍如隔世的感觉。

一、曲折的开始

怀着科研报国的理想，我本科报考的是化学专业。但在本科的四年里，我遇到了很多对我影响深远的老师和同学，他们让我逐渐明白，社会的发展在当下的阻力大多数情况下并不是来自生产力方面，也难以仅仅用经济发展、科技进步的方式来解决。在他们的影响下，我逐渐将目光转向社会科学，并尝试进行相关的调研和实践。这样，我保研来到了社会工作专业。在我的最初设想中，研究生阶段的任务主要是学会一些进行社会工作的技巧，结识一些朋友，拓展我的社会关系，拿一个专硕文凭做敲门砖——一言以蔽之，做一个进入工作的过渡。

2018 年 3 月初，贺老师要给所有参加考研复试的同学做一个讲话，也鼓励所有在武汉的保研的同学去旁听。恰好我当时在武汉，就欣然前往。在那次会上，贺老师操着他那浓重的口音，向底下的同学讲了一件事，就是读书的重要性。他希望每一个同学，不管来不来到武大，都要读书，读经典。我其实略有些诧异，在这个场合竟然听到的不是学院的广告，而是对每一个同学自身成长的期盼。那时还不了解贺老师的整体培养逻辑。对于读经典，我是非常赞同的，也短暂地进行了尝试，但是当时在忙于读社会这本大书，从事在当时的我看来比读书乃至整个研究生生活都更重要的一些事务，所以令我遗憾的是，从 2018 年 3 月到 8 月的半年里，我没有进行经典的阅读。

那半年于我而言是变动非常大的时期，一系列的变故打乱了我所有的想法和计划。我原本准备延期一年入学，用这一年的时间一方面读读书，一方面完成一些我一直以来的心愿，整理一下手头的资料和想法，但是最后仍然不得不选择了按期入学。在入学后的第一次汇报会上，我只好硬着头皮说我一本经典都没有读。

但是既然来了，就要好好读书。对于当时的我来说，这确实比较困难。一方面，剧烈的变迁向我提出了许多深刻的问题。理性地说，我应该先将这些问题搁置起来，专心投入到经典阅读的过程中，在经典阅读的过程中逐渐寻找问题的解决思路。但是实践中这有些难以做到，不断变化的形势和这些问题几乎占据了我全部的注意力，我在经典阅读的过程中不断对这些问题进行回想，实际上还是影响到了阅读的效率和专注度，在汇报的时候，我常常只好用"心烦意乱、心神不宁、心猿意马"来形容读书的状态。另一方面，一种强迫症的心态使我反复地品味看不懂和觉得理解得不够充分的地方，舍不得放过，而这样的地方又确实不少。这样，整个研一上学期，我的读书进度总是赶不上自己的计划，跟其他同学的进度差距越来越大，这又反过来让我更加焦虑，更加难以保持"在状态"。

所以综合起来的结果就是，在研究生的第一个学期，我只读了六本涂尔干的著作，虽然确实还是有不少收获，但是跟其他同学比起来就相形见绌了。

到了研一的下学期，情况终于有所改变。尘埃落定，专注度得到提升，阅读的又是我相对熟悉的马克思，效率也提高了不少。读书总算是步入了正轨。随后的日子就一天天变得快了起来，我也能够每天沉浸在读书的快乐之中。我也不再因为阅读的速度而感到焦虑，因为我知道，只要能够全神贯注全心全意地读书，我的收获也不会比读得快的同学差多少，而细细地品味也能够带来一些独特的风景。可以说，直到这个时候，我的读书生活才真正开始。

二、读书是集体的读书

随着与朋友分别而产生的过客感逐渐淡去，和院里同学们的关系日益紧密，我才逐渐真正理解了为什么贺老师一直强调集体读书。

读书看起来确实是一个个体化的行动，其他人没有办法替代自己去主动进行思考。但就算如此，读书仍然是需要组织的。本科的时候，我也曾经做过经典阅读的计划，当时的希望不过是每天 20 页，但即便这样，这个计划也很快因为繁重的日常事务而被搁置了。而在这里，没有一个同学半途而废，每个人都读到了最后，而且都感觉收获了巨大的成长，其中的原因，除了老师们悉心营造的有利于全心全意投入阅读的环境之外，读书的集体性质也功不可没。

从我自己的经历来看，在一开始的时候，集体读书可以起到相互监督、相互鼓励的作用。一个人读书的时候常常会怠惰：前一天没休息好，或者下雨天外面湿乎乎的，就不想去图书馆了，结果在宿舍一待就是一天，说是要读书，实际上也就磨蹭过去了。这时候要有个人问问你怎么没来图书馆啊，就不好意思赖着了。读书读了一部分觉得疲劳的时候，想看看消息，结果拿起手机就放不下了，这时候要有朋友在边上拍一下，就会如梦初醒地继续读书了。另外，贺老师举的一个例子让我印象深刻，读书常常会读到困难的地方，卡在那儿就会觉得沮丧，想自己怎么那么笨，跟周围的同学一交流，发现大家都感觉难，"心里顿时好受多了"。每天，当一起读书的小伙伴儿们围坐一桌把"汤"言欢，长时间读书带来的疲乏也就被一扫而尽了。

而到了后面，读书的乐趣出来了，主动性和积极性都高了，而且大家都有些知识储备了，集体读书的另一层重要意义就逐渐体现出来了：每个人有不同的思维模式，所以在读同一本书的时候会有不同的关注点，会受到不同的启发，对同一问题也会有不同的解读。有了集体，就可以在交流的过程中挖掘自己不曾注意的内容，也可以在观点碰撞的过程中获得更加深入的思考，完善自己的观点。对我来说还有一个更加有趣的工作，就是对不同观点进行理解和溯源，分析它的逻辑结构，寻找它建立在哪些基础的价值判断之上。

所以确实，读书是每个人的事情，每个人都要自己主动地投入思考。但它又不是一个人的事情，对大部分人来说，只有组织起来，集体读书，才能更充分地利用这两年经典阅读的时光。组织起来，就会无敌于天下。

三、读书的乐趣和动力

如果说集体读书是对经典阅读有利的外部因素，那么更为关键的内部因素就是读书的动力。动力来自读书的过程和读书的目的。

从过程来看，经典著作本身虽然很多比较艰涩，但也不乏有趣到让人想造梗背诵的文本。"这里是罗陀斯，就在这里跳吧。"这当然是不怎么高级的趣味，更高级一点的，是受到了经典作家的启发，产生或者改变了自己的观点。有时候作家的观点和自己的认知恰恰相反，不禁想与之辩论一番；或者是与之前另一位作家针锋相对，甚至是直接提出批评，那么不禁又要想请出那位作家在脑海中进行一场论战。论战的结果，往往不是压倒性的，而是明确了双方的思想基础之差异。而读书过程中最让人感到愉快的，是发现某位大家在经过一番论证之后，恰好得到了一个与自己的想法看起来一模一样的观点。特别是，或许我自己在阅读之前并不了解这位大家的观点，甚至对他的另一些观点抱以批判的态度，最后却发现他所提倡的方法、观点，正是我一直在奉行和模模糊糊地总结出来的。这样，我就可以为我"独立发现"了这个观点而自豪，而且一下子好像就有了了不起的大人物给它背书，可不是令人兴奋吗！

从目的来看，锻炼思维是读经典的最主要目的，经典著作可以培养抽象思维和逻辑方面的能力。除此之外，著作的内容也并非不重要。我从这些著作了解了社会学所关注的问题、常用的术语及其含义，了解了经典的思维框架，并且也通过自己的生活经历和价值判断，将经典著作的学术观点有选择性地融入自己的思维逻辑中，形成一套自己的思维体系，从而用来指导自身的日常生活实践和学术实践。得益于阅读经典的过程，我也能够不断地反过来审视自己的观点，解剖自己，思考为什么自己倾向于这种或那种理论，为什么对理论的认识和倾向会发生变化。

读书过程中的乐趣自然只有一边读书一边体会，而读书的目的，虽然一开始也能够大致地知道，但不能够深入地体会，也只有在真正感受到了自己的成长，感受到了思考在逐渐变得深入和获得解放之后，才真正转化为读书的动力，形成一个正循环。

读经典的时光很快就要过去了，我很受益于它，我会怀念它的。

阅读书单

涂尔干

《社会分工论》　　　　　　　　《自杀论》

《社会学方法的准则》　　　　　《职业伦理与公民道德》

《教育思想的演进》　　　　　　《宗教生活的基本形式》

马克思、恩格斯

《马克思恩格斯选集》第一卷　　《资本论》第一卷

《资本论》第二卷　　　　　　　《资本论》第三卷

《马克思恩格斯选集》第二卷　　《马克思恩格斯选集》第三卷

《马克思恩格斯选集》第四卷

韦伯

《新教伦理与资本主义精神》　　《社会科学方法论》

《儒教与道教》　　　　　　　　《经济与社会》第一卷

《经济与社会》第二卷（上）　　　　《经济与社会》第二卷（下）

齐美尔

《货币哲学》第一卷　　　　　　　　《货币哲学》第二卷

《货币哲学》第三卷　　　　　　　　《桥与门》

《历史哲学问题》　　　　　　　　　《社会学——关于社会化形式的研究》

曼海姆

《意识形态与乌托邦》　　　　　　　《保守主义》

帕森斯

《社会行动的结构》

默顿

《社会理论与社会结构》

米德

《心灵、自我与社会》

米尔斯

《社会学的想象力》

马尔库塞

《单向度的人》　　　　　　　　　　《爱欲与文明》

福柯

《疯癫与文明》　　　　　　　　　　《词与物》

《知识考古学》　　　　　　　　　　《规训与惩罚》

《性经验史》

布迪厄

《社会学家与历史学家》　　　　　　《再生产》

《实践理论大纲》　　　　　　　　　《实践感》

《科学的社会用途》　　　　　　　　《反思社会学导引》

《自我分析纲要》

哈贝马斯

《公共领域的结构转型》　　　　　　《社会科学的逻辑》

《历史唯物主义的重建》　　　　　　《交往行为理论》

吉登斯

《社会学方法的新规则》　　　　　　《民族—国家与暴力》

《现代性的后果》　　　　　　　　　《第三条道路》

斯考切波

《国家与社会革命》

两年读书改变了我

——我的研究生读书生活

陈璐

（武汉大学社会学院 2018 级研究生，本科毕业于中南财经政法大学）

说起来实在不可思议，我已经是一名即将迈入研三的学生了，两年的读书生活已经不知不觉进入尾声。对我来说，这两年过得既快又慢，在专注地读书时，往往意识不到时间的流逝，于是总是觉得时间过得特别快；然而，回顾两年来自己的成长，我又似乎觉得时间其实过得很慢，要不然两年的时间又怎么能读这么多的书、实现这么大的改变呢？

一

回忆起两年前的自己，那个时候的我已经确定保研，但是并不很坚定，只是觉得未来有了着落，不用担心要找工作还是考研。虽说未来似乎已经确定，我的内心却依然充满着迷茫与焦虑。一方面，对于学术研究，我尚未产生足够的兴趣，更没有远大的情怀与理想；另一方面，我也对自身的能力感到怀疑，不知道自己究竟适不适合做研究。那时候我常常会设想，如果没有保研，自己会选择做什么。从客观上说，选择好像是很多的，也是相当开放的；但是主观上要作出选择却十分困难，困难的原因在于感到自己没有能力去驾驭任何一种选择。因而，对我来说，即将到来的研究生生活可能只是一个"过渡"阶段，将关于未来的困难选择暂时搁置起来，与此同时希望自己能够在三年的时间里找到方向，并努力积攒能力。然而，具体该往什么方向努力，要如何努力，我却是不清楚的。

2018 年 4 月，学院在线上组建了一个准研究生微信群，要求我们开始读书，每个月定期汇报。听到这个消息的时候，我第一反应是有些惊讶，随之也备感压力。在我的认知中，研究生入学之前要么是放任自由，要么可能提前联系导师，再根据不同导师的安排自主学习，还没有听说过提前几个月就将所有的准研究生统一组织起来要求读书的，而且强调是阅读西方社会科学的理论原著。尽管对此我没有心理准备，但是由于从本科阶段开始老师们就苦口婆心地告诉我们读书的重要性，所以最终也能够理解学院的这种安排。可是理解是一回事，自己能否下定决心去做却是另一回事。

最初一个月开始读书，刚好是在提交本科毕业论文的时候，另外也为一些琐事困扰。那时的我对于很多事情不太能分得清轻重缓急，也不知道如何取舍，所以还没有将所有的心思都用到读书上来，读书的时间没有保证，读书的态度也不够认真。当然，这是以我现在的眼光去评价当时的读书状态，自然会觉得很不满意。但是实际上，第一个月结束我读了四本书（虽然都很薄），相较于过去已经是不小的进步，再加上汇报的时候也得到了老师的表扬，所以还是挺佩服自己的，甚至还有些得意。

从最初一个月读书有些三心二意，到下定决心要一心一意地读书，转变发生在 5 月。那时，我身处武汉，有幸参加了一次贺老师在华科主持的本科生读书会。我至今仍然清晰地记得那一天，从六点半到十一点，整整一个晚上，同学们汇报一个月以来的读书情况，人均书单都在六本以上，同时还有针对内容的总结思考，数量惊人且质量感人。我既震撼又羞愧，想到自己一个月勉勉强强读了四本书就沾沾自喜，顿时红了脸。接着，贺老师在点评时的一句话更让我有一种醍醐灌顶之感——"要么认真，要么应付，不要认真地应付"。这不正说的是我吗？本科阶段的我以为，上课是很重要的，读书也是必要的，社会实践、文体活动更是不可少的。但是，到头来我却发现，因为自己对很多事情既不愿完全投入，又不舍得彻底放弃，在时间和精力有限的条件下，结果就是把该认真的和可以应付的事情都变成了"认真地应付"。究其原因，可能是自己一直以来潜意识里想要维持一个样样都不差的"好学生"形象吧。因而，尽管最终如愿得到了一个所谓的"好学生"标签，并顺利保研，但是我却常常感到心虚。我知道，亮眼的成绩单和各种各样的奖项证书尽管是保研竞争中必要的客观评价指标，但是却并不一定代表我具备与之相匹配的能力，更不足以支撑起我的自信。

经过这次反思，我深刻地意识到，与其处处"认真地应付"，倒不如认真做好对成长最有意义的那一件事，而现阶段最重要的这件事就是把书读好。至此，我终于下定决心，放下其他的杂念，开始认真读书。

二

时常感觉特别幸运，在本科毕业的迷茫期确定了研究生阶段应该努力的方向，知道了读书才是头等重要的大事。可以说，这个思想转变的过程对我而言是一个不小的突破，它发生在一个相对偶然且短暂的时期；与之相应，我所经历的更为缓慢、持久而深刻的成长是在两年日复一日的读书生活中实现的。在这"润物细无声"的成长过程中，我收获了真正属于自己的、实实在在的能力和底气，惊喜地发现自己原来也拥有无限可能。

"读书"这个词我从小听到大，但是以前却没有想过它究竟意味着什么。在我的印象里，人们通常笼统地将上学校接受教育的过程称为"读书"。对应不同的教育目标，"读书"可以大致区分出三个阶段。第一阶段的"读书"是认字、学语言，掌握基本的认识工具；而在第二阶段，"读书"主要是通过记忆掌握各种门类的知识，关注的是知识本身；到了第三阶段，"读书"更重要的是以知识学习为载体和手段，训练思维能力，培养创新精神。我想，人们之所以常常将高中与大学区别开，强调大学的学习与高中的不同，正是在于从大学开始，就要从上述的第二阶段转向第三阶段了。那么我自己是否完成了这一转变呢？回想起本科阶段，那时我主要是围绕老师在课堂上教授的知识来学习，课外基本上仅限于阅读教材和论文。临近考试，只要对相关的概念和理论观点进行重点记忆，就可以获得一个不错的分数。这样想来，我在本科阶段的学习模式似乎与高中阶段没有本质的区别，而在努力程度上还远远不及高中。可以说，直到研究生阶段读经典，我才开始真正转入以能力训练为目标的读书。

贺老师强调，在研究生阶段大约两年的时间里，通过体系化阅读西方社会科学的经典著作，便可潜移默化地获得一般性的分析能力。体系化阅读最终不是为了记住书本中的具体知识，而是以能力训练为终极目标。在此目标下，阅读是通过持续不断地思考来完成的，一字一句、一页一页、一本一本地读下来，关键在于读懂内容本身的过程。

"体系化阅读"这五个字初听起来并不复杂，而我最初也以为自己理解了，但是当我开始去做时，才发现远没有想象中那样容易。两年的时间里我产生过疑惑，碰到过困难，也会有手足无措的时候。但是回头来看，正是经过这些大大小小的磨炼，我才能一次次突破自己的舒适区，同时也在一次次的循环往复中认识到"体系化阅读"的丰富意涵。

首先是阅读中的主体性问题。最初我以为，读书要么应该有老师来指导，要么也要参考权威教材的解读，或者至少需要学习一些阅读技巧、如何做笔记之类的方法。毕竟像马克思、韦伯这样的人类思想史上的大家，一般人肯定是读不懂的。抱着这样的心理，我会怀疑自己有没有"读错"，误解了作者的本意，或者试图找一个"完美"的阅读方法，以便自己能更好地理解。但是，后来我才意识到，自己一直以来持有的这种"神化"经典的心理，正是本科阶段我不敢也不愿去读原著的借口和阻碍，进而也导致我在研究生阶段开始读经典之后仍然有些畏首畏尾，不能完全进入读书状态。其实，体系化阅读经典，不存在也不需要一个所谓的"知识权威"来指导应该怎样读书、怎样理解。经典是我们更好地认识世界的工具，其本身不应成为膜拜的对象。只有以一种相对平等的姿态去阅读，才可能批判性地理解经典本身。此外，因为每个人的基础不同、阶段不同，在理解的角度和深浅上就必然会存在一定的差别。在这种差异的基础上，体系化阅读就需要每个人根据自身的情况来调整自己的节奏，快一些、慢一些不是最重要的，只要认真去读，就一定会有自己的收获。

其次是思考和知识的关系。在这两年里，常常被人问这样一个问题："你读了那么多书，记住了多少？"对此，我一开始也会感到纠结。有时候会沮丧地发现，自己在读书的时候，虽然做了笔记，写了总结，但是没过几天，书里的具体知识就会被渐渐遗忘，只剩下一个模糊的印象。后来，在和老师、师兄师姐、同学们的交流中，更在自己一步步的摸索中领悟到，如果总是过于关注自己是否记住了书中的内容，那么这其实还是停留在记忆式的阅读，过于关注结果了。更重要的是理解式的阅读，也就是思考的过程。理解教材是很容易的，但是对于艰深的理论原著来说，理解就要达到冥思苦想、绞尽脑汁的程度。通过这个思考过程，无形之中思维也就得到了训练。如此，理解式阅读虽不能像记忆式阅读那样将具体的知识教科书般精确地复述出来，因而不适应考试，但是却能获得更为重要的思维能力。

当然，这样的理解式阅读不以记住具体的知识为最终的目的，但是却并不排斥知识的获得。进一步来说，理解式阅读所获得的，与其说是孤立的、零碎的知识点，倒不如说是有联系的、稳定的知识结构。不同于记忆式阅读，在体系化的、大量的理解式阅读过程中，从一本书到一个大家，从一个大家到一个学派，从一个学派到一个学科，不同的概念、命题和理论能够自然而然、水到渠成地发生联系，形成一个完整的知识结构。知识结构的形成能够让我在某一具体知识形成的前因后果、来龙去脉中把握其核心。当然，总的来说，知识结构的获得并非是最重要的，更不需要刻意为之。在思维训练这一目标下，知识结构的获得是次要的、附带完成的。

最后是对"专注"的理解。对于读经典来说，专注是一种必要的态度。要把经典读下去、读进去，本身就是有相当难度的，如果没有做好全神贯注的准备，就很难坚持。在此意义上，读书时100%的注意力若被转移10%，剩下的并非是90%，而是远远小于90%，思维训练的效果也会大打折扣。此外，专注更是一种通过读经典而不断磨砺的习性。早已习惯快节奏、碎片化思考的我最初很难适应长时间、高强度的阅读，常常无意识地分神，每隔一段时间就忍不住拿起手机，这些都是习惯了安逸的大脑在"反抗"的表现。在与这些旧的习性做斗争的过程中，专注的习性逐渐占领上风，最终我也练就了不为内外干扰所动的本领。

在研究生的这两年里，对于自己能够在一个宽松、自由的环境下读书，我十分感激。我知道自己能够这样心无旁骛地成长，除了自身的努力之外，更离不开使主观努力成为可能的客观条件。学院精简课程，减少不必要的学生事务，除了提供必要的方向指导和鼓励之外，把时间留给学生自己。在这样的环境下，我能够有整块的时间和足够的动力来进行体系化阅读，自由探索，野蛮成长。对比本科阶段，我慢慢从一个被动的学习者成为一个主动的学习者，从接受知识的客体变成学会思考的主体。

三

在读书时，我常常会遇到读不懂、想不明白的内容，会产生挫败、沮丧的情绪。每到这种时候，一起读书的同学们总是给我很多鼓励。我本是不太会主动表达的人，再加上与大家还并不十分熟悉，所以一开始自己遇到问题也不知道如何开口，和同学们交流不是特别多。但是，在与同学们相处和交流的过程中，发现自己遇到的某一些困难其他人也同样经历着，就不那么纠结了。有时候，自己微不足道的三言两语同样也可以给他人带来莫大的支持。这种积极的集体氛围，离不开每个身处其中的人的付出，同时反过来又给每个人以支持。

由此我认识到，读书不仅仅是自己一个人就可以做好的事情，而更是需要集体共同完成的。我知道自己并不完美，意志容易摇摆不定，有时候也会有偷懒的心理，也会对自己是否有成长感到怀疑。但是因为有了集体的支撑，我没有自怨自艾、停滞不前，而是一直走到了今天，每一步都走得扎实而没有负担。对我来说，集体是每天一起读书、吃饭、早晚相伴的同学们，更是能够分享喜怒哀乐、交流读书内容、畅谈人生理想的志同道合的伙伴。

在集体中，彼此之间距离近、接触多，就免不了产生矛盾和分歧。从前，我以为矛盾只会对关系起到破坏作用，也不知道该如何面对和解决矛盾，所以习惯于以保持距离或者妥协的方式尽量避免矛盾的产生。但是现在，我有了不一样的看法。

入学选择导师之后，互不了解的一群人走到了一起，成为导师组下的一个集体。最初，大家彼此不熟悉，组织集体活动时常常因为缺乏经验产生摩擦和误会。这个时候，大家都变得有些小心翼翼、不愿有更进一步的接触，表面上依然客客气气，但心里还是有不理解。然而，大家也逐渐意识到，这终究不是解决矛盾的办法，如果只是一味回避矛盾，那么日积月累的小摩擦只会让大家渐行渐远，矛盾却始终存在。于是大家从真诚地表达开始，把自己内心隐藏的想法和心思说出来，让矛盾赤裸裸地展现出来。在互相持续不断的沟通中，大大小小的矛盾得到了化解，从而没有成为彼此的隔阂，反而增进了我们每个人的关系。

在这个过程中我明白了，产生矛盾本身并不可怕，矛盾只有在逃避和互不信任的情况下才会成为破坏性的力量。我们每个人独特的经历造就了不尽相同的个性和价值观，完全的感同身受是很困难的，但是这并不必然导致人们之间不能相互理解。真诚和善意的沟通架起了人与人之间的桥梁，使得我们能够更好地去理解他人，在每一次的碰撞和磨合中学会包容，形成默契。如此经历过碰撞、磨合而形成的默契，是更为深刻的、坚不可摧的友谊。

奋斗的青春最美，一起奋斗的青春更可贵。在珞珈山下社会学院里大家一起读书、共同成长的日子，将成为我人生中最刻骨铭心、最美好的青春回忆，人生的意义也因为有了这样一群共享的人而更加完整和饱满。

四

2019 年夏天我参加了导师组举办的暑假研讨班。我看到了一群有信念、有能力、有担当的人。他们从全国各地聚到一起，每个人都为着同样的学术理想奋斗，为建设有主体性的中国社会科学而努力。这个时候我也更进一步理解了，体系化阅读为何要以西方社会科学的经典为训练手段，又为何读经典要注重思考而不是知识本身。一方面，西方的社会科学发展相对成熟，形成了较为完整的理论与方法；另一方面，通过体系化的阅读不仅可以掌握这一体系脉络，最重要的是由此获得思考的能力，进而分析中国的现象和经验，形成符合中国实践的社会科学理论。在这样一群人身上，我看到学术研究不仅仅意味着发表论文、评上职称、获得薪水，而是充满着探索的乐趣，同时也有着超越个体的家国情怀和抱负。因为始终将个人的自我实现结合于时代赋予的责任与使命，所以在浮躁变化的环境中也能依然保持自己的初心。

在两年的研究生读书生活中，我体验到纯粹的读书生活带来的充实、乐趣与成就感，知道自己在朝着确定的、有意义的方向努力，知道所有的努力都不会白费，知道身边有一大群人在并肩前行，于是完成了自己从未想过能坚持的事情，实现了意想不到的成长与蜕变。两年的沉淀，让我能够在面对未来时更加坚定、无畏地前行！

阅读书单

1. 社会学
涂尔干

《社会分工论》　　　　　　　　《社会学方法的准则》

《自杀论》　　　　　　　　　　《乱伦禁忌与起源》

《原始分类》　　　　　　　　《宗教生活的基本形式》
《道德教育》　　　　　　　　《教育思想的演进》
《职业伦理与公民道德》　　　《实用主义与社会学》

韦伯

《学术与政治》　　　　　　　《新教伦理与资本主义精神》
《中国的宗教：儒教与道教》　《印度的宗教：印度教与佛教》
《古犹太教》　　　　　　　　《宗教社会学·宗教与世界》
《社会学的基本概念》　　　　《经济与历史 支配的类型》
《支配社会学》　　　　　　　《法律社会学》
《非正当性的支配》　　　　　《社会科学方法论》

马克思、恩格斯

《资本论》全三卷　　　　　　《马克思恩格斯选集》全四卷

齐美尔

《社会学与哲学》　　　　　　《货币哲学》
《历史哲学问题》　　　　　　《哲学的主要问题》
《叔本华与尼采》　　　　　　《社会学》
《时尚的哲学》　　　　　　　《生命直观》
《社会是如何可能的》　　　　《桥与门》
《现代人与宗教》　　　　　　《金钱、性别、现代生活风格》

曼海姆

《意识形态与乌托邦》　　　　《保守主义》
《重建时代的人与社会》

滕尼斯

《共同体与社会》

埃利亚斯

《个体的社会》

米德

《心灵、自我与社会》

帕累托

《普通社会学纲要》　　　　　《精英的兴衰》

马尔库塞

《单向度的人》　　　　　　　《爱欲与文明》

霍克海默、阿多诺

《启蒙辩证法》

桑巴特

《犹太人与资本主义》

本雅明

《发达资本主义时代的抒情诗人》

卢卡奇

《历史和阶级意识》

舒茨

《社会世界的意义构成》

帕森斯

《社会行动的结构》

默顿

《社会理论与社会结构》

米尔斯

《社会学的想象力》　　　　　　　《权力精英》

达伦多夫

《现代社会冲突》

布劳

《社会生活中的交换与权力》

戈夫曼

《污名》　　　　　　　　　　　《日常生活的自我呈现》

科塞

《理念人：一项社会学的考察》

福柯

《古典时代疯狂史》　　　　　　《临床医学的诞生》

《词与物》　　　　　　　　　　《知识考古学》

《不正常的人》　　　　　　　　《规训与惩罚》

《必须保卫社会》　　　　　　　《安全、领土与人口》

《生命政治的诞生》　　　　　　《主体性与真相》

《主体解释学》　　　　　　　　《说真话的勇气》

布迪厄

《男性统治》　　　　　　　　　《再生产》

《国家精英》　　　　　　　　　《区分：判断力的社会批判》

《自我分析纲要》　　　　　　　《实践理论大纲》

《实践感》　　　　　　　　　　《反思社会学导引》

《单身者舞会》　　　　　　　《社会学家与历史学家》
吉登斯
《资本主义与现代社会理论》　　《政治学、社会学与社会理论》
《社会理论与现代社会学》　　　《社会学：批判的导论》
《民族—国家与暴力》　　　　　《历史唯物主义的当代批判》
《社会理论的核心问题》　　　　《社会的构成》
《现代性的后果》　　　　　　　《现代性与自我认同》
《超越左与右：激进政治的未来》《失控的世界》
《第三条道路》　　　　　　　　《亲密关系的变革》
《为社会学辩护》
哈贝马斯
《公共领域的结构转型》　　　　《理论和实践》
《技术和作为意识形态的科学》　《合法化危机》
《交往行为理论》第一卷　　　　《重建历史唯物主义》
《牛津通识读本：哈贝马斯》　　《后形而上学思想》
《分裂的西方》
贝克
《风险社会》
波兹曼
《娱乐至死》
罗素
《西方哲学简史》
冯友兰
《中国哲学简史》
斯宾塞
《社会学研究》
戴蒙德
《枪炮、病菌与钢铁》
费孝通
《乡土中国》
陈心想
《走出乡土》

2. 政治学

福山

《政治秩序的起源》

柏拉图

《理想国》

亚里士多德

《政治学》

马基雅维利

《君主论》

霍布斯

《利维坦》

洛克

《政府论》

孟德斯鸠

《论法的精神》

卢梭

《社会契约论》   《论人类不平等的起源和基础》

托克维尔

《旧制度与大革命》

基佐

《欧洲文明史》

穆勒

《论自由》   《代议制政府》

《功利主义》

汉密尔顿等

《联邦党人文集》

托克维尔

《论美国的民主》

自我成长与一起成长

——我的研究生读书生活

冯丽婷

（武汉大学社会学院 2018 级研究生，本科毕业于山西师范大学）

脑海中不止一次想过，两年的研究生读书生活结束后，我会变成什么模样？记得 2019 年夏天的一个午后，走在路上，我的舍友娜娜问我："读了一年的经典，感觉有没有什么变化？"我当时回答："好像没有，我还是和以前一样。"等过完研一的暑假，在 9 月开学"面对面"的汇报上，我说感觉自己的概括能力变强了。现在，又是一个夏天的来临，读书生活也即将进入尾声，变化真真实实地发生着，而我也能真切地感受到。何其幸运，这两年是与经典为伴，不用为课题操劳奔波，不用东奔西走给老师报账干活，而是安安静静地沉淀自己，专注阅读。回顾这两年读书生活的时光，它总是那么令我感动与珍惜，一群人在读书、运动锻炼、讨论交流，这样的日子太珍贵。青春的故事有经典、有同伴、有良师，能清晨迎着阳光去图书馆，亦在晚上和着月光走回宿舍，日复一日，如此简单但却深沉。

一、"读下去"：坚定的信念与行动

一般休闲阅读可以想看书就看书，看书也很随意。因论文需要或其他需要而进行的阅读比较局限与零散，不成系统。体系化经典阅读训练则要求从社会学到政治学、经济学、人类学一门学科一门学科地看，从学科的古典时期一直到现代、后现代，而且都是读"硬书"，比较难啃。太自由随意就达不到阅读的连贯性与持续性，东一榔头西一棒子式阅读或专题式阅读就没有办法整体而系统地理解一个学科的思维逻辑与体系脉络。能够持之以恒地"读下去"就非常重要，它需要每天早八晚十坐在图书馆里全身心投入到阅读中。

刚开始进行阅读训练会有诸多不适应，"一排排问号挂在脑袋上"。譬如，不知道怎么做读书笔记，这一句看不懂那一段读不通，时不时翻看盘算还有几页才能读完。即使读了一两个月，也没有把握自己能否读懂读通读顺，还产生自我怀疑、自我否定，尤其是与同级小伙伴交流发现人家说得那么好、那么漂亮、那么精彩，就更加心灰意冷，觉得自己是不是不适合读书。一方面渴望把书读得又快又好，另一方面会不由自主产生紧张焦虑怀疑的心情，这些都是阅读过程带来的正常表现与状态，是训练过程所必经的考验。

起初，我问过师兄师姐们相同的问题，他们就回答，你一直读下去就会发现这些问题都能得到解决，都不是问题，你只要读下去就好了。那时，才读了一个多月的书，觉得这个答案很不能理解，说了跟没说一样，很不能说服我。当经历了两年的阅读训练，回过头来想想这个答案，才觉得它是多么正确，自己当时是多么懵懂无知。为什么这么说？虽然本科也看了点闲书，但是扎扎实实地坐在图书馆体系化地阅读经典却完全没有。这样的无，意味着学科思维的空白，读不懂读不通是自然的事，只有硬着头皮读下去才能获得那么一点点的感觉，越读越困惑也正常，而且是好事，说明大脑在启动，在开始真正意义上的琢磨，也只有读下去才能慢慢解开"结"。当阅读数量不够，想豁然开朗达到质变是不可能的。而读下去不仅可以获得一本接一本的数量，还可以获得不同"经典大家"思考问题的不同逻辑向度。

哪怕有了一定量的积累，也并不意味着后期阅读能够收放自如、顺畅痛快。现在让我重新阅读古典时期涂尔干、齐美尔的作品就不会如当初那么晦涩，可是当要阅读后现代福柯、布迪厄的作品还是会感到有点头痛，能够顶住不想读不愿读的情绪继续读下去才能了解他们的思想。读下去是挑战困难最好的行动。有些书非常厚，达上千页，如韦伯的《经济与社会》、马克思全三卷《资本论》、《马克思恩格斯选集》全四卷等等，不仅页数多而且思想厚重。每一个经历经典阅读训练的小伙伴都一定会被这些"大部头"支配，想放弃或分心分神是分分钟的事情，一两天想读完也是不可能的。只有每天读下去才能看完，经历过这样的阶段之后再阅读帕森斯、默顿的书就不会感到恐惧或是发怵。

一开始总想着要读好读通，就会读到一半时去查一些资料辅助理解，其实帮助不大。查资料无意间就分散了一部分注意力，不能全神贯注于书本，看似查了资料明白了一点，其实书中后面的内容会解答前面内容的困惑，又或者后面将要读到的书就能够很好地比百度更厉害地回应到先前的内容。我们要充分相信我们的大脑，它原比我们想象的要高级得多，当我们一直读下去，它实际上会自动处理阅读过的信息，重新整理出完整自洽的逻辑。那每一章甚至每一段都有不理解的地方怎么办？我是重新多看一遍上下文，通常感觉比第一遍要好，这种好的感觉一是我又熟悉了一遍作者的文法，二是我理解了的多一点。要是实在觉得费劲就放过吧，反正就想着后面肯定会有回应，因为要读的书实在太多了，为难与放过之间的平衡自己看着办吧。不变的就是坚定读下去的信念。

这种读下去的信念与行动其实也是在帮助我们克服东摸摸西搞搞的"划水摸鱼"，要知道如果想偷懒是会有一百个借口去达成的，杂念太多倒不如一心想着再看一会儿，看着看着也就看下去了，坐得住了。刚开始我比较喜欢去教室看书，因为教室很安静，有时候只有我一个人，简直不要太快乐，可以自由自在地一个人看书。当将场地换到图书馆的时候，身边偶尔会有很大的敲电脑键盘的声音，噼里啪啦非常吵，真是恨不得冲上前去关掉他的电脑，整个心情非常烦躁，没有办法集中注意力到书本上。现在经过两年的经典阅读训练，每天一点一点地读下去，已经对这些噪声"免疫了"。去年寒假，图书馆 B3 区在修厕所，装修的声音乒乒乓乓，但我没有像之前那样被干扰到，而是继续读我的书。此次疫情在家阅读经典也是如此。从深圳陆续复工复产，我家周围就开始施工凿路一直持续到现在，从白天到傍晚，从周一到周五，"笃笃笃……笃笃笃……"，声音此起彼伏，间歇式左右声道轮番交替。虽然很吵闹，但我还是能够继续阅读经典，保持专注，仿佛耳朵自动生成了结界。日复一日地读下去，何止是对噪声产生"抗体"，很多所谓的符号或是一些无关要紧的事情都能自动屏蔽。我会觉得这是一种非常了不起的能力，能够对某些诱惑感到钝化不为所动，才能更加专注于经典，保持思考的敏锐。读得越多，读得越深，持续地读下去，内心收获的不仅仅是丰富的知识，更重要的我觉得是一份沉淀的安静感，这种安静感是阅读经典给予我的智慧，它有多沉淀有多纯粹，就能有多深刻地走进每一位思想家的内心，这份安静感将是我一直要追求的，并且要一直提醒自己时刻打磨，时刻反思。

倘若师弟师妹问我同样的问题，我想我会给出师兄师姐相同的答案——"读下去"。这三个字看似简单，实则对我的考验非常难且非常大。不管怎样，要紧的是先读下去再说。

二、读书笔记：给自己试错的机会

读书笔记有用吗？要不要做？怎么做？是电子版？还是手写？会不会太耽误时间了？……关于读书笔记，简直可以有一百问。归根结底，读书笔记只是一种工具，想记就记，不想记或懒得记就不记，这么说好像挺随意的，但其实这本身就没有一个固定的标准答案。

我一直在做读书笔记。最开始阅读涂尔干，直接简单粗暴地手写笔记，采用康奈尔笔记法，分栏分区，整得规规整整、明明白白，经常一大段一大段地抄书式摘录，结果硬生生地拖慢读书进度，虽然慢但不是完全没有收获，也能够帮助自己理解每一节每一段的内容，让自己比较专心，手动眼动脑动。后来阅读韦伯，因为实在太慢就放弃了，采用目录笔记法，这是我自创的笔记方法。将目录打印出来，在目录上做笔记，想更好地了解作品的布局结构也方便查找。想象是美好的，现实是费时间的。我陷入了一个极端，记了一些犄角旮旯的东西，觉得这个理解了就记了，这个懂了就抄下来，起码感觉自己是读明白了点东西，虽然没有像阅读涂尔干那样笔记厚厚一沓，但是也不少。不得不承认，记笔记确实是有助于我去捋顺韦伯想要表达的内容以及概念之间的逻辑关系，虽然韦伯的著作涉及的面向非常多，涵盖宗教、经济、政治、法律等，但在总结他的逻辑线索时会感觉比较清晰明显。实在花费的时间比较多，阅读马克思的时候，我一方面沿用目录笔记法，一方面又想节约时间尝试了电子笔记，主要用Onenote。电子笔记确实比手写要快速，但麻烦在于需要切换，阅读一会儿后，停下来拍照扫描排版。这样下来整体阅读进度也没有快很多，而且还容易分神分心，所以到后来阅读齐美尔我就直接在电脑上纯打字了，这样就快一点，不过就是涂涂画画没有纸质笔记那么方便。

上述经历总结起来就是每读一个古典时期大家我就尝试一种新的笔记方法，也不知道为什么当时对读书笔记产生如此深的执念，可能是觉得这样比较有收获吧，我也有意识到这方面的问题，却始终没有能够很好地平衡阅读与笔记二者之间的关系。直到2019年暑假麻城会议期间向仇叶师姐请教才明白，读书笔记其实是一个工具、一个手段，它的本质只是为了让我们更好地去阅读、去理解经典大家的思想，不能太过于依赖读书笔记，它只是个抓手、拐杖。于是从暑假读书开始，我就有意识地尽可能地不去依赖笔记，而是更加注重阅读体验与阅读感悟，把自己的身心与脑力全部注入经典中，跟着作者走，只是在有必要的时候觉得重要的关键地方才记录在本子上，也把自己的想法给附注在旁边。经过半个学期的不断调整与不断改进，终于摸索出了适合自己做笔记的方法。现在阅读"后四大家"（布迪厄、哈贝马斯、福柯、吉登斯），我还是在做笔记，但相对而言比较简洁凝练概括，不是一味地原文摘抄，整体的阅读与理解更有效率和效果，我很开心也很满意。

与同期小伙伴交流发现，有的人不做笔记，或者只在书上写写画画，又或者贴个便签在书上等等，但她们都读得非常好，有自己的想法与体会。其实重要的不是读书笔记做得如何如何漂亮，多么多么美观，而是有没有读下去，读进去，真正理解了。如果觉得自己不做笔记不行，可以去尝试、去试错、去记，不断摸索与反思，最后肯定能够找到适合自己的笔记方法，给自己尝试的可能性。

三、集体读书：生活的另一种可能

当还没有将经典阅读训练变成生活的一部分，如同吃饭睡觉一般的常态化时，一个人阅读往往很难坚持下去，可以坚持一天、一个星期甚至一个月，但想要坚持两年是很困难的。在集体里，能够感受到强大的集体力量，这种力量无形中围绕在我身旁，是一种督促的力量，一种引导我向上、去阅读的氛围。刚开始进行经典阅读训练还不怎么有体会，而且我的自律性还不错，但过了一两个月，就会慢慢产生懈怠心理，此时如果想到同级的小伙伴还在图书馆埋头读书，就会感觉人家在继续，自己也要加油多看几页。平日里，与同学们相互交流，分享生活中的趣事或是书本的精彩内容，都能给我带来不少启发，一方面是觉得大家都读得好厉害，都有自己的想法，会促进自己见贤思齐；另一方面彼此之间相互了解，关系也更加亲密了。在集体中，每个人都不是单独的一个人，他所释放的能量放置在场中，其他人是能够感受到的，然后其他人再释放同样的能量去影响他，大家共同形塑一个能量场。我觉得每一次"与院长面对面交流"就是一个巨大的能量场，虽然同学们只是简单地汇报阅读书单、阅读状态、锻炼作息，但每一次我都在与自身观照，去借鉴值得我学习的点或是反思自己这段期间状态不佳的原因，下个阶段做调整。他人也是自己的一面镜子，觉得是负向状态的时候还是有必要喝一碗"鸡汤"的。

我很喜欢齐美尔在《社会学——关于社会化形式的研究》里的一段话："个人也好，群体也好，都从一些实体获得可观的力量和促进，他们自己首先已为此所需要的能量和品质武装了这些形态，这是最深刻的、对于人类的本质来说最特殊的事实之一。……我想到，我们把我们自己的感情、深沉和意味深长放置到风景中，然后又从它那里带着慰藉、更加深沉和激动回家。"这段话我在很多地方都曾分享过，我也想分享给师弟师妹们。每一个阶段心里默念这段话的感觉与理解都有些不同，真是了不起的齐美尔！当然，每一位社会学大家都很了不起，他们都有他们的智慧、思想与魅力。每一位同学也都很了不起，他们都有他们的闪光点与美好的品质。

其实，当我仔细回顾两年的读书生活，才渐渐感悟发觉集体读书的正确性，而在一开始我的心理状态是害怕的不情愿的。对于读书学习这件事，我一直都有自己的想法与主意，譬如小学要不要上培训班、高中文理分班选文还是选理、大学择校选专业等等。我的家里人不会过多干涉，而是给我建议让我自己做决定，让我为自己的选择负责不要后悔。由此，我在学习这方面就完全独立自主和靠自我自觉性，另外，我虽非独生子女，但整个 20 多年的生活经验里完全没有"集体生活"的体验与感受，我习惯了一个人去做很多事情，所以一听到集体读书的模式，我就本能地排斥与拒绝，但事实上我根本就没有具体了解它到底是怎么操作的。对体系化阅读经典我是深以为然，但一想到会是集体读书的模式，就感到不好了，怕会束缚我，总是感觉这样相当于有人在"监视"我，让我很不自在。我担心自己不能很好地融入集体中，觉得自己做不到，会不适应反而影响读书的进度。如此，一开始进入导师组读书会，我就刻意回避与同伴们交流，总是一个人闷头阅读。前期，老师给我们开了很多会，让我们明白集体是一个公共品需要大家来共同维护，反复说集体读书与个人读书的关系，强调读书会建设的事情。当时虽然没有完全接受与认同，但是也清楚自己已经是读书会的一员，不能过度逃离集体，就想着给自己一个机会，试试看和大家接触接触。就是这么一个"试试看"的小想法，改变在发生。一次偶然的巧合，没有找到自习教室，我就打算去图书馆看书，不知道图书馆的分布格局就呆呆地站在新书阅览区，是同为读书会成员的波波领我找到预约的座位还告诉我其他区的分布，然后我就觉得她挺好的。

走进集体的漫长过程里，我都忘记我是怎么就不自知不自觉融入的了，时间久了很多细节都变得模模糊糊，只是感觉到大家都很善良、很真诚，我开始慢慢打开自己。我们在小组交流时彼此分享阅读过程中遇到的困难与心得想法，双周论坛会上发言畅谈经典大家们的思想智慧，务虚会一起商量讨论并出谋划策集体建设的主意与方向；我们曾一起玩排球、跳绳、踢毽子，在羽毛球馆激烈地打羽毛球，在东湖绿道暴走交流；我们也曾在麻城会议开诚布公、坦诚相见、消解误会，在暑假研讨班探讨集体关系更加亲密的可能，表达意见与建议。集体建设的过程，我们有过欢声笑语，也有过矛盾冲突，但那都是真实的我们，是参与其中置身事内的我们，即使过程伴随着阵痛，那也不意味着不好，我们是共情过的一群人。两年的时间里，我见证了我们这一级读书会的成长，也从中看到了我身上的另一种可能——与过去的习性做抗争，这种对抗是从内到外的突破，同时给未来的生活经历增加新的注解。

我的研究生读书生活，总起起来，可以归为"自我成长与一起成长"的过程。通过两年的体系化经典阅读训练，我从反复纠结如何做读书笔记到慢慢摸索出适合自己的做笔记和读书方法，从最开始的难读懂到读得越来越通，思考和感悟随着阅读数量与质量的积累也逐渐增多与厚重，整个人的心态和情绪状态在这一过程中也变得愈加安静平和与从容自信。这是一个自我成长、自我蜕变的过程，它不仅与自身努力相关，更有赖于团队集体所产生的巨大能量以及学院老师们创造的良好读书氛围、关心鼓励与经济支持。自我成长的过程，其实也是我与集体一起成长的过程，也一定是如此。这一过程，大家都发生了变化，相互间的感情也越来越好，这都是我们所有人共同作用、共同促成的。以前，本科寒暑假放假回家，会比较想念舍友们，现在宅家学习，我想念的不仅是我的舍友，还有其他的同学。我在图书馆阅读经典的时候看到他们也在阅读，走去梅园吃饭的时候听到他们在交流，晚上走回宿舍的路上也能看到他们。阅读时，我与经典

大家们同在，也与小伙伴们同在。最后，我想你们啦！希望我们能够早日
在"珈"相见，一起读书交流，一起打羽毛球。

阅读书单

1. 古典时期

涂尔干

《社会分工论》   《社会学方法的准则》

《职业伦理与公民道德》 《自杀论》

《乱伦禁忌及其起源》 《原始分类》

《道德教育》   《社会学与哲学》

《宗教生活的基本形式》 《实用主义与社会学》

《孟德斯鸠与卢梭》 《教育思想的演进》

《哲学讲稿》

韦伯

《社会科学方法论》 《新教伦理与资本主义精神》

《中国的宗教：儒教与道教》 《印度的宗教：印度教与佛教》

《古犹太教》   《宗教社会学·宗教与世界》

《学术与政治》   《社会学的基本概念》

《经济与历史　支配的类型》 《法律社会学·非正当性的支配》

《支配社会学》   《经济与社会》第一卷

《经济与社会》第二卷 《音乐社会学》

《世界经济简史》

马克思、恩格斯

《资本论》全三卷 《1844 年经济学哲学手稿》

《共产党宣言》   《马克思恩格斯选集》全四卷

《家庭、私有制和国家的起源》

齐美尔

《货币哲学》   《金钱、性别、现代生活》

《时尚的哲学》   《桥与门》

《哲学的主要问题》 《历史哲学问题》

《叔本华与尼采》 《社会是如何可能的》

《宗教社会学》 《现代人与宗教》

《社会学——关于社会化形式的研究》 《生命直观》

2. 过渡时期

本雅明

《迎向灵光消逝的年代》 《单行道》

《机械复制时代的艺术》

葛兰西

《狱中札记》

罗素

《西方的智慧》

卢卡奇

《历史与阶级意识》 《理性的毁灭》

霍克海默、阿多诺

《启蒙辩证法》

马尔库塞

《理性和革命》 《爱欲与文明》

《单向度的人》

帕森斯

《社会行动的结构》

默顿

《十七世纪英格兰的科学、技术与社会》《社会理论和社会结构》

《科学社会学——理论与经验研究》

3. 后现代时期

福柯

《精神疾病与心理学》 《疯癫与文明》

《古典时代疯狂史》 《临床医学的诞生》

《词与物》 《知识考古学》

《规训与惩罚》 《惩罚的社会》

《不正常的人》 《必须保卫社会》

《安全、领土与人口》

布迪厄

《继承人——大学生与文化》　　　《再生产》

《区分：判断力的社会批判》　　　《国家精英》

《实践理论大纲》　　　　　　　　《实践感》

《实践理性：关于行为的理论》　　《反思社会学导引》

《帕斯卡尔式的沉思》　　　　　　《言语意味着什么》

《世界的苦难》　　　　　　　　　《关于电视》

《科学的社会用途》　　　　　　　《男性统治》

《单身者舞会》　　　　　　　　　《自我分析纲要》

4. 其他

威尔金森、皮克特

《公平之怒》

格罗斯

《邻人》

夏布特

《灯塔》

村上春树

《袭击面包店》

摩尔根

《古代社会》

范热内普

《过渡礼仪》

斯宾塞

《社会学研究》　　　　　　　《群学肆言》（严复译作）

费孝通

《乡土中国》

陈心想

《走出乡土》

贺雪峰

《新乡土中国》

回首时定会热泪盈眶

——我的研究生读书生活

郝磊

（武汉大学社会学院2018级研究生，本科毕业于中南大学）

持续阅读，不断思考，每个人都将迎来蜕变！

——题记

进入研究生阶段已经快要两年了，成为"武大郎"在武大社会学院读书也将近两年了（当然，这中间还见证了从系转院的历史性时刻）。这段时间说长不长说短不短，但却应该是我成长最快的一段时间了，值得写下这一些文字来记录一下。

一、相遇

除去之前的推免流程，我跟武大相遇应该可以追溯到2018年的3月份。那时候，贺老师就要求已经推免的同学开始规划自己的体系化经典阅读的计划，并且还单独跟每个人交流了阅读计划的不足，指导我们可以从经典时期的社会学家著作开始读起。之后，便从涂尔干开始读——我的研究生读书生活，便是从《自杀论》开始的。

《自杀论》，法国社会学家涂尔干的经典著作，应该算得上是社会学的必读书目了，是社会学学生必读的"自新乡"三板斧之一。当时读《自杀论》挺震撼的，第一次这样完整地去接触社会学的实证研究：从"破"

到"立"，先是一一反驳了关于心理变态、各种心理状态、自然因素和仿效等非社会性因素在影响自杀率方面的作用，再提出利己主义（极端个人主义）、利他主义（极端集体主义）、失范型和宿命型等自杀类型，并分析了影响自杀率的社会原因。对于社会学初学者来说，尤其是接触实证主义社会学的学生来说，这本书无疑是打开了一扇门，对培养"社会学的想象力"来说很有帮助。最起码，它提供了一个视角：还能这样来理解社会现象？（当然，《自杀论》也存在一些问题，如分类的准确性、数据分析的粗糙等等，但作为启蒙读物来说，还是很有价值的。）

《自杀论》是我个人"社会学经典阅读之旅"的起点。之后，读《社会分工论》，读《职业伦理与公民道德》，读《宗教生活的基本形式》，一直读下去，对涂尔干思想的了解也越来越丰富了，远远超出之前在教材上读到的"法国社会学家"的单薄印象。所以，如果要界定研究生生活的起点的话，应该就是 2018 年的 3 月份了。

二、相识

3 月与武大相遇，7 月与武大相识。还记得那年本科刚毕业，贺老师鼓励大家继续留在学校读书。因为本科学校要进行宿舍清理，所以只好先回家读书。贺老师知道这个情况后，为我提供了在武汉华中科技大学与其他同学一起读书的机会，所以我在研究生正式开学之前就已经到了武汉。

2018 年 7 月 7 日，我带着行李到了武汉。这一天正好是学院为我们这些"暑期读书班"成员开动员会的日子。说实话，在这之前我还比较迷茫。那时虽然已经阅读了三个多月书，但是关于什么是"体系化阅读"、研究生生活应该怎么度过，还是处于一个懵懂的阶段。经过这次动员，我开始明白武汉大学社会学院的培养方式了，也对体系化经典阅读的重要性有了更深一步的了解。只有经过这样高强度的、体系化的学术训练，才能形成自己的社会学思考，把自己培养成合格的"社会学人"。

2018 年夏天，不只与贺老师相识，与暑期读书班的朋友们相识，也是与武大社会学的培养方式相识，与武大相识。那个夏天，跟伙伴们一起吃饭，一起早起去图书馆抢座位，一起运动，一起暴走，一起交流，大家建立了深厚友谊的同时也养成了良好的阅读习惯。也是在这里，我明白了"一个人走得快，一群人走得远"的道理。这段时间的学习生活状态很有规律，也相当于为正式的研究生生活进行了一次"预热"，等到正式开学的时候能够很好地适应新阶段。

三、相知

2018年9月份开学以后，算是正式和武大、武大社会学结缘了，我的研究生生活也正式开始了。因为有暑期读书的提前预热，这段过渡时期并没有什么困难。但毕竟到了一个新环境，身边是新的同学，新的老师，总会有新鲜感。武大很美，我的研究生读书生活就这样正式拉开帷幕了。

起床，洗漱，收拾，出门。这是每个清晨的固定操作。骑着车，先到公寓门口吃一碗热干面……这里我觉得有必要为三环热干面打一个广告，早上吃一碗他家的热干面，再加个鸡蛋和干子，真是很舒坦的。大快朵颐之后，就骑车"上山"读书啦。武大图书馆很不错，坐着读书趴着睡觉都还算舒服。午餐和晚餐去梅园食堂或者桂园食堂吃，都挺不错的。

研究生的生活就是这么平淡，没有波澜。若说有些涟漪，那应该是每个月跟导师的读书汇报和平均一个半月举行一次的"与院长面对面交流"活动了。前者是小范围的读书汇报，因此汇报和交流读书内容多一些；后者是全年级同学一起参加，因此汇报书单和加油打气多一些。这两个汇报活动成为研究生读书生活中的一个个"小目标"，成为路途中一个个小节点，也是旅程中的一个个"加油站"，在每一次信心不足想要懈怠的时候它总能给我鼓励，老师们的期许和激励一直督促着我们向前进。慢慢地，社会学院形成了"8-10-7"的读书风格，我想我们算是全球最勤奋的学院了吧。

师门有时也会就某一本书的具体内容展开讨论。我印象最深的就是对默顿《社会理论和社会结构》第三章"显功能与潜功能"的那次讨论了。在这一章中，默顿拒绝了功能分析中流行的三个假设：社会功能一体的假设（假定标准化的社会行动和文化事项对整个社会系统或文化系统都是有功能的）、普遍功能主义假设（以为所有标准化的社会形式或文化形式都具有正功能）、必要性的假设（首先，它假设确有一些功能，除非这些功能实现了，不然社会——或群体或个人——就不会存在下去，在这种意义上，这些功能是不可或缺的。所以，这就提出了功能先决条件，或者社会的功能必要前提的概念。其次，即认为某种文化形式或社会形式对实现任何功能都是必不可少的。这涉及专门的和不可替代的结构的概念，并且导致各种各样的理论困难——对这一命题的探究产生了功能选择、功能对等或者功能替代的概念）。我认为正是在这基础之上，默顿提出了负功能、非功能、显功能和潜功能的概念。第一个问题要求建立多重后果和总后果的净差额的概念：功能是观察到的那些有助于一定系统之调适的后果；负功能就是观察到的那些削弱系统之调适的后果；非功能是指后果与所考察的系统完全不相关。第二个问题（来源于把动机与功能混淆起来）要求区分主观目的与客观后果一致的情况和不一致的情况。显功能是有助于系统调试、为系统参与方期望和认可的客观后果。潜功能是无助于系统调试、系统参与方不期望也不认可的客观后果（可进一步区分为潜正功能和潜负功能）。

对这一章内容的精读与讨论，不仅仅增长了功能理论的相关知识，也对社会学的地位和作用有了更深的理解。当我们看待一个社会现象的时候，要从正反两个角度来考量，也要关注在显在功能之外的潜在功能，这样才能更好地把握其作用和影响。所以在看待社会现象，关注社会事实的时候，能够进行理性的思考：这件事换个角度看会怎么样？即使是一件坏事，有没有我们没发现的潜在功能？这样的讨论所带来的收获，不是局限于书本内容，而是在认识层面的加深，对于形成自己的社会学学科素养至关重要。

在武大社会学院所接受的学术训练，让我真正认识了社会学，也重新认识了我自己。

四、相熟

阅读的过程，也是与社会学相熟的过程。在这个过程中，对于社会学本身的思考从未停止。

社会学是什么？本科的时候懵懵懂懂，社会学概论的教材上告诉我们："社会学是关于社会良性运行和协调发展的条件和机制的综合性具体社会科学。"这一定义带有功能主义的分析色彩，重点强调社会学的研究功能和分析对象。读社会学家的经典著作可以发现：在涂尔干看来，社会学是研究各种社会事实的思想工具；对韦伯来说，社会行动是他关注的重点；而这一重点，对马克思来说是社会群体和社会关系，对帕森斯来说是社会行动的结构和功能，对米尔斯来说是一种学科直觉和"想象力"……社会学是什么，似乎没有人能够下一个完美的定义，但是每个人都能就自己的立场提出不同的观点。那么，从社会学本身来看，社会学意味着什么呢？我认为，简而言之，社会学就是一门关于社会性的社会科学。

何为"社会性"？我认为社会性指的是区别于生物性的人类和人类社会展现出的关系属性。米尔斯认为，学习社会学的人应该具有想象力。在我看来，"社会学的想象力"就是将个体的内在生命和外在社会结构乃至历史景观相联系的能力，这也是将人与动物相区别的重要方面。在与社会的相互作用中，个体能够认识到社会环境施加于其自身的影响，也会对此作出反应。我们谈论社会学时，更多强调的正是这样一种关系。作为个体，我们几乎每一个活动都在与他人和社会发生关系：衣食住用行，桩桩件件都离不开"社会"。我们所处的位置，有的是先赋的，无从改变；有的是自致的，需要耗费不少的努力。但无论怎么变，总是逃不出一张"社会"的网：这张网以"差序格局"的方式，以"我"为中心，按照亲疏远近向外扩张；现今又通过互联网技术将"我"和更庞大数量的人群统摄在一起。亿万个"我"作为亿万个节点，将整个社会的所有成员联系起来。此外，韦伯和马克思的研究告诉我们，这张网不是平面铺开的，人与人并不是在同样的高度进行社会交往。科层和阶级的存在使得这张网变成了三维的、立体的。这张网，以及网上的节点，还有支撑起这张网的力量——这个系统的组合就是"社会"。而"人"与"社会"在这张网中所展现出来的特性，就是"社会性"。社会学就是观察、研究这张网的不同侧面、不同截面，并产生诸如城市社会学、农村社会学、人口社会学、宗教社会学、法律社会学、消费社会学、政治社会学、经济社会学等分支。所以，从研究对象来看，社会学的研究范围是极其广泛的，只要在人与社会的这张网内，都为社会学所关注。这张网的本质是社会性，而社会性的本质其实就是关系。

何为"社会科学"？这个问题其实涉及了学科地位的根本：社会科学是不是"科学"？进而，社会学是不是"科学"？要回答这一问题，就需要首先明确判断是否为"科学"的标准是什么。科学，在最初语境中指的是经典力学，后来扩展到物理学，再到包含有物理学、化学、天文学等学科的"自然科学"。在经典力学时期，以牛顿三大定律为代表的力学定律带有明显的决定论特征，即在给定物体初始状态和时间间隔的前提下能推知任意时间的物体状态，之后这一决定论扩展到化学、天文学等领域（如预测化学反应结果、预测行星位置等）。决定论在经典力学领域无疑是经受了检验的。不过，当物理学迎来量子力学所带来的变革的时候，原来适用于宏观、低速运动状态的经典力学就不再"一统天下"了。量子力学中，在微观、高速的运动状态下，物体的位置和速度无法同时准确测量（不确定性），在经典力学里能够被精确预言的变量如今只能用概率（事件发生的百分比）来表示。这其实代表了两种不同形式的逻辑性质。在亨普尔看来，经典力学的逻辑是演绎—定律论，通过演绎得以包含在普遍形式的规律内；而量子力学的逻辑是概率性解释，通过归纳得以包含在概率形式的规律内。发生在自然科学领域内的这场变革，也带来了关于社会科学的科学性的思考：社会科学能否做到"决定论"似的预言？或者退一步，能否做到如量子力学似的概率性的预言？对这两个问题的否定回答是一些学者认为社会科学不是科学的最有力的证据。但是这些看法忽视了社会科学自身的特性，而强制性地将自然科学的判断标准硬套上去，从而得出了不能让人信服的结论。认为社会科学不具备"决定论"的分析逻辑，甚至不具备概率性预测的能力，从而得出社会科学不属于科学——分析这一命题的逻辑不难发现，该命题是将社会科学的研究内容等同于自然科学的"数量"内容，认为这些内容可以根据特定公式进行加减乘除的运算从而得到预测数据。但是这个立场跟社会科学研究对象的性质显然是不相符的。斯宾塞指出："在地质学、生物学和心理学当中，大部分预见的只是性质方面的；而数量方面的预见从来不很精确，常常是很不精确的。但我们毫不犹豫地把这些预测看作是科学的。社会学就是这样的。"（《社会学研究》）的确，社会学研究因为其研究对象（"社会性"）的特殊性，并不能够实现诸如物理学那样的数量化、公式化。所以，社会学当然是社会科学，其进行的是特殊的科学研究。

由此，经过一年多系统性的专业经典阅读，对社会学这门学科，特别是关于方法论的问题有了更深刻的思考。我认为这样的思考对于把握社会学是不无裨益的。当然，有的地方思考得还不成熟，但起码记录下当下的体悟，为以后更深入地思考做个基础，也是有必要的。阅读社会学经典书籍，带给我的不仅仅是知识，也有对问题理性思考的能力，当然还有"社会学的想象力"。继续阅读，继续思考，终会有所收获！

五、相忘

此忘非彼忘，可不是要把读过的书都忘记了。读书就像大浪淘沙，经过这段时间体系化的经典阅读训练，可能再过一段时间，对书里面的知识点就记不清了，但是经过专业训练的思考会留下来。它教会我们如何去看待世间万物，如何去认识和解释社会，如何以一个专业人的角度来待人接物。这就像张无忌学太极拳一样，招式虽然都记不清了，但是招式内里的精髓都留下来了。我想，这就是经典阅读的目的所在吧。

研究生阶段已经快两年了，因为疫情的影响在家学习了将近半年之久，等再开学的时候离毕业也就不远了。这样体系化的阅读训练也快接近尾声了。我们或许会相忘于江湖，但是读过的书，脑子受过的"苦"，都作为宝贵的财富烙印在骨子里，即使招式都忘了，也还能打出太极的神意。

写这样总结性的文字总容易感伤，叹时光匆匆，恨终有一别。在武大，我们一起努力过，思考过，在心里留下了点什么，这一趟就没白来。

我想，等有一天回首这段时光，应该会热泪盈眶的吧。

阅读书单

涂尔干

《自杀论》　　　　　　　　　　《社会分工论》

《社会学方法的准则》　　　　　《原始分类》

《乱伦禁忌及其起源》　　　　　《宗教生活的基本形式》

《职业伦理与公民道德》　　　　《哲学讲稿》

《道德教育》　　　　　　　　　《孟德斯鸠与卢梭》

《实用主义与社会学》　　　　　《教育思想的演进》

韦伯

《学术与政治》　　　　　　　　《经济与社会》

《社会科学方法论》　　　　　　《经济通史》

《新教伦理与资本主义精神》　　《宗教与世界》

《儒教与道教》　　　　　　　　《印度教与佛教》

《古犹太教》　　　　　　　　　《宗教社会学·宗教与世界》

马克思

《资本论》全三卷　　　　　　　《马克思恩格斯选集》（一至四卷选读）

齐美尔

《货币哲学》　　　　　　　　　《时尚的哲学》

《生命直观》　　　　　　　　　《宗教社会学》

帕森斯

《经济与社会》　　　　　　　　《社会行动的结构》

曼海姆

《意识形态与乌托邦》

洛克

《政府论》

凡勃伦

《有闲阶级论》

米德

《心灵、自我与社会》

戈夫曼

《日常生活中的自我呈现》

布劳

《社会生活中的交换与权力》

默顿

《十七世纪英格兰的科学、技术与社会》　《科学社会学》（上、下册）

《社会理论和社会结构》　　　　《社会研究与社会政策》

《默顿学术思想评传》（什托姆普卡著）

米尔斯

《社会学的想象力》　　　　　　《权力精英》

《白领：美国的中产阶级》

埃利亚斯

《文明的进程》　　　　　　　　《符号理论》

库恩

《科学革命的结构》

拉卡托斯

《批判与知识的增长》　　　　　《科学研究纲领方法论》

内格尔

《科学的结构》

布迪厄

《国家精英》　　　　　　　　　《关于电视》

《文化资本与社会炼金术》　　　　《继承人——大学生与文化》

《再生产》　　　　　　　　　　　《实践与反思》

《遏止野火》　　　　　　　　　　《艺术的法则》

《实践感》　　　　　　　　　　　《区分：判断力的社会批判》

《单身者舞会》　　　　　　　　　《世界的苦难》

《实践理论大纲》

埃尔德

《大萧条的孩子们》

亨普尔

《自然科学的哲学》

德雷

《历史哲学》

斯宾塞

《社会学研究》　　　　　　　　　《群学肄言》（严复译作）

费孝通

《乡土中国》

陈心想

《走出乡土》

贺雪峰

《新乡土中国》

陆益龙

《后乡土中国》

周其仁

《城乡中国》

福柯

《疯癫与文明》　　　　　　　　　《规训与惩罚》

《词与物》

世上无难事，只要肯登攀

——记我的研究生读书生活

何好

（武汉大学社会学院2018级研究生，本科毕业于本院）

每次总结回顾时总会感叹时光飞逝，而这次我的两年研究生读书生活也进入了尾声。2020年突发的疫情打乱了人们的生活节奏，却似乎并没有太多地扰乱武大社会学院研究生们读书生活的节奏。每天沉下心来阅读，绞尽脑汁思考，与伙伴们线上讨论交流，保持健康作息，积极锻炼运动，每十天参加一次全年级同学的阅读交流汇报，之后就又鼓足干劲投入新的阅读旅程。做到这一切并不简单，而在这里，这不只是我，而且是整个武大社会学院的同学们的日常，这不得不说是个奇迹。我们是如何做到这样的？关于我的研究生读书生活的故事要从2018年夏天说起。

一、初识——十万个为什么

第一次了解到社会学经典著作阅读训练时，我回想了自己本科阶段读过的社会学经典著作，主要是在大三时社会学经典名著选读这门课上完成的，其次是因专业课要求读过一些，总体来说并不太多。将专业经典著作阅读作为研究生培养的要求听起来是理所当然的，阅读的益处也是广为人知，可是想到要进行两年纯粹的社会学经典阅读训练，内心还是产生了一些顾虑。在过往经历中，有太多人强调过太多的重要性了，听课的重要性、讲座的重要性、广泛涉猎的重要性、实践经历的重要性，而一个"纯粹"，不禁要让人掂量掂量阅读的重要性，一个"纯粹"也让人扪心自问："我能做得到吗？"

好在学院老师们都很有耐心，一一为我们答疑解惑。读经典著作不同于读教科书，读的是原著，没有人告诉你怎么读的是对的，全部需要自己去体会和总结，这个过程中重要的不是获取的知识，而是增加获取知识的能力；进一步体系化阅读社会学经典著作，会令你对社会学的发展脉络、知识体系有宏观的把握，而阅读完社会学经典著作后，还可以进一步体系化阅读政治学、经济学等其他社会科学著作，从而对整个社会科学的发展有充分的了解，这样的了解不是基于教科书的总结、老师的讲授，而是在阅读原著过程中个人的领会，通过这样的阅读会将专业知识内化，成为你的思维地图，成为思维逻辑的基础；再有，通过不断地阅读、不断地思考，以及进行讨论交流和汇报，写作和表达能力也得到了锻炼，如何把所学所理解的内容表达出来，让他人也能够明白，这种能力将在经典阅读训练中不断地得到提升。总结来说，体系化的经典阅读训练培养的是人的核心能力，包括阅读能力、思维能力、表达能力、知识储备等等，这些能力对于个人的成长具有重要意义，能够在未来的工作生活中迁移运用，相比于获得一些外在认可的符号，在研究生期间投入时间致力于核心能力的提升是十分值得的。体系化阅读经典著作有这么多好处，而个人要如何做到，这里的方法是集体阅读，通过集体的力量来共同实现这一目标。"一个人走得快，一群人走得远"，这是常被人们提到的一句话，也很好地说明了集体阅读的力量。个人纯粹的阅读将会是孤独的旅程，而集体为这趟旅程注入了活力与热情。武大社会学院正是从我们这一级开始进行集体阅读的，经过两年的发展，全院已经形成了阅读经典的学风，每位同学也都从中受益。集体阅读通过同辈群体的压力，让每位同学都能积极投入其中。因为是集体阅读，因此你也拥有了阅读路上的同行者、陪伴者、交流者、诉说者，在阅读过程中遇到的所有困难、迷茫都有同学一同分担，一起解决，阅读中的收获与喜悦也有同学和老师的共同见证。

二、适应——图书馆的日日夜夜

如此一来，打消了对纯粹的经典阅读训练的种种疑虑，对这种严格的学术训练方法有了充分的了解，接下来就是要投入实践之中了。这并不是一件简单的事，需要坐得住、读得进、耐得苦，毛爷爷说得好，"世上无难事，只要肯登攀"。经典著作就像一座座高峰需要我们勇往直前，就像一块块难啃的硬骨头需要我们咬牙坚持。不过别看现在说得这么大义凛然，刚开始经典阅读的时候，还是经历了很长一段时间的适应。

虽然我本科是社会学专业，对社会学经典理论家的理论有一定的了解，但是阅读理论家们的著作却丝毫没有容易半分。翻开一本书放在桌上，一页内容中的每一个字都认识，可连起来就是不明白是什么意思，我想这是大多数人刚开始经典阅读训练时经历过的情况，我也不例外。坐在图书馆的座位上，焦虑烦躁，总想走动，数着页数希望能赶紧看完，可是过去好几个小时，也没有翻动几页。不过即使这样，老师也鼓励我要坚持，而且好在我们不是面对困难的第一人，我们还有同样在进行经典阅读的师兄师姐们的帮助。在刚开始的过程中，师兄师姐们时常与我们交流，为我们解答困惑，书应该怎么读，笔记要怎样做，阅读过程要注意什么，读不懂的地方要怎么办，同时师兄师姐们也给了很多鼓励和支持，教给我们毅力与坚持，让我们有学习的榜样，增长努力的信心。

还记得第一次正式召开读书会时，每位同学都需要将近期的阅读内容形成总结性汇报在读书会上进行展示，经过一段时间的阅读后自己对所读的内容有了一点体会，不过因为翻译的经典著作文字还是较为晦涩，如何更通俗地表达，更好地展示也是一道难题。感谢当时朋友们的鼓励和分享，帮我打通思路，回想起来，虽然当时的总结汇报与同场的师兄师姐们相比还是差距较大，不过还是尽己所能，也为自己能够继续坚持点燃了信心。

接下来的日子是图书馆的日复一日，时间概念都变得模糊了些，记得的是涂尔干、韦伯、马克思，一个大家一个阶段，一次总结一个阶段，一次汇报一个阶段；记得的是阳光明媚的图书馆，风雨交加的图书馆，大雪纷飞的图书馆；记得的是考试周的人声鼎沸和节假日的三三两两，清晨的吵闹喧嚣和夜晚时的闭馆铃声。这些日子既模糊又清晰，回想起来都是大学里的美丽风景，个人成长中的青春印记。

三、成长——发挥自身主体性

不得不提到的一点是关于个人主体性的问题，个人成长的道路最需要培养自身的主体性，经典阅读训练是个人主体性培养的有效方法。总体来说，虽然体系化地阅读社会学经典有大致的阅读方向要求，但是具体怎样读，读哪些，还是由每个人自己决定的。这就需要充分发挥自身的主体性去探索适合自己阅读的道路，按照怎样的顺序进行阅读，阅读过程中遇到的困难怎样处理，对经典著作的把握程度怎样合适，怎样记笔记更利于自己的反思和回顾，阅读后的总结以什么样的形式呈现，等等，这些都是在体系化经典阅读过程中需要自己去决定和把握的部分。在这一过程中，会有老师和师兄师姐们的指导，同学朋友们的陪伴，他们都会给出建议和意见作为参照，但是要如何进行接下来的阅读还是由个人自己说了算。这样的自主性是培养个人主体性的充分必要条件。

再有，安排自己的阅读计划并保障执行也是发挥主体性的重要体现。网络上常以早睡早起规律作息作为自律的标准，而经典阅读训练中规律作息只是保障阅读能进一步进行的基础。充分发挥自身的主体性是要调动自身全方位的能力，对自身进行全面的严格要求，是深刻的自律。刚开始做到这些并不容易，可能需要同伴们的督促和鼓励，需要得到外界的认可，当然进一步地，成功做到自律的人会发展出强烈的自信心，会对自己的能力有一进步的认知，会更有勇气去坚持、去应对困难。这一切是一个良性的循环，人们因为自律而自信，因为自信而坚持，因为坚持而成长，在这一过程中坚毅的自我也不断被构建，被塑造，被激励。

另外，经典阅读训练中最重要的是"纯粹"二字，如何做到"纯粹"，抵御诱惑，不被打扰，坚持自我，更是要发挥自身的主体性。经典阅读训练是纯粹的事业，是漫长的修行，是深山老林苦练内功，而我们生活的环境又太过浮躁，有太多的诱惑，有太多的人强调不同的重要性，要是被这些声音影响，经典阅读训练就难以坚持，我们就难以获得所需的成长。只有充分认识到自身的主体性，从自身出发，为自己的成长着想，努力训练自己、磨砺自己、锻炼自己，才能耐得住寂寞，承受得了平淡，真正获得能力的提升。

四、伙伴——成长路上的知心人

虽然前面也多次提到，但还是需要单独写一写这些陪伴着我一路走来的同学们、伙伴们。再困难的路，有朋友的陪伴也会容易一些，成长的道路上需要有伙伴相陪。因为有共同的目标、共同的期待，同学们成为彼此成长之路上的伙伴。尤其是在读书会这个组织之中，大家为了达成读好经典、更好成长的目标，都在共同努力。我们共同学习，积极活动，为每位同学更好地发展仗义执言。集体读书、集体交流、集体运动，是读书会让我看到了集体的力量。

每一次读书会，同学们慷慨激昂地讲述自己对于经典著作的理解；每一次双周论坛，思维的碰撞精彩万分；小组交流，朋友们互相鼓励、加油打气；东湖暴走，伙伴们你追我赶，欢笑不停；羽毛球场，我们身姿矫健，活力四射；回家路上，我们披星戴月，彻夜长谈，过往种种，都近在眼前。因为这些经历，同学们也都变得更加亲密，是彼此成长道路上的知心人。

读书生活中有困难，现实生活里也有坎坷。多一个有共同经历的伙伴去分享交流，生活的路也不会那么难走。尤其是在经典阅读过程中，遇着的困难也并不小，像以上提到的种种，靠个人的力量克服容易陷入负面情绪之中，难以排解，更不知出路，而有集体和伙伴给予帮助，问题的解决就会容易很多。例如读书会的伙伴们通过开展定期的集体交流，给了每个人倾诉的机会，既是可以就学术思考进行讨论，也可以将近期的个人困惑进行分享，因为同在集体之场中，大家也更能够感同身受，更好地回应到彼此的情绪；而论坛形式的交流活动更是给了大家总结和表达的压力和动力，让大家能够更好地消化阅读的成果；还有逢年过节之时必不可少的聚会活动，既让大家放松休息了，也让彼此见到了各自不同的方面，更进一步地相处，更进一步地熟悉，携手成长，共担风雨。

五、憧憬——未来的无限可能

目前，我的经典阅读训练已经到了最后阶段，不禁有些感慨。在经典阅读之中，我收获了能力，收获了知识，收获了自律，收获了坚持，收获了独立自主，还收获了知心朋友。在这个过程中实在是收获和成长了太多，一想到经典阅读训练即将结束，就感到十分不舍。但人生之路不会等待，只能前行，很庆幸在这个阶段中有所收获。接下来希望继续坚持完成经典阅读训练的最后部分，然后对未来充满希望，迎接新的挑战！

阅读书单

涂尔干

《社会学方法的准则》　　　　《社会分工论》

《宗教生活的基本形式》　　　《自杀论》

《职业伦理与公民道德》　　　《教育思想的演进》

《道德教育》　　　　　　　　《乱伦禁忌及其起源》

《实用主义与社会学》　　　　《原始分类》

韦伯

《学术与政治》　　　　　　　《新教伦理与资本主义精神》

《社会学的基本概念》　　　　《社会科学方法论》

《儒教与道教》　　　　　　　《宗教与世界》

《印度教与佛教》　　　　　　《古犹太教》

《经济与社会》

苏国勋

《理性化及其限制》

马克思

《资本论》全三卷　　　　　　　　　《马克思恩格斯选集》全四卷

齐美尔

《货币哲学》　　　　　　　　　　　《时尚的哲学》

《金钱、性别、现代生活风格》　　　《桥与门》

《叔本华与尼采》　　　　　　　　　《宗教社会学》

《现代人与宗教》　　　　　　　　　《生命直观》

米尔斯

《社会学的想象力》　　　　　　　　《权力精英》

曼海姆

《意识形态与乌托邦》　　　　　　　《保守主义》

《重建时代的人与社会》

帕累托

《普通社会学纲要》　　　　　　　　《精英的兴衰》

舍勒

《知识社会学问题》　　　　　　　　《价值感受与哲学》

《爱的秩序》

库利

《人类本性与社会秩序》

米德

《心灵、自我与社会》

舒茨

《社会世界的意义构成》

戈夫曼

《日常生活的自我呈现》　　　　　　《污名》

马尔库塞

《爱欲与文明》

勒庞

《乌合之众》

鲍德里亚

《消费社会》

布迪厄

《男性统治》　　　　　　　　《继承人——大学生与文化》

《再生产》　　　　　　　　　《国家精英》

《言语意味着什么》　　　　　《区分：判断力的社会批判》

《实践理论大纲》　　　　　　《实践感》

《反思社会学导引》　　　　　《自我分析纲要》

《单身者舞会》　　　　　　　《关于电视》

波兹曼

《娱乐至死》　　　　　　　　《童年的消逝》

福柯

《疯癫与文明》　　　　　　　《规训与惩罚》

《临床医学的诞生》　　　　　《精神病与心理学》

《性经验史》　　　　　　　　《不正常的人》

《必须保卫社会》　　　　　　《知识考古学》

《词与物》　　　　　　　　　《牛津通识读本：福柯》

吉登斯

《历史唯物主义的当代批判》　《资本主义与现代社会理论》

《政治学、社会学与社会理论》《批判的社会学导论》

《社会理论的核心问题》　　　《民族—国家与暴力》

《现代性的后果》　　　　　　《现代性与自我认同》

用不长的时间做一件终身不悔的事

——我的研究生读书生活

洪玥

（武汉大学社会学院 2018 级研究生，本科毕业于郑州大学）

起这样一个在网络、媒体上一度被滥用了的标题，实在不是出于懒惰或是创意匮乏，而是在研究生读书生活即将结束的节点，从时间的角度去回顾这着实短暂的两年光阴，个中感受百般陈杂，千头万绪中涌上来的，还非得由"不悔"二字定下基调。这原来流行的句式其实是"用××不长的时间，做一件终生难忘的事"，但仔细品味，"终生难忘"是对一段体验活动在个体一生的时间阈值中的感性认知，然而若说是"终身不悔"，虽然也是一种慨叹，"不悔"却以更强烈的否定意义，较"难忘"对这短暂的生命体验活动强调了正向的价值，而以"终身"作为"不悔"的状语，是放在对个人来说一切"价值"能有"价值"的极限时间长度中，这件事"价值"的厚重感也就被提升到了极致。

两年的经典阅读训练，只做这一件事，定然是当得起"终身不悔"的。

一、序章

这两年时光的开端，还要从 2018 年 3 月说起，正值大四下学期之初。作为一个已经确定毕业去向的保研生，亲人赞赏，老师重视，师弟师妹们则积极请教经验，一时之间似乎也颇为自得。而大文豪、哲学家萧伯纳说："人生有两种悲剧：一种是没有得到你心里想要的东西，另一种是得到了。"在当下的阶段，一切尘埃落定，对于缺乏人生规划的我来说，即便是误打误撞完成了本科阶段的一个小目标，在目所能及的几个月空闲中，也无可避免地感受到了扑面涌来的空虚感与焦虑感。

所幸的是仍在校忙碌的3月份，武汉大学社会学院就尽早组织了推免的同学，开启了阅读经典的序章。一开始在贺老师的带领下，我们自己建立了体系化的阅读计划，相当于书面有了一个任务清单，且需要高频率的汇报——在微信群里，谁读书状态好、谁的时间利用充分，在字字陈述里均可见一斑。这样一来，竞争机制、压力来源、督促力量一应俱全，虽然是缺乏了共同的读书场所和面对面的交流小组这两个关键要素，但自己读书的导向有了，在实习、毕业论文的杂事中排除万难，也能像期末考前一样日日读到图书馆闭馆了。不过理想状态也就是这么一说，最初读书因为没能有机会在院内接受体系化经典阅读的面授指导以及师兄师姐的答疑解惑，很容易陷入自我怀疑的循环怪圈和不得章法的理论困境之中。要论有如磐石一般的决心，进入抛开一切外界信息的沉浸式阅读状态，还非得要说到在华科的暑期时光。

二、集训

从门外汉到入门，接近两个月的"8-10-7"集训给研究生的读书生活打下了扎实的基础。实实在在的朝夕相处，衣、食、住、行，锻炼、学习，完整充分的集体生活会产生奇妙的化学反应。在当今大学生看来，日复一日的读书十小时，回寝前的跑湖、跑操场和做操，图书馆、食堂、宿舍的三点一线，几乎不需要手机接收信息，这样的生活可能仅仅限于考研期间。甚至即便是在临考前的两个月，想要做到这样高效简单、"文武双修"的生活，也并非易事。但是因为在集体中生活学习，没有毕业前的压力、没有上学时的课业，读书、解惑、交流良性循环，每个人都能自然而然地生发出主体性，给予120%的投入，在图书馆与经典的沃土中野蛮成长。

短短的两个月，我最大的收获在于把每一天的读书训练都当作最后一天来过。唯有给予这样的内在压力，自己方知时间宝贵，当下的每一刻都会竭尽全力。疫情期间，我对于内在动力在个人成长中的必要性和重要性有切身体会。黄州城区被封锁后，没有定点读书的生活每天都无比单调重复，被海量的负面信息裹挟，我的情绪因为活动范围受到限制也被无限期地禁锢、压抑，甚至于在家崩溃大哭。在内心秩序破碎后，回归平和但又能让人充满力量的读书生活成了我重拾理性的救生艇。帕累托认为"支配人的是情感而不是理性"，用日复一日的经典阅读去磨砺、锤炼大脑里具有逻辑思考功用的神经细胞，方能用理智与客观的铠甲武装我们天然懦弱且裸露在外的躯体和心灵。

其二的收获是体会到每天运动的妙处。一些深谙学习之道的高校在营造体育文化上倾注了很多心思，也会给予学生十分"硬核"的体能测验要求。这一点上，清华大学"体育强校"的招牌早已声名远扬。入学以来，我也感受到我院绕湖暴走、羽毛球乃至于马拉松等体育活动蔚然成风，在师生身体的耐力素质这项指标上，在校内定然是佼佼者。身体和思维的训练应当是融会贯通、殊途同归的。任何一项运动，效用的发挥在最开始的时候就进行着，你的身体从物理上的静态转变为动态的那个当下，脂肪就在加速燃烧，但身体健康状态的保持及由虚弱到强健的程度的转变，绝非一朝一夕之事。之前贺老师也分享过，自己曾经在高中时期坚持每天晚上跑学校操场十圈，足足坚持了两年，给几十年高强度的工作、生活节奏打下了最初的基础。贺老师也一度十分鼓励住在校外的同学把上下学的步行作为每天运动量的一部分，而不要用骑电动车代替。持之以恒的身体锻炼和"8-10-7"的两年经典阅读训练有异曲同工之妙。思维的锤炼从生物学的角度来看，何尝不是一种肌肉的训练呢？但短暂的、碎片化的运动绝对不能把一具薄弱的身体训练得健美。同样，不以早起、读书、锻炼、休息这样周而复始的每天在图书馆十小时的阅读训练为基础，再多的两年，我们都始终无法拥有足以理解、解释乃至于推动中国社会变迁的思维武器。又比如说，我们具体来看，一项运动中肌肉能感受到的难以忍受的酸胀，与阅读经典的过程中大脑冥思苦想带来的痛感，何其相似。拿跑步举例，假如你的目标是跑十圈，当进行到可能是第四圈的时候，身体状态会出现一个瓶颈，觉得喘不上气、无法坚持，但是只要跑到第五圈、第六圈，后面的几圈就都能平稳地完成了。而且因为第一次能够这样坚持下来，你就知道十圈对你来说是可以完成的，即便后面每次都会经历这样的瓶颈，但至少在心理上都是能够克服的了。读书的时候也是这样，难以理解的地方，抓破头脑也想不明白，但就是要在阵痛中突破，用"硬读书"的方法"读硬书"——在读韦伯的时候没有放弃，才能在读到福柯的时候还保有信心，而这个时候回头去看最初的涂尔干，已经完全不是当初需要奋力攀登才能翻越的大山了。

三、成长

一晃两个月过去已经正式入学了，而当时的我已经非常适应院里读书的节奏了。但是中间也有一些问题，比如在我们这一届，院里还没有探索出组织化的小组读书方法，在阅读中遇到了问题，单靠每月一次的读书汇报无法及时有效又具体细致地回答当前的疑惑。这个时候就必须和读过这本书的同学进行交流。往往讨论起来你会有惊喜的发现。因为院里仅仅要求大框架下的体系化阅读，而没有限制每个同学读书的确定次序，在不同的已有积累和视野下，想法的碰撞总能互相给予多元的思考和多重的启发。再有是笔记上的借鉴，因为社会学书目的架构庞大，大多数同学都有自己的一套总结方法，而这也是在交流中学习、尝试的，没有受到统一的限制。记得自己读《资本论》的时候，总有囫囵吞枣、不求甚解的惰性思想，而某天偶然和同学聊起无法梳理的难处，对方竟然发过来自己整理好的思维导图和上万字的笔记，不禁激发了自己向更深更难处探寻手头上的"磨刀石"的好胜心。如此一来，竟然能一边感受思维的阵痛一边乐在其中了。

简单的集中阅读的日子，是当下过的时候，觉得每一天都很漫长，但回顾研究生读书生活，一年又八个月也不过弹指一挥间，两年之期更是倏忽而至。我的阅读场所从图书馆、学院的自习室转换到现在家中这张书桌上，每周的运动则是体育馆打羽毛球、室内跳操、健身房瑜伽轮换，哪个便利做哪个，心态也并非是一帆风顺，而是周期性的沉浮，但其中也有不变的——坚持地"读"，伴随着师长一路的督促、鼓励乃至于与自我成长的重要性相比显得足够宽厚的批评，总归是做到了。贺老师说，"你们应该为自己感动"。的确，两年的经典阅读，不是言辞上可以概括的，是行为上每个当下都与自己的懒惰、无知做斗争，是把原有的自我打碎重造，把早起、读书、运动一体化的生活作为煅烧的原料，把锤打后炼出的更强大的思考力、意志力注入我们全新的血肉中。

四、尾声

在马克思身上我第一次看到社会学在解释世界之外，强烈地用于改变世界的功用；帕森斯精妙自洽的理论模型一度让我深深痴迷，尽管其被后来者诟病为大而无当；而跟随吉登斯进行"现代性"和"全球化"的思考，更加让我看到社会学不是人类大脑在无聊中发挥想象力的产物，而是正因为时时刻刻都关注着个体与真实世界的紧密联系，社会学家基于聚焦的、扎实的调查研究发出的真诚有力的提问。社会学的野心并不止于解释和理解层面，作为一门有创造力的学科，社会学必将不遗余力地为改变世界贡献自己的力量。而中国社会学，扎根于独一无二的"田野"，必将与中国社会的伟大实践一同成长，并推动着民族复兴、国家富强的社会理想一步一步走向现实，成为不同于西方社会学理论体系的独特存在。在这个过程中，我们有幸能够在师长的带领下见证、参与。感恩师长，亦感谢自己。

阅读书单

帕克

《城市社会学：芝加哥学派城市研究文集》

滕尼斯

《共同体与社会》

韦伯

《中国的宗教：儒教与道教》　　　《经济与社会》第一卷

《经济与社会》第二卷（上）　　　《经济与社会》第二卷（下）

《学术生涯与政治生涯》　　　　　《社会科学方法论》

《古犹太教》　　　　　　　　　　《印度教与佛教》

《宗教与世界》　　　　　　　　　《新教伦理与资本主义精神》

齐美尔

《货币哲学》第一卷　　　　　　　《货币哲学》第二卷

《货币哲学》第三卷　　　　　　　《时尚的哲学》

《金钱、性别、现代生活风格》　　《社会是如何可能的》

《宗教社会学》

涂尔干

《自杀论》　　　　　　　　　　　《职业伦理与公民道德》

《社会学研究方法论》　　　　　　《乱伦禁忌及起源》

《社会分工论》

马克思

《资本论》全三卷　　　　　　　　《马克思恩格斯选集》全四卷

《家庭、私有制和国家的起源》

帕累托

《精英的兴衰》　　　　　　　　　《普通社会学纲要》

帕森斯

《社会行动的结构》

默顿

《科学社会学》　　　　　　　　　《社会理论与社会结构》

《十七世纪英格兰的科学、技术与社会》《社会研究与社会政策》

曼海姆

《意识形态与乌托邦》

布劳

《社会生活中的交换与权力》

布迪厄

《关于电视》　　　　　　　　　《继承人——大学生与文化》

《文化资本与社会炼金术》　　　《自我分析纲要》

《男性统治》　　　　　　　　　《世界的苦难》（上）

《世界的苦难》（下）

戈夫曼

《公共场所的行为》　　　　　　《污名》

米尔斯

《白领：美国的中产阶级》　　　《权力精英》

哈贝马斯

《公共领悟的结构转型》　　　　《交往行为理论》第一卷

《沟通行动理论》　　　　　　　《包容他者》

《分裂的西方》

吉登斯

《超越左与右：激进政治的未来》　《现代性的后果》

《现代性与自我认同》

达仁道夫

《现代社会冲突》

米德

《心灵、自我与社会》　　　　　《十九世纪的思想运动》

《现在的哲学》

埃利亚斯

《文明的进程》第一卷　　　　　《文明的进程》第二卷

福柯

《声名狼藉者的生活》　　　　　《什么是批判》

《自我技术》

马尔库塞

《单向度的人》

鲍曼

《怀旧的乌托邦》

麦克里兰

《西方政治思想史》

洛克

《政府论》（上篇）　　　　　　　　《政府论》（下篇）

柏拉图

《理想国》

马基雅维利

《君主论》

霍布斯

《利维坦》

孟德斯鸠

《论法的精神》（上）　　　　　　　《论法的精神》（下）

卢梭

《论人类不平等的起源和基础》　　　《社会契约论》

边沁

《政府片论》

托克维尔

《论美国的民主》

弗里德曼

《世界是平的》

费孝通

《乡土中国》

陈心想

《走出乡土》

贺雪峰

《新乡土中国》

周其仁

《城乡中国》

斯宾塞

《群学肄言》（严复译作）

阅读、成长与反思

——我的研究生读书生活

刘承建

（武汉大学社会学院 2018 级研究生，本科毕业于安徽大学）

此时起笔写整个研究生的读书生活大总结时，我还不敢相信阅读经典已经有了两年的时间。时光转瞬即逝，当我们日复一日地为着一个目标去奋斗时，总是觉得时间太短：怎么这就到了一个月了？怎么就到了一年了？从刚开始老师要求我们去读书时的"被强迫"，到现在自己积极主动地去阅读、去思考的"主动成长"，两年的时光足以让我完成蜕变，成长为一个有了理想和目标，主动去追求的前进者。回过头来看，这两年比我学习生涯的任何一段时间都要更充实和有活力。

一、成长的开端——改变

全力备战考研时，那种只是为了升学历而步入到一个新的平台的想法一直伴随着我，自己对研究生并没有一个清晰的思考，只是觉得研究生学历以后对自己会有好处而已，不知这三年该如何度过。考研复试刚结束，还没有从被录取的喜悦中反应过来，学院就已按照研究生的标准要求我们读书。当时的自己对读"硬书"、读经典虽然在思想上十分认可，但在身体上却十分抗拒，因为这些书读起来实在是让人头疼，读着读着读不懂，就会想放弃，想去玩。而且那时候临近毕业，同学们大多心思散漫，没有一个好的读书环境。直到毕业后暑假回家，读书的环境才有所改善，自己

087

也能静下心来读些书了。

和大部分人的感觉一样，每月汇报书单和读书状态时，大家口中一致的"读不懂"让我感觉自己找到了组织。本科期间为了应付考试，概念背完、考完就忘得一干二净，从来没有读过经典著作的我们，谁能读得懂？但一个月一次的汇报还是迫使我读下去，整本书的结构读不懂，其中的某一两句话总还是能理解的吧，然后再把自己有感悟的句子摘到笔记本上，就这样居然也慢慢读了下来。每次读完回过头来翻翻笔记上的句子，也是若有所悟。在入学前，我竟也粗略地阅读完了涂尔干和韦伯两位大家的大部分著作，看着自己这几个月来所阅读的书单，心里也是小有自豪感。

入学后，对新环境的陌生也使我停滞不前。一开始我不愿意进图书馆，因为图书馆太大，不知道哪是哪，也不知道怎么约座位、借书是个什么流程，于是就和室友们缩在教室。对我来说，教室的阅读环境确实是差图书馆一大截的，阅读效率和时间也大打折扣，慢慢地这个问题就暴露出来。记得第一次汇报是在华中科技大学中国乡村治理研究中心会议室，那时候第一次听师兄师姐们的汇报，只能用"震撼"二字来形容，自己顿时认识到了和师兄师姐们的差距。让我记忆犹新的是，因为第一个月自己读书的数量并不多，且没有做好汇报的准备，在"乱说"了一通后，时间已过去了限定的六分钟，被贺老师叫停，老师对我的书单和汇报显然是有些不满意的，于是我的第一次读书成果检验就这样尴尬结束。回到学校后，老师找我们每个人都谈了话，询问我们每天真实的读书情况。那次谈话让我明白了，没有轻而易举能够获得的成就。光觉得读书重要，应该要多读书，光在思想上认同有什么用？你得去做呀！宝剑锋从磨砺出，梅花香自苦寒来，从来没有什么一蹴而就的成功，只有肯花功夫，笨读笨思，像优秀的师兄师姐那样，每天早八晚十地泡在图书馆，以读书为业，每天不断地与经典著作打交道，不断地与大师对话，不断地绞尽脑汁地去思考，才能真正为进入学术殿堂打好根基。这下我终于振作起来，找到了自己的目标，打了次"鸡血"，直面与他人的差距，奋起直追。

在那之后，每天的自己不是在图书馆就是在去图书馆的路上。每天的吃饭和散步，就算是给自己放松放松的时间，等到回到图书馆，又可以全身心地投入到阅读中去。每次吃完饭去读书，竟都感觉不到时间的流逝，怎么一下午、一晚上就这么点儿时间？这要是在刚开始读书的自己，或是在其他院校的同学看来，是不可想象的状态，一定会认为，真是可怜，这也太煎熬了吧？殊不知，每天的阅读和不断的思考才是最有意义和价值的事情。以前的我们只是会背知识点，这是最快速获得知识的方式，是看似有效的一条"捷径"，却也是快速忘掉知识，退回到起点的一条"死路"。因为背诵知识点只是为了应付考试，并没有真正地去理解它。而经典阅读并不是自己一个人在孤独地学习知识，而更是和经典作家在不断地进行对话，是哈贝马斯笔下的"主体间性"，这样的对话让我们更深层次地进入到理论当中，理解理论。每一次的对话都会让我觉得酣畅淋漓，仿佛进入了一个又一个不一样的奇妙世界，领悟了每一个大家眼里别样的风景。这就像是在寻宝图里又开启了一个新的线索，把前进路上的障碍一点一点扫清，于是我们的视野慢慢变得开阔，眼中的社会慢慢变得清晰，自己在结构中身处的位置慢慢明朗，世界观也在不断变得完善。

这两年来，阅读经典这件事情早已从一种被动的学习任务，内化成为自身的一种习性。阅读已经成了日常生活中必不可少的一部分，这是一件我们自然而然就要去做的事情，它和吃饭睡觉一样，是构成充实的一天的来源，是一种必要的精神食粮，它让我们的头脑保持活力，保持主体性。现如今很多同学都会变得浮躁、焦虑，因为社会太大，发展变化太快，自己在社会中不知该何去何从，这些对于未来的惴惴不安，反而将当下最为宝贵的时光浪费掉了。作为一个社会科学专业的学生，在研究生阶段，阅读经典才是真正最好最正确的道路。阅读让我们放下焦虑，慢慢静下心来，把时间都放在书桌上，在深山老林里苦练内功，稳扎稳打，不骄不躁，只有先把马步扎稳，才能开始学习武功。在阅读的道路上，我们只问耕耘，不问收获。埋头苦干，终有一天能够硕果累累。待两年后完成了修炼，再回过头来看当初那个只是个毛头小子的自己，定会感到不负自己一直以来的努力。

二、成长路上的伙伴——导师组读书会

在经典阅读训练的路上，我们从不孤单。

入学后，选择导师完毕，我们进入了贺老师主持的导师组读书会，自此，导师组的同学们就这样相聚在了一起。从相聚而形成的群体，到建设成为一个有凝聚力的团队，需要时间的洗礼，更需要团队中每个人的努力和奉献。

团队的第一项努力从集体运动和读书交流开始。犹记得第一次打完羽毛球后，只有屈指可数的几个人在足球场的空地上围成一个小圈，开始了我们的第一次交流。现在回想起来，那时候大家还比较生疏，交流的形式十分简单，内容也很浅显，却也是我们自己的第一次尝试。此后，每周加入打羽毛球的小伙伴渐渐多了起来，交流时大家围成的圈也越来越大，以至于后来打球时需要轮流了，发言时一圈下来竟也需要一两个小时，最后出于对效率的考量，我们实行了小组讨论，并且增加了暴走运动，在暴走前进行交流讨论。之后，我们每次的讨论都能更加热烈和深入，我们在球场、图书馆、东湖绿道等各个地方都进行过学术上的交流，即使是疫情期间，我们在线上的交流依然定期展开，每次交流依然热烈和深入，在家里也能够感受到集体读书的温暖。我们随时都会相互关心、了解同伴们的读书情况，在哪里都可以进行观点上的碰撞，在哪里也都不缺少路人的目光。我想，这也是对我们研究生积极形象的表现。

再后来，我们还共同尝试举办读书论坛，朝着更加专业、更加学术的方向进行讨论，这对于我们来说又是一次重大的突破。还记得我们在教五的草坪上围成一圈，一起探讨该以何种形式去举行读书论坛。第一次的尝试是未知的，是困难的，导致我有点畏难情绪，但让我感动的是，大家居然都敢于一起直面困难，相互分工合作，那些第一次就能冲锋陷阵、主动

发言的小伙伴们，确实给了我莫大的激励。此后每一次论坛的完成都让我们十分有成就感。这是一个团队的力量，一个人面对困难时可能会畏惧，但是一群人在一起就能带来一种勇往直前的精神，让我们能够团结合作，共同克服一个又一个困难，同时也促使着我们每一个人不断地进步。

一个人可能会走得更快，一群人才能走得更远。读书上，自己一个人读完书可能就直接放下了，这样读可能会很快，但是对于内容的把握，对于整个理论体系的认识都是十分浅显的。我们读书会的这一群人在一起，一是给了我走下去的动力，让我知道，我还有这样一群志同道合的朋友在朝着同一个理想和目标而努力；二是在平时的交流中，大家能够相互学习，相互补充。一个人的视野是有限的，视角是单一的或是不完全的，在书本中吸收到的可能只是部分自己感兴趣的内容，而在相互交流中我们才能够扩展视野，了解到别人眼中不一样的视角，认识到他们看到的又是什么。

团队和普通群体不同，群体中的个体是分散的，是各自独立的，而团队则是有着一个"共识"，有着一个凝聚力在的。导师组读书会给我们提供的，不仅是一个读书分享交流团体，更是一个相互关心、互帮互助、共同进步的生活共同体。这两年来，读书会的小伙伴们真正成了最好的一群知心朋友，集体所拥有的活力和动力开始激励着我们不断前行。每季度一次读书论坛，每周两次运动加交流，都有着我们每个人努力的心血。我们在一起也欢乐过，也伤感过，有过笑，有过泪，这是一份多么来之不易的友情！

三、蜕变后的自己——反思

2020年居然是这样的一个开篇，经典阅读训练的最后一个学期竟是在家里度过。在这最后的两个月，社会学的阅读即将进入尾声。这两年来，从"古典四大家"（涂尔干、韦伯、马克思、齐美尔）的收尾，到"后四大家"的开垦，真是一个漫长而又艰苦的伟大工程。从严冬到另一个严冬，从图书馆温暖的环境再到家中温暖的环境，条件没有变，书桌上的书却一本一本地变着，我个人也不断成长着。经历了从一开始的被人问"社会学？是干吗的？""唉，我也说不上来"的尴尬，到现在能够进入到社会学的殿堂窥视一番，再能跟别人解释的"社会学呀，它是研究社会现象和社会结构等的学科"的转变。

这两年来，我先是认识什么是社会（社会学从何而来——建构社会），再认识社会是什么（社会是怎样的——解构社会）。初识社会学，从最开始的涂尔干、韦伯、马克思等人的理论入手。他们所处的时代是一个工业化带来剧变的时代，用韦伯的话来说是"理性的牢笼"，用马克思的话来说是"人的异化"，这样的社会带来的物质条件的改善毋庸置疑，但"人"却丧失了它的主体，成为了被社会结构控制之下的个人。这样的建构社会的过程使人们恍然大悟，社会竟然是这样的一个存在，原来我们不知不觉地已经身不由己，是被社会牵着走的。

到了过渡时期，理论界百家争鸣。不存在某一个人的理论可以解释所有社会现象的情况，也不存在一个人的理论完全正确、完全可适用现实的情况。帕森斯的行动理论，或是戈夫曼的拟剧理论，又或是科塞的冲突论，都只是为我们提供了一个可供解释和认识社会的视角，每一个视角都给我们带来了不一样的风景。在这样美妙的情景里畅游，领略到不同大家的对社会的不同思考，我们无须争辩，无须探讨他们说的有多大的适用性，我们需要做的就是享受其中。

进入了"后四大家"的阅读，"后四大家"带给我们的是：社会是怎样的？我们进入了一个反思的时代。在福柯的理论中，整个社会被毛细血管式的权力所笼罩，暴力统治逐步变成了温和的统治，肉体的惩罚变成了灵魂的规训，人们似乎已经解放了自己，却只是重新获得了自己的肉身。现代社会已变成了"尽一切可能使人好好活着"的社会，个人必须按照社会制定的标准活下去。布迪厄告诉我们，社会空间中布满了各种各样规模巨大的场域，个人的实践，都是按照他的习性以及资本，在场域内运作实现的。吉登斯提出了结构化和现代性理论，让我们看到了在当今全球化时代，社会所产生的巨变。国家、社会与个人的关系，现代社会的风险，人与人之间的亲密关系，都促使我们进行反思。哈贝马斯则开始从人际交往行动出发，认为我们需要通过对话，促进共识的形成，对话要以相互了解为目的，并且包容他人，从而建立起和谐的人际关系，这是对更加理想的社会的向往。

读书并不是为了获得一个绝对真理，也不是要用一个人的观点去批判另一个人的观点。每一个经典大家都有着一个自己的理论体系，这样的理论体系可能给你带来感悟（读进去再走出来），也可能给你带来绝望（读进去却走不出来）。"后四大家"对于社会的解构让人眼前一亮——原来社会是这样运作的；却也无可奈何——我们又能怎么做呢？然而，换一个视角看，我们存在于不自知，我们失去了主体性才是最可悲的，当我们知道了我们是如何存在于这样的社会之中，我们在社会中的位置如何，以及我们为什么而活时，尽管我们可能无力去改变这个社会什么，却可以收获自己的认知、自己的感悟，自己不再是被动地被牵着跑，而是主动出发向前奔跑时，我想，我们眼中的这个社会也就不一样了。

读书这两年来，给我最大的改变就是我现在能够理智和辩证地思考一个社会现象，思考时会不自觉地把这个现象带入一个更大的社会结构背景中去。从最开始的跟风主流思想，转变为现在的冷静思考，能够看到事件背后驱使行动的东西，也可以不仅仅谈论这个事件，而是谈论更深层次的东西。我想，经过这两年日复一日的努力，我现在确实踏上了一个新的台阶，从无知到懵懂，从汲取所有观点到反思批判，再到最后对于整个庞大知识体系的敬畏，一步一步，愈发觉得自己在世界中的渺小，却同时也觉得自己在不断地生根发芽。

四、无声的离别——转折

两年的经典阅读训练即将完成，我曾无数次幻想，当结束经典阅读训练时我会是什么样的心情？是如释重负，还是恋恋不舍从前奋斗的时光？在阅读路上一同相伴而行的同学们，今后会以怎样一种方式离别？是以一次欢聚结束，还是会相拥而泣？

　　这一次突如其来的疫情让我们无法返校，甚至有可能和很多毕业的同学再也不会见面，没想到最后竟是一场无声的离别。不过，我们线上的交流仍在继续，经典阅读的步伐仍未停止。完成经典阅读训练后，等待我们的是下一个转折点——经验训练。理论来源于实践，终将也要回归于实践，我们回归田野，回归社会，会成为一个更有主体性思想的创造者。

　　"在我们的生活中，最让人感动的时光，总是那些一心一意为了一个目标而努力奋斗的日子。"

阅读书单

涂尔干

《社会分工论》　　　　　　　《自杀论》
《社会学方法的准则》　　　　《道德教育》
《职业伦理与公民道德》　　　《实用主义与社会学》
《社会学与哲学》　　　　　　《宗教生活的基本形式》
《原始分类》　　　　　　　　《教育思想的演进》
《乱伦禁忌及其起源》

韦伯

《新教伦理与资本主义精神》　《社会学的基本概念》
《社会科学方法论》　　　　　《学术与政治》
《支配社会学》　　　　　　　《非正当性的支配》
《法律社会学》　　　　　　　《宗教社会学·宗教与世界》
《中国的宗教：儒教与道教》　《印度的宗教：印度教与佛教》

齐美尔

《货币哲学》　　　　　　　　《时尚的哲学》

《社会是如何可能的》　　　　　　《宗教社会学》

马克思

《资本论》全三卷　　　　　　　　《马克思恩格斯选集》全四卷

《1844 年经济学哲学手稿》

马尔库塞

《单向度的人》　　　　　　　　　《爱欲与文明》

曼海姆

《意识形态与乌托邦》

帕累托

《普通社会学纲要》　　　　　　　《精英的兴衰》

米德

《心灵、自我与社会》

米尔斯

《社会学的想象力》

帕森斯

《社会行动的结构》

鲍德里亚

《消费社会》

科塞

《社会冲突的功能》

戈夫曼

《日常生活中的自我呈现》

默顿

《社会理论和社会结构》

保罗福塞尔

《格调：社会等级与生活品味》

达伦多夫

《现代社会冲突》

福柯

《临床医学的诞生》　　　　　　　《疯癫与文明》

《规训与惩罚》　　　　　　　　　《性经验史》

《不正常的人》　　　　　　　　　《必须保卫社会》

《安全、领土与人口》　　　　　　《生命政治的诞生》

《什么是批判》　　　　　　　　　《自我解释学的起源》

《知识考古学》 《词与物》
《主体解释学》
布迪厄
《继承人——大学生与文化》 《言语意味着什么》
《单身者舞会》 《实践理性》
《再生产》 《国家精英》
《自我分析纲要》 《实践理论大纲》
《区分：判断力的社会批判》 《实践感》
《关于电视》 《男性统治》
《布迪厄：关键概念》 《艺术的法则》
吉登斯
《历史唯物主义的当代批判》 《民族—国家与暴力》
《超越左与右：激进政治的未来》 《第三条道路》
《社会学方法的新规则》 《社会的构成》
《亲密关系的变革》 《现代性的后果》
《现代性与自我认同》
哈贝马斯
《公共领域的结构转型》 《认识与兴趣》
《理论与实践》 《合法化危机》
《重建历史唯物主义》 《交往行为理论》
《现代性的哲学话语》

在阅读中成长

——我的研究生读书生活

马晨

（武汉大学社会学院 2018 级研究生，本科毕业于武汉大学经管学院）

从 2018 年 4 月开始阅读经典算起，到今天正好两年过去了。转眼间我的研究生生活已经快过去三分之二。这两年的研究生生活，是在阅读中不断成长、不断提升自我的两年。在我的印象中，本科时期的"读书"只局限于课本或者老师要求的专业书，读书的目的更是带有功利性，只关注眼前的回报，想完成课程作业或者是为了通过考试，完完全全不明白阅读的真正意义。两年过去了，阅读渐渐变成了一种习惯，在无形之中让我养成了自律的习惯，拥有了专业自信，也让我学会了如何思考。

一、自律

环境能够潜移默化地改变一个人，武汉大学社会学院这个大环境在这两年可以说是对我产生了最重要最积极的影响。这个集体不断地督促和激励着我在阅读的路上越走越远、越走越宽。每位同学都对阅读充满了积极性和热情，每个月的"面对面"也总是能让我感觉到自己和其他优秀同学的差距。大家积极的状态，无形中产生了一种压力，成为鞭策我前进的动力。

其他学校或者是其他专业的同学可能因为就业的压力早早地就走向社会实习，或者奔波于各种任务和人际关系之中。与其相比，我的研究生生活似乎毫无波澜，除了上课基本上就是两点一线的阅读生活。看似平平淡淡，这份平淡却给我带来了巨大的改变。本科时的课余时间我会用来参加社团活动或者应付其他一些资格考试，而现在的课余时间我更多会选择安静地坐下来阅读。很多东西不急于一时，真正能够学习的时间少之又少，且一去不复返。人在每个阶段都有必须做的事，作为一名学生，心无旁骛地读书就是我们这个阶段的任务。很遗憾我没有更早地领悟到这个道理，也庆幸我现在领悟到了，才能拥有现在自律的学习状态和平静的心理状态。生活中会有很多情绪和诱惑，面对这些波动时，自律就显得格外重要。作为研究生，外在的约束越来越少，自由时间越来越多，在这种情况下若不懂得自我约束就会浪费大把的时间。懂得自律之后，高效的阅读也就随之而来。静下心阅读以后，时间常常在不知不觉间就溜走了，世界安静下来仿佛就只剩下读书这件需要关心的事。读得越多就越能感觉到自己的渺小和局限，在这个浮躁的时代，确实需要这么一份自律，才能让人静下心来阅读和思考。

不只是学习状态，我的生活状态也有了很大的转变。在学校每天和室友相互监督，早睡早起，看到室友们早起，自己也就没有了赖床偷懒的想法。形成这种良好的生物钟之后，不论在学校抑或是在家都能够保持饱满的精神状态。每次汇报时能够有底气地说出"作息规律"短短的四个字，都是大家互相监督，不断坚持下来的结果。从前忽视运动的我，现在也能每周坚持锻炼，抵抗力不断增强。读书和锻炼已经成了我生活中最重要的两部分。久而久之，自律变成了一种习惯。每个月催促我的已经不再是"面对面"时汇报的压力，而是来自自己内心的压力。

二、自信

我在 2018 年 4 月左右，考研结果公布之后才开始进行阅读训练，通过考研复试的学硕和专硕被拉进"准研究生群"，一个月进行一次线上汇报。当时临近本科毕业，需要完成毕业论文，还有一堆琐事缠身。在其他同学毕业狂欢时我还要坐在图书馆面对着宛若天书的经典，阅读时带着很多的情绪，每个月汇报的压力也让我感到十分焦躁。每天面对根本读不懂的"硬书"，内心其实挺挣扎的，不明白这样枯燥无聊的阅读有什么用处，只觉得即将到来的研究生生活和我想象中的大相径庭。阅读初期，看书根本看不进去，书上的文字一行行从眼前飘过，却不能理解一句，读书对当时的我来说就好像一个负担。当我翻开一本书之前，或者遇到难懂的内容，都会习惯性地打开百度进行搜索，读书速度很慢，效率很低。由于之前没有读"硬书"的经验，所以读起书来也缺乏自信，初期依靠着群里的监督才勉勉强强坚持下来。一想起读书就只有"痛苦"二字浮现在脑海里。在贺雪峰老师的建议下，我到"三农中国读书论坛"里阅读了读书报告，师兄师姐和一些优秀同学能够将自己所阅读过的内容融会贯通，一篇篇逻辑清晰、行文流畅的报告和每月洋洋洒洒的书单顿时让我感觉到自己和他们的差距。此时我意识到如果在一开始就给自己设限，不愿意主动思考、迎难而上，永远都不会有所进步。意识和心理上的转变对于迈开经典阅读的第一步来说极其重要。克服了心理上的抵触，读书这件事似乎就没有那么"难熬"了。导师曾经给我推荐过一本书，名叫《早起的奇迹》。书中提到自我暗示对于早起的积极作用。不仅是早起，自我暗示在我的读书历程中也给予了很大的帮助。每天从宿舍走到学校的几十分钟，我都会给自己积极的心理暗示，并为今天的阅读定下基础目标，以此推动自己进步。每天完成任务之后就会产生小小的成就感和充实感，也让我更有信心坚持读下去。

之后通过其他同学的汇报我渐渐地摸索到了阅读的方向，跟着进度差不多的同学制定系统阅读的书单，再根据自己的进度和现实情况稍作调整，慢慢找到自己阅读的节奏。阅读过程中我们会反复联想到曾经读过的内容，当系统的阅读积累到一定程度，在经过无数次的思维碰撞后，很多的晦涩和不解都会豁然开朗。虽然这个积累的过程并不一定一帆风顺，却一定收获满满。

考研时准备时间短，再加上我是跨专业考研，社会学基础基本为零，很多知识没有经过系统性理解靠的是死记硬背。记得准备考研时死磕过"集体欢腾"这个概念，不知道如何解释。实际上，如果不阅读原著，脱离了涂尔干宗教社会学的土壤，便很难真正理解其中的含义。今年因为名著导读课的课程要求重读了涂尔干的书，发现很多曾经觉得晦涩的内容如今能够理解了，之前初次接触的概念也能轻松地解释出来。经过两年的体系化阅读之后回头再读初期的经典，此时不再局限于条条框框的知识点，而是能够在鲜活的名家论述中进行判断和思考。从"古典三大家"（涂尔干、韦伯、马克思）到"后四大家"，是一段体会社会学体系建构的过程，是在困惑中不断解惑的过程。从"硬书"中不断领略到社会学理论发展的历史脉络，让我慢慢建立起作为一个真正社会学专业学生的自信。

三、思考

读书是在他人思想的帮助下，建立起自己思想的过程。研究生和本科生的区别之一就在从被动地接受知识转变为主动思考，建造自己的思维大厦。社会学的知识，首先应该在体系化、结构化的阅读中习得。为社会学奠基的经典著作不同于其他的易读性书籍，需要很多的耐心，花数倍、数十倍的精力思考。从古典三大家到后现代理论，在不同时代不同名家的视角下，对社会结构、社会问题进行思考，以此理解社会学发展至今的脉络，借此来分析现实社会。研究生开学后举行的第一次"面对面"，贺老师就指出读书时上豆瓣、查百度非常不利于阅读和思考。当今社会充斥着碎片化的信息，快餐式阅读看到的仅仅是他人思考之下的内容，甚至可以说是没有思考的阅读。没有思考的阅读，读到的内容就像白驹过隙，只在脑海中稍许停留，只产生一瞬感悟，却收获不了属于自己的内容，搜索出来的梗概和内容只能让我们停留在认识的浅显层面。只有独立地在经典中理解、归纳，方能得到属于自己的思考内容。我们读书真正的意义也在于此，让我们学会思考。阅读需要思考，阅读过程中训练出来的逻辑能力和思考能力，才能使我们对于问题乃至对于社会有更深入的思考；同时思考能力又在阅读中不断被强化，二者密不可分。很多同学现已结束社会学经典的阅读，开始进入第二学科。不同学科之间的思想交流和碰撞又会让我们产生更多、更深刻的思考。

2020年开始经历疫情的这几个月，可以说是我们读书生活里最特殊的一段时期了。虽然因为疫情原因无法返校，但我们集体读书的热情却没有丝毫减弱，大家一开始慢慢地适应阅读电子书，由于短时间内无法返校，又各自购买实体书进行阅读。十天一次的"云汇报"可以感受到大家正在努力恢复在校学习生活的积极状态，也努力保持着冷静理智的心态。越是在恐慌混乱的时候，越需要一个人的独立思考能力。互联网时代，面对扑面而来的暴风内容，更要提升信息摄入的精度，不被情绪左右，保持清醒，客观理性地思考。这也是我在近两年的读书生活中所领悟到的。

四、总结

现在我的阅读不追求立竿见影的效果，也不为了眼前的既得利益，此时读到的知识和观点说不准会在以后一个巧妙的时机浮现在脑海中，焕发出新的生命力。用两年时间啃下来的硬书或许已经潜移默化地拓宽了我的眼界，改变了我的心态，抑或是提升了我的认知能力和思维能力。很多人会问："你们花这么多时间读书到底有什么用？"用心读书的人自然会明白是否有用，读书与否，他日即见分晓。

阅读带领着我融入研究生生活，现在阅读也融入了我的生活，成为一种习惯，更会成为我今后人生路上不可多得的财富。感谢这两年的读书生活，更感谢改变了我的武汉大学社会学院。贺老师反复提醒我们，其实"读硬书"并不是一辈子的事，真正接受阅读训练的只有研究生这两年。是啊，这两年何其珍贵，将来的我们会走向各行各业，面对各种有形无形的压力，但这些都还只是未来，当下我们要做的仍然是脚踏实地完整度过研究生的读书时光，用这段时光来充实自己、武装自己。有积累才会有输出，两年的阅读一定会为我们今后的事业增添光彩。

在此总结的最后附上近两年的阅读书单，可能我的读书数量远远不及一些优秀的同学，虽然还有一段读书的路要走，但已经让我看到了改变，看到了自己身上的可能性，也让为数不多的读书时间更显珍贵。

阅读书单

涂尔干

《宗教生活的基本形式》 《社会分工论》

《社会分工与团结》 《自杀论》

《社会学方法的准则》 《原始分类》

《乱伦禁忌及其起源》 《职业伦理与公民道德》

《实用主义与社会学》

韦伯

《新教伦理与资本主义精神》 《社会科学方法论》

《中国宗教：儒教与道教》 《学术与政治》

《社会学的基本概念》 《经济与社会》

马克思、恩格斯

《马克思恩格斯选集》全四卷 《1844 年经济学哲学手稿》

《共产党宣言》 《资本论》全三卷

《家庭、私有制和国家的起源》

齐美尔

《时尚的哲学》 《货币哲学》

《金钱、性别、现代生活风格》 《叔本华与尼采》

《社会是如何可能的》 《生命直观》

《现代人与宗教》 《桥与门》

帕森斯

《社会行动的结构》 《现代社会的结构与过程》

帕累托

《普通社会学纲要》　　　　　　　《精英的兴衰》

鲍曼

《现代性与大屠杀》

曼海姆

《意识形态与乌托邦》

米尔斯

《权力精英》　　　　　　　　　　《社会学的想象力》

鲍德里亚

《消费社会》

埃利亚斯

《文明的进程》　　　　　　　　　《个体的社会》

布劳

《社会生活中的交换与权力》　　　《不平等和异质性》

科塞

《社会冲突的功能》

戈夫曼

《污名》　　　　　　　　　　　　《日常生活中的自我呈现》

马尔库塞

《单向度的人》　　　　　　　　　《爱欲与文明》

迈尔斯

《社会心理学》

卢梭

《社会契约论》

福柯

《疯癫与文明》　　　　　　　　　《规训与惩罚》

《性经验史》　　　　　　　　　　《词与物》

《临床医学的诞生》　　　　　　　《知识考古学》

《安全、领土与人口》　　　　　　《生命政治的诞生》

《不正常的人》　　　　　　　　　《必须保卫社会》

吉登斯

《民族—国家与暴力》　　　　　　《现代性的后果》

费孝通

《乡土中国》

波兹曼

《娱乐至死》

勒庞

《乌合之众》

陈心想

《走出乡土》

贺雪峰

《新乡土中国》

亨廷顿

《第三波：20世纪后期民主化浪潮》

斯宾塞

《社会学研究》

在阅读中认识自己

——我的研究生读书生活

萨日娜

（武汉大学社会学院 2018 级研究生，本科毕业于中央民族大学）

转眼间研二下学期也已开始两月多，感叹时光匆匆。对于我来说过去近两年的专业经典阅读训练是非常重要的，这两年时间里我们在院系主任的引导下经历了严格的学术训练，进行了体系化的阅读，见证了自己逐渐成长为理想的模样。下面我从阅读过程中心理感受的角度写一份记录两年读书情况的总结，主要分为"克服语言障碍，适应学科转换"、"迷茫中前行"、"找到方向，越来越坚定"和"学会深度思考，形成独立见解"这四个阶段。

第一阶段：克服语言障碍，适应学科转换

还记得研一刚入学时，我因为是少数民族学生，所以有语言方面的障碍。我那段时间一直在努力适应汉语授课和汉文书目的阅读。这对于从小学至高中再到大学本科一直接受民族语（蒙古语）授课的我来说是不容易的事情。那个时候我阅读的书籍会变成名词解释的堆积，很多内容对于我来说都是未接触过的，需要我去查阅相关资料，进行理解和扩充。这样下来时间都花在了名词解释和做笔记上，阅读速率明显跟不上其他同学，这使我有了巨大的压力。然而，除语言障碍外我还有学科转换的压力。我在本科期间的专业是少数民族语言文学，突然转换到社会学去阅读西方经典

书籍，让我一时反应不过来。在这样的情况下，我以涂尔干的《社会分工论》开始了我的社会学经典书籍阅读。但是一本读下来吸收进脑子里的东西寥寥无几，这使我很沮丧，认为我的问题可能出在了对于学科的不了解。我从同学那借来了《社会学教程》这本教材类书籍阅读，希望打个基础，这样也对整个学科有个基本的认识，阅读起来就不会那么吃力。当我读完这本书向贺老师汇报时，他建议我说可以接着读经典书籍。因此，在老师的引导下我又接着阅读了涂尔干的《自杀论》。而后，还读了《宗教生活的基本形式》《原始分类》《职业伦理与公民道德》等书籍。涂尔干这一大家慢慢读下来后我开始对社会学有了点认识，从前的因语言障碍和学科转换而产生的焦虑也逐渐减少，不再纠结于个别名词的不理解，适应并尝试从整体去理解，加快阅读速率。

第二阶段：迷茫中前行

在克服了语言障碍，适应了学科转换后，随之而来的是下一个大问题，即内容的晦涩难懂和框架体系搭建的费力。我在读完涂尔干后开始阅读韦伯。对于当时的我来说韦伯的经济史学、政治社会学和宗教社会学书籍都同样难懂。我在阅读《经济行动与社会团体》时一度迷茫困惑，开始怀疑自己这样阅读是否有效，不确定自己能吸收多少内容，到后来甚至想放弃阅读韦伯直接跳入下一大家的阅读。但是当时开的"面对面"交流会中老师又再度强调体系化阅读的重要性，它带来的不仅是这一大家的知识体系，还有对整个框架的理解。同时我也了解到并不是只有我一个人读不透，如果我就此放弃，那么下一大家的作品也如此晦涩难懂的话我也会放弃，这样就会逐渐变成一个容易放弃的人。因此，出于对体系化阅读的坚持和"面对面"交流中被理解的感受，我依旧坚持读了下去。就这样，我在半懂半困惑的状态下读完了韦伯，进入了阅读马克思的阶段。现在回想起来，是这样的读书环境给了我很大的支持和理解，才使我在迷茫中不断前行。

第三阶段：找到方向，越来越坚定

读完"古典四大家"后我开始进入了过渡时期的阅读。我以米尔斯的《社会学的想象力》开始了过渡时期的阅读。当时读到附论"论治学之道"时很惊喜，对于激发社会学的想象力有了初步的认识。再出于兴趣，对这一作家的其余两部作品《权力精英》和《白领：美国的中产阶级》进行了扩充阅读。我开始找到自己的兴趣点，进行补充阅读，对一个问题开始有了思考。我感觉到自己逐渐找到方向，不再像上一阶段那样迷茫又不知所措，这样的变化让我很惊喜。除此之外，目前随着进入"后四大家"的阅读，我希望可以对各大家的作品进行比较学习和批判，提出自己的看法。

第四阶段：学会深度思考，形成独立见解

经历了一年半的阅读之后我终于进入了"后四大家"的阅读。"后四大家"的作品之前在各类课程中都会被提及，如福柯的《规训与惩罚》在我们的身体民俗学部分中经常被提到，布迪厄的"场域"、"惯习"和"资本"理论在实践民俗学中有着不可替代的作用。因此，带着这些期待我开始了"后四大家"的阅读。首先读到福柯时被其晦涩难懂的语言所困扰，但是阅读了《规训与惩罚》《词与物》《疯癫与文明》三本下来，再结合网上相关论文解读和同学们的分享，我也对福柯有了基本的认识。接下来进入了我最期待的布迪厄书籍的阅读，其教育再生产理论是我最感兴趣且之前一直了解的部分。该理论所论证的家庭出身优势转化为学校教育的优势，而学校教育优势日后又转化为社会经济地位优势的内容使我印象深刻，又感同身受。同时出于深度思考的需求，我查阅了相关研究论文，发现有些批评者认为布迪厄的教育再生产理论是一种结构决定论，它忽略了教育所内涵的流动功能、革新功能以及个人发展功能，把教育的能动性置于视野之外。这个过程锻炼了我的批判性思考能力，同时让我意识到需要形成横向与纵向对比的批判思维。

　　以上是我自打阅读经典以来以一些作品为转折的心路历程。除此之外，我对自己的认识也有了很大的改变，变得自信从容，且有了逻辑的观点输出。

　　刚开始阅读经典时我总是在笔记上记下每个章节的重点句，最后依靠笔记去复盘理解书中内容。这样会比较浪费时间，且不能提炼重点内容，只会将内容搬运到笔记本上，如不再翻开它，其内容也不再被我反复思考。我们每个月例行的"面对面"中老师就其他同学提出的笔记花费时间，导致读书进度慢的情况，给出建议。我也慢慢意识到这样进步较慢，我应该学会概括书中内容，最后用自己的语言将其记在笔记上，这样书中的内容就活跃了起来，也可以带动我加深思考。这个过程不仅锻炼了我从整体看待问题的能力，也使得我的阅读进度加快了。

　　除记笔记外，我的表述能力也有了一定的提升。我们研一开学后第一次"面对面"时我的表达慌乱、无逻辑，还伴随着颤抖的嗓音，整场下来感觉自己糟糕透了。我意识到这个问题需要从底层解决，即加深读书之体会，这样表述内容时才能更加从容和自信。我给自己制定小的阶段目标，先从锻炼嗓音不抖开始，即每次发言前先在笔记上写完整，然后去念。这一阶段目标可以从容完成后，开始锻炼发言时看着笔记中的关键词展开来讲，再到后来的可以在从容发言的同时思考，而不是在心里一遍遍打好草稿之后才敢表达，这对我来说是个巨大的进步，是研究生期间一次次的发言机会给了我锻炼，一本本书的积累给了我自信。

　　除以上两点外感受最深的即是可以阅读和讲出自己的观点。还记得我们师门第一次聚餐，同门的同学和师姐们就自己阅读的书目发表各自的观点，进行讨论。而到我这里时还只停留在理解书中内容的层次上，更别说进行各大家间的比较和批判了。但是经过我这一年多的经典书目阅读和发表观点型的课程的训练，我开始逐渐有了自己的想法。对于各大家的作品有了了解，也可以谈论自己的想法。更重要的是我将此运用在了生活中，在与家人、老师和朋友们的交流中更加有自己的想法和观点，可以有逻辑、有条理地讲出一些内容。

在这样一步一步成长的过程中，我们院系的培养体系给了我很大帮助，老师们一直给我鼓励，同学们作为榜样引领着我逐渐找到方向，形成自己的知识体系。院里以"8-10-7"的节奏在图书馆阅读的氛围影响了每一位同学，也使得我从一个以前只阅读一些文学作品，善于感性思考的人，转变成现在周边堆满各类社会学、民俗学书籍并学会批判性思考的人。老师们的鼓励使我客观认识自己，逐渐学会把握自己的阅读节奏。同学们的交流阅读心得使我更加全面地认识各位大家的主要思想。我惊喜于阅读经典书籍给我的学习和生活带来的愉悦，并开始不断地认识自己，从心底里接纳和认可自己。与此同时，我也需要继续保持思考，争取更多的进步。

自研一开始至今，我阅读了一些社会学、民俗学和人类学相关书籍，对相关学科有了一定的认识和见解。这个阅读数量虽不及其他同学，但我知道这是我在自己力所能及的范围内所努力的最大数量。接下来还有不到半年的纯粹阅读时间，这对于我们来说是极其珍贵的。同时对于我来说是较有挑战性的。我计划在接下来的两个月内读完"后四大家"的书，再用一个月的时间去整理汇总所读社会学书籍，尝试融会贯通各大家的思想。如果时间还有剩余再读一些民俗学专业的相关书籍。

阅读书单

涂尔干

《社会分工论》　　　　　　　　　　《自杀论》

《宗教生活的基本形式》　　　　　　《社会学方法的准则》

《原始分类》　　　　　　　　　　　《职业伦理与公民道德》

韦伯

《新教伦理与资本主义精神》　　　　《学术与政治》

《经济行动与社会团体》　　　　《社会学的基本概念》

《社会科学方法论》

马克思、恩格斯

《家庭、私有制和国家的起源》　　《马克思恩格斯选集》

摩尔根

《古代社会》

莫斯

《礼物》

道格拉斯

《洁净与危险》

马林诺夫斯基

《西太平洋上的航海者》

施特劳斯

《神话与意义》

沃尔夫

《欧洲与没有历史的人民》

乌丙安

《民俗学原理》

普拉萨德

《过剩之地》

阎云翔

《私人生活的变革》

齐美尔

《宗教社会学》　　　　　　　《货币哲学》第一、二卷

《时尚的哲学》　　　　　　　《桥与门》

《金钱、性别、现代生活风格》

波兹曼

《娱乐至死》

米尔斯

《社会学的想象力》　　　　　《权力精英》

《白领：美国的中产阶级》

安德森

《想象的共同体》

本尼迪克特

《文化模式》　　　　　　　　　　《菊与刀》

米德

《萨摩亚人的成年》　　　　　　　《心灵自我与社会》

杨庆堃

《中国社会中的宗教》

勒庞

《乌合之众》

马尔库塞

《单向度的人》　　　　　　　　　《爱欲与文明》

波伏娃

《第二性》

福柯

《规训与惩罚》　　　　　　　　　《词与物》

《疯癫与文明》　　　　　　　　　《性经验史》

《知识考古学》

布迪厄

《继承人——大学生与文化》　　　《单身者舞会》

《实践理论大纲》　　　　　　　　《再生产》

《自我分析纲要》　　　　　　　　《实践感》

《世界的苦难》

费孝通

《乡土中国》

陈心想

《走出乡土》

吉登斯

《亲密关系的变革》　　　　　　　《现代性与自我认同》

《民族—国家与暴力》

其他

《社会学教程》　　　　　　　　　《民俗学概论》

《民间文学概论》　　　　　　　　《民间文学的艺术美》

《民俗学》　　　　　　　　　　　《民俗学概论新编》

纯粹读书，共同成长

——我的研究生读书生活

程波

（武汉大学社会学院2018级研究生，本科毕业于兰州大学）

　　前段时间和朋友聊天，她问我读了什么书。那时刚好上交《专业经典阅读》课程作业，顺手就把书单发给她了。她的第一反应是"你读了好多书啊"，接着又说"你的书咋没一本是我感兴趣的，全是那种看得我要吐血的"。确实，我们的书并不易读，我们的读书生活也并不轻松。

　　以前，以为研究生生活跟本科差不多，无非就是上上课、参加社团等等。不一样的可能是研究生能多参与科研而提升学术素养或明确研究方向来发表有质感的论文。但是，没有料想到自己会走在一条截然不同的路上，我的研究生生活总是围绕着读书这件事。

一、启程

　　不知不觉，我的读书之旅已经满两年了。记得2018年3月底2018级社会学推免生微信群建立，学院老师让我们在群里简单介绍自己并谈谈对研究生生活的期待。那时候的我们大都提及了对诸如扎实完成学业、参与科研实践、增强学术能力、深入理解学科、提高英语水平这些方面的未来构想。随后，老师让我们提交阅读计划并建议系统化读书，即从涂尔干到韦伯再到马克思等等。这让我印象特别深刻。因为本科的时候在课程老师的要求与推荐下也读过不少书，诸如有关发展、福利、民族、文化、经济或医疗社会学等方面的书籍。此外，还读了很多关于人类学的著作。这些书大都偏经验类，而且老师会讲解或是由同学们一起讨论其内涵。故而，只读经典著作且不借鉴其他材料来辅助阅读真的是一大挑战，我的"读书思维"开始建构。

对于当时的我们来说，所谓的体系化阅读是从未接触过的。万事开头难，一开始读书的时候大家或多或少带有情绪在其中，大都是因为学院要求而被动地读书。那时我们或忙于毕业事宜或忙于实习，但是对于突如其来的经典阅读任务却丝毫不敢懈怠。因为从 3 月底到 8 月底，我们基本上每月一次要在群里分享个人的读书情况，学院老师也会针对每位同学的状态给予评价和指导。月末的总结，既让我紧张，又觉得很有必要。每次看着同学们的汇报，都能从他们身上获得启发，向他们学习的同时，还会在心里进行比较，生怕自己书读少了，感想也说得不好。当暑假朋友们开心玩耍时，我在家里啃韦伯的《经济与社会》，真酸爽啊。从一开始的懒散到渐渐主动调适、自觉体系化读书，于我而言是一种历练。

二、常态

来到武大后，愈发感受到阅读经典的浓厚氛围。2018 年 9 月 2 日，学院在开学典礼结束后就召开了第一次全年级的"面对面"，让我们汇报 4—8 月的书单与感想，首次直面老师和同学们，现在想来还是觉得很刺激。后来误打误撞有幸成为贺老师的学生并加入了读书会，我的读书生活变得更加常态化，正式建立起"图书馆—食堂—宿舍"这三点一线的学习模式。但是在读书过程中，依旧显得磕磕绊绊。

刚刚开学那会儿，没能很好地适应新的环境导致读书进度很慢，半个月一本书都没看完，心里越发烦躁。之后召开的导师组见面会，如同及时雨一般，会上老师们劝诫我们好好读书、端正思想，"行而后得谓之德"这句话深深地烙印在心头，我明白自己所面对的梗阻在态度面前微之甚微。很快，第一次读书会上的场面让我深受震撼，2017 级师兄师姐们精彩有厚度的读书汇报让我感到惭愧。反观自己两三本的阅读量和挤牙膏似的读书报告，我当时就在想或许只有当我们足够认真与用心，读到一定阶段时才可以像他们一样读得既快又好。那次读书会的体验与其说是极大的压力，不如说是极强的激励，鞭策着我更加专心地读书。自此，读书的势头突飞猛进，读书的热情也越来越高涨，读书的状态也渐入佳境。虽说每天保证必要的读书时间外，读书汇报依旧写得不尽如人意，但是一直在改进。从不适到淡定，越来越觉得单纯地读书是一种享受。没有外界干扰，全身心投入书中是一件很幸福的事情，虽然总是遇到艰涩的文字和难以弄懂的内容。在读书过程中，我们学会如何在放过与难为自己之间取舍，学会沉静接受与努力攻克。懂得有舍有得、戒骄戒躁，这是一门大大的学问，也是一份简单的快乐。

三、进步

每天读书质与量的达成和偶尔的调适，让我不断向前。时不时会因为书难读而苦恼，但有时也会由于体悟到了某一要点而惊喜高兴。相比初次接触体系化阅读时的慌乱与躁动，现在的我更显从容。不再追问读书的意义，逐渐感受到经典带来的乐趣；不再纠结于读书的技巧，慢慢地也找到了适己的方式。无论是状态上还是在读书质量上，我可以清晰地看到自己的转变。我们读的书越来越多，体会也越来越深，报告也写得越来越好。

从"古典四大家"到过渡时期再到"后四大家"，终于在 2019 年年末结束了社会学的经典阅读，雀跃之情溢于言表。每个大家的经典著作都是一面镜子，我们可以汲取他们的智识，也得以窥探其所处的时代。但是镜子尚有不同的款式，社会学经典也有各自的写作风格。古典四大家的书虽然是我们最熟悉的但内容依旧不易理解；过渡时期的经典比较杂乱，但在各家思维转换之间能领略到不一样的风景。相比于福柯、布迪厄与吉登斯，哈贝马斯的书偏哲学化，对我来说是一个不小的挑战。但是静下心来投入进去，硬着头皮往下读，受益匪浅。不同学科，不同的思维逻辑，有着不同的魅力。防疫期间，虽然不能返校，但是读书并未搁浅。从古希腊到启蒙时代再到近现代，也于近日了结了政治学而转入经济学的经典阅读。而且我们还按照进度分了小组并每周在小组群里交流一次，收获满满。

我们在读书中不断进步，但不仅仅是知识上的丰富与思维上的强化，也有内在的丰盈与信心的激增。我是一个不太善于表达想法的人，被安排的事情会尽力做好，但是缺乏创新性，总是扮演着聆听者的角色。经过读书的积累与磨炼，我慢慢地形成自己的见解，并开始有向外输出的力量与能力。谁能想到，之前唯唯诺诺地和同学们交流读书体会的我会成为双周论坛的发言人向大家分享观点并与之激烈讨论。

四、团队

老师常说，我们是一群人在读书。实属幸运，我们从来不是一个人。身边围绕着三三两两的朋友已然不容易了，更何况有一群小伙伴。我们一起读书，一起交流，一起运动，一起成长。每周的体育锻炼，是我最为期盼的一项活动，羽毛球场上或东湖绿道边都曾见证我们的青春活力。我们每天都在同一个场域之下，不经意间就能遇见，也会经常一起约饭。寒假回家前，图书馆的人越来越少，有时目光所及就会看到某个熟悉的背影，让我感觉很温暖并喜欢这种默契。

在我眼中，这群人是值得信赖且不可替代的。大家是真诚的，我们会一起分享读书的收获与疑惑，争论时事新闻，诉说生活中的琐事；是善良友爱的，生病时有人问候有人拿药，遇到麻烦时有人献策有人护送，心情低落时有人安慰有人开导；是聪慧独特的，我们举办过很多交流活动，比如双周论坛，总是能从同伴们的对话与思维碰撞中学到很多；是有责任感的，在这近两年的时间里每个人都自觉参与每次团体建设并不断地开放自己，都曾为团队的发展建言献策，我们也曾指责过反省过改进过；是多元的，有人是羽毛球高手，有人是"中华小曲库"，有人是暴走小达人，有人是"厨神"，有人是桌球小菜鸟，有人是狼人杀大玩家，有人是开心果；

是古灵精怪的，我们会在操场上跟着阿姨们跳广场舞，在珞珈山竞走时模仿抖肩舞，在大合唱时统一奇奇怪怪的手势助阵。

两年里，我们在不断地加深对彼此的了解。从陌生隔阂到相识相知，从疏离到团结，我们在互动中建立和维系这珍贵的亲密关系。2019年两次在麻城，针对团队出现的问题都曾有过白热化的争执，大家又哭又笑但开诚布公一起解决，源于对团队的热忱与守护。成长总是伴随着阵痛，我们的团队并不总是和谐的但一直都是包容的。

团队是我们的底气，是团队在给予我们前进的动力。我们不仅是一群人在相伴而行，前方还有师兄师姐们在探路。真正见识到大团队始于2019年暑假和小伙伴们一起参加麻城战略研讨班。那是我第一次参加研讨班，认识了很多师兄师姐，感触很多。作为低年级观察员，我们缺乏实地经验，但能深刻感受到整个团队的使命感与情怀，能深刻感悟到团队的感染力量和积极反思精神。这是一群致力于中国乡村研究却又不限于此的人，这个团队坚定且在不断发展壮大。同时，在防疫过程中，面对铺天盖地的舆论信息和切实问题，师兄师姐们保持理智并积极回馈。团队的发声与担当让我们动容与自豪。

五、小结

按部就班地长大，学习生活也比较顺利，但是不知道自己到底想要的是什么。

还记得推免结束后的一段时间，我并没有感到尘埃落定的轻松，反而整个人特别地焦虑与迷茫。我的一个好朋友也是如此，俩人互相疏导要知足常乐和立足于当下。包括后来和贺老师谈话的时候，老师也善意提议，如果对于未来不是很清晰的话那就先珍惜时光好好读书然后再慢慢确定。这在当时给了初入学的我一针强心剂，心理包袱一下减轻了很多。在随后近两年的读书生活中，我也在不断地放开对自己的设限，我们的人生应该是充满无限可能的，要有尝试和试错的勇气与能力。

　　总而言之，这两年都是在体系化读书中度过的。我们的思维和表达能力在提高，意志在增强，视野也在开阔，可以静下心来做好各种事情，这都归功于经典阅读的训练。但是何其有幸，我们是一群人在携手共进。我的研究生生活很纯粹，也充满着感恩。这就不自觉地想起老师们了，尤其是贺老师。起初以为老师是严肃和雷厉风行的，但是相处久了就会看到不一样的风采，经常私下惊叹于老师的可爱、幽默与暖心。有次老师在节假日问我们有没有安排活动玩耍，我们都说要读书。以为老师会很欣慰，结果老师说我们要懂得放松一下，在状态才是最好的。接着又说，做一件事就全身心地投入，要灵活协调好各方面但不要三心二意。我当时听到就很受启发，又一次打破了对老师的刻板印象。老师也常说，我们的相遇是机缘巧合。遇见读书会多多少少都有些偶然。但时间是最好的证明，回想来我们都很庆幸有这个美丽的契机。这两年来，感谢老师和小伙伴们的陪伴与鼓励，感谢团队的关爱与鞭策，感谢这野蛮的成长环境！

　　或许我们脚步匆忙，但是我们是笃定的，随风而逝的风景虽美好，哪有回首来得广阔精彩。我们的读书生活既平淡又充实，我们也更加坚定与自信。接下来的日子里，我们依旧要一起加油。希望我们能不负光阴与期待，在团队中找到自己，有抱负有力量！

阅读书单

涂尔干

《社会分工论》　　　　　　　《宗教生活的基本形式》

《社会学方法的准则》　　　　《自杀论》

《职业伦理与公民道德》　　　《原始分类》

《道德教育》　　　　　　　　《乱伦禁忌及其起源》

《教育思想的演进》

韦伯

《新教伦理与资本主义精神》　　《儒教与道教》

《印度教与佛教》　　　　　　　《古犹太教》

《社会学的基本概念》　　　　　《经济与社会》

《学术与政治》　　　　　　　　《社会科学方法论》

《支配的类型》　　　　　　　　《非正当性的支配》

马克思、恩格斯

《资本论》全三卷　　　　　　　《1844 年经济学哲学手稿》

《共产党宣言》　　　　　　　　《家庭、私有制和国家的起源》

《马克思恩格斯选集》全四卷

齐美尔

《货币哲学》　　　　　　　　　《社会是如何可能的》

《桥与门》　　　　　　　　　　《现代性的诊断》

《宗教社会学》　　　　　　　　《现代人与宗教》

《金钱、性别、现代生活风格》　《生命直观》

《叔本华与尼采》　　　　　　　《社会学——关于社会化形式的研究》

《历史哲学问题》　　　　　　　《时尚的哲学》

过渡时期

帕累托《普通社会学纲要》　　　帕累托《精英的兴衰》

曼海姆《意识形态与乌托邦》　　曼海姆《卡尔·曼海姆精粹》

曼海姆《保守主义》　　　　　　曼海姆《重建时代的人与社会》

舍勒《知识社会学问题》　　　　戈夫曼《日常生活的自我呈现》

帕森斯《社会行动的结构》　　　米德《心灵、自我与社会》

布劳《社会生活中的交换与权力》　米尔斯《社会学的想象力》

默顿《社会理论和社会结构》　　马尔库塞《单向度的人》

马尔库塞《爱欲与文明》　　　　科塞《社会冲突的功能》

舒茨《社会世界的意义构成》

福柯

《疯癫与文明》　　　　　　　　《知识考古学》

《不正常的人》　　　　　　　　《主体解释学》

《临床医学的诞生》　　　　　　《词与物》

《规训与惩罚》　　　　　　　　《性经验史》

《精神疾病与心理学》　　　　　《必须保卫社会》

《生命政治的诞生》　　　　　　《安全、领土与人口》

《这不是一只烟斗》　　　　　　《说真话的勇气》

布迪厄

《实践与反思》　　　　　　《再生产》
《关于电视》　　　　　　《继承人——大学生与文化》
《实践感》　　　　　　《单身者舞会》
《男性统治》　　　　　　《艺术的法则》
《实践理性》　　　　　　《言语意味着什么》
《自我分析纲要》　　　　　　《区分：判断力的社会批判》
《实践理论大纲》　　　　　　《国家精英》

吉登斯

《社会学》　　　　　　《社会的构成》
《现代性的后果》　　　　　　《民族—国家与暴力》
《现代性与自我认同》　　　　　　《亲密关系的变革》
《第三条道路》　　　　　　《历史唯物主义的当代批判》
《欧洲模式》　　　　　　《在边缘》
《超越左与右：激进政治的未来》　　　　　　《失控的世界》
《社会学方法的新规则》　　　　　　《资本主义与现代社会学理论》
《气候变化的政治学》　　　　　　《自反性现代化》

哈贝马斯

《公共领域的结构转型》　　　　　　《认识与兴趣》
《理论与实践》　　　　　　《在事实与规范之间》
《作为意识形态的技术与科学》　　　　　　《合法化危机》
《交往行为理论》　　　　　　《包容他者》
《后民族结构》　　　　　　《后形而上学思想》
《现代性的哲学话语》　　　　　　《重建历史唯物主义》

政治学

柏拉图《理想国》　　　　　　柏拉图《法律篇》
亚里士多德《政治学》　　　　　　马基雅维利《君主论》
卢梭《社会契约论》　　　　　　卢梭《论人类不平等的起源和基础》
孟德斯鸠《论法的精神》　　　　　　洛克《政府论》
柏克《法国革命论》　　　　　　霍布斯《利维坦》
穆勒《论自由》　　　　　　穆勒《功利主义》
边沁《道德与立法原理导论》　　　　　　边沁《政府片论》
霍布豪斯《自由主义》　　　　　　托克维尔《旧制度与大革命》

托克维尔《论美国的民主》　　　　　罗尔斯《正义论》

福山《历史的终结与最后的人》　　　福山《国家建构》

福山《政治秩序的起源》　　　　　　福山《政治秩序与政治衰败》

包刚升《政治学通识》

经济学

基什特尼《经济学通识课》　　　　　配第《赋税论》

斯密《国富论》　　　　　　　　　　斯密《道德情操论》

李嘉图《政治经济学及赋税原理》　　马尔萨斯《人口原理》

萨伊《政治经济学概论》

其他

波普诺《社会学》　　　　　　　　　斯宾塞《社会学研究》

斯宾塞《群学肄言》（严复译作）　　斯科特《国家的视角》

亨廷顿《文明的冲突与世界秩序的重建》　鲍曼《流动的现代性》

鲍曼《现代性与大屠杀》　　　　　　费孝通《乡土中国》

陈心想《走出乡土》　　　　　　　　希尔贝克《西方哲学史》

冯友兰《中国哲学简史》

破除阅读与生活中的二元对立

——我的研究生读书生活

郑佳鑫

（武汉大学社会学院 2018 级研究生，本科毕业于云南大学）

两年的研究生读书生活一晃而过，看到贺老师让同学们写总结时还有些恍惚，我感觉自己还没把社会学的体系读完，这就要写总结了吗？在列书单时，更是感慨万分，没想到自己居然读了这么多的书。当阅读成为习惯，即便身处疫情之中，武大社会学院的同学们也能在家中安然学习。学院和中心团队为同学们创造了良好的学习环境，而同学们也在这里逐渐发展出自身的主体性。从阅读到生活，我都看到了对二元观点的破除，这也使我趋向包容、理解他人，做更好的自己。

一、学院与团队所创造的

《荀子·劝学》中有云："蓬生麻中，不扶自直，白沙在涅，与之俱黑。"足可见一个好的学习环境对个人的成长至关重要。在武大社会学院，所有的老师都致力于让同学们在接近无干扰的情况下茁壮成长。记得最开始读经典是在 2018 年 4 月份，考研复试刚结束不久，贺老师就拉了保研和考研同学的两个群。贺老师先是让每个同学私信告知自己规划的书单，记得我当时规划的书单并不体系，也不全是"硬书"，但贺老师还是给予了肯定和鼓励。接下来每隔 10 天左右，贺老师会在群里让同学们汇报最近的书单和阅读体会。不可否认，最开始的时候还是应付的情况居多，但在群里看到同学们的书单和状态，不免会感到有些紧张，进而鞭策自己。虽然懒怠与认真交替而行，但总归不是起起落落落落……开学后，这样的汇报检查形式延续下来，成为学院的传统，即"与院长面对面交流"。因为线上的在场是更难发挥效果的，因此当场景转到线下，间隔的时间就变为40天左右，这也给同学们更长的专注时间。在之后的汇报中，汇报的内容完善为书单、阅读感想、锻炼作息情况和自评等级。导师组的同学还要开一次读书会，比起"面对面"来说，增加了阅读内容的汇报，还要在会后到"三农中国读书论坛"网站上传自己的读书报告。此外，学院还付出了很多心血为同学们排除干扰。在最好的时间，要做更纯粹的事。为了给同学们读书创造更好的环境，更好地发挥同学的自主性，一些不必要的课程尽可能减少了，有些杂事也不需同学去烦心。2019年"双十一"期间，在其他人都在购物狂欢时，学院却给所有同学发放了500元的购书补贴。在武大社会学院，可以放下一张平静的书桌，这是对同学们成长最大的帮助。

进入武大社会学院深造，进而加入导师组，有时更像是一场意外、一个偶然。但有时不经意的遇见会带来意想不到的结果。先说说导师组的同学，我们这一级是特殊的，大家并不是经过一番精心挑选进入的。最开始我们是由每个个体简单相加的集合，就像早期社会学家参照生物学赋予社会群体的机械性质。我们被塑造成团队，在团队中，我们会一起阅读、吃饭、锻炼、交流。但不论是经验的不足，还是误会的堆积，最开始的团队建设非常不畅，也或多或少地影响到了同学的读书情况。共同体的规模有大有小，团队亦是如此。在2019年夏天的麻城会议上，我们看到了更大规模的团队建设。在与师兄师姐的讨论中，我们可以发现不同时间段、不同规模的团队建设会出现什么问题。虽然每一级面临的问题都是不同的，但是前面的师兄师姐更富经验，可以给予适当的建议。在团队内部，同学们以真诚为前提，给一直以来的尴尬氛围破开了口子，说清了一些误会、诉说了自己的想法，也拉近了彼此的距离。

二、逐渐具有主体性的个体

不论是学院还是团队，都给予个人以帮助、督促和指引。但如果只是被动地接受，感受到压力，这对于个人的成长并非是有利的。有段时间由于自己私人的原因，情绪状态起伏非常大，对自身也越发怀疑，感觉自己特别差劲。在向一位认识的老师倾诉自己的负面情绪时，我不知道为什么我表达的是"我不行、我很迷茫"，她却要跟我一直说"竞争"这个事情。最后还语重心长地告诉我：人生是长时间的竞争，赢得了一时又算什么。但之后这番话在不经意间却总是回响在我的心头，带给我力量。因此，被集体包围的我们必须化被动为主动，培养自身的主体性，掌握自己的节奏。从阅读来说，每个人都被建议要按体系来读，但具体的书单却是自己规划的。书单的规划无疑是个人主体性的体现。最开始参照着往届的书单和学院的参考书目做一些短期规划，能借到什么书就看什么，还不太有规划。尤其是阅读到过渡时期之时，本身就没有太多的参照，看的书更杂一些。但也正因为这样，我后知后觉地体会到自己的草率。如果能在每一阶段制订一个书单，再根据一个大家的思想脉络调整阅读顺序，或者再有一些辅助的资料，那么对这一大家的思想应该是可以理解得更好的。前人栽树，后人乘凉，我们可以参照前面师兄师姐的书单制订计划，如果我们能在此基础上加以完善，想必也能对困惑于如何制订阅读书单的师弟师妹有所帮助。

在阅读过程中，输入与输出应同时进行。除了每次读书会后到"三农中国读书论坛"网站上传读书报告外，我的导师刘燕舞老师也要求每月提交一篇读书报告。还记得第一次写读书报告时梳理的是涂尔干的《宗教生活的基本形式》，当时觉得这本书是阅读涂尔干过程中逻辑梳理得最清楚的一次。如果说最开始是为了"交差"，每到月底时就开始绞尽脑汁拼凑出一份报告。那么后来就会在阅读过程中主动去思考，我看到了什么，我想怎么写。即使到今天我也不敢说自己能完全读懂一本书，能游刃有余地写一份报告，但我确实看到了自己的成长，感受到了只输入和二者并行的区别。一本书，我感觉自己看懂了，也有很多启发，记了不少笔记，但是当我真要将它按自己的理解梳理一遍时，还得费一番工夫。读硬书本就不易，再逼自己写一点东西更是痛苦，但成长就是在这样数次"绞尽脑汁"中获得的。也许你开始会抱怨，但当你收获时欣喜也会如期而至。

支撑你在图书馆早八晚十学习的，除了你养成的习惯和坚定的意志，背后更是你健康良好的身体。这也是每次汇报时贺老师都要求同学们提及锻炼的原因所在。"身体在状态，读书就在状态。"我是个疏于锻炼的人，体质也不是很好。但在这样的督促下，运动成了日常生活的一部分，与团队同学一起锻炼的时光也成了美好的回忆。还记得最开始我们每周约在信息学部打羽毛球，但不知为何总是天公不作美，约好的日子经常下雨。羽毛球场馆向来难约，也不好再改时间，最后只能打着伞过去。有同学甚至开玩笑道：信部的雨，我的泪。随着团队建设逐渐步入正轨，我们商量了更多的运动方式：暴走、排球、乒乓球……更多的同学主动参与进来，大家开始轮流定场地、保管运动器材，还增加了专门的负责人。锻炼是对身体的自我关怀，也是我们正视自己的过程。在个人主义盛行的今天，健康成为一种新的道德要求。每个人都该为自己的行为负责，我们被要求掌管自己的生活方式。那些不能照顾自己身体的人，会被丑化为意志孱弱者，甚至是异类的存在。但当对身体行使关怀的对象转变为他人，或者说一个团队，这里增加的是人与人之间的化学反应，会有亲密、摩擦以及束缚感。在个人与集体的互动过程中，这是难免的状态。但这两年的团队生活让我印象最深刻的是，一个良好运行的团队，不可能是"一言堂"的天下，个体的力量必须被激发出来，与团队形成良好的互动。而且，在今后的生活中，我们会遇到大大小小、或持久或短暂的团队，如何在一个团队中发挥自己的积极性是一个值得思考的问题。鲍曼认为当下极其变化莫测的不确定性以及由此导致的对未来的恐惧使人们强烈地想要回到霍布斯笔下"一切人反对一切人的战争"，"回到部落"和"回到子宫"是"回到霍布斯"的两大潮流。那么，团队对于现在的我们或许意味着更为特殊的存在。

三、从阅读到生活

阅读不仅是收获知识、锻炼思维与能力的过程，它也是自我审视的过程。首先是对自身性格弱点的审视，上学期有一天我突然意识到自己的阅读其实也是在舒适区范围。先不说专注力和理解力，一直以来我都有些欠缺拼搏的劲。在小学的报告单上，老师就为我写下"该生聪敏好学，但胆子较小"这样的评语。这些年的求学生涯或多或少使我更勇敢了，敢于主动接触想认识的人，尝试一些事情。但是回到阅读，在汇报的时候保持中游是我的舒适区，虽然并不是最优秀的，但是也不落后，努力的程度几乎到这儿就感到是安全的。这可以延伸到生活的其他方面。希望再次审视自己的我能有一些新的突破。是关于学习姿态。福柯是我最早喜欢的社会学学者，我为他从边缘挑战传统的批判精神所折服。但可惜，我只是画虎不成反类犬，对待一些事物有些"挑剔"和"傲慢"，觉得这事儿好像没那么难、这个人水平也不是很高。但回想起来，这样的心态让我有时不够踏实，也不够包容。

其次，两年的读书生活越发让我觉得生活多数时候就是灰色的，而不是非黑即白的二元地带。社会科学一直以来都有两条相互交汇的线路，其中一条是沿着涂尔干、韦伯、帕森斯等的社会决定论展开，认为社会行为受社会规范制约，社会规范外在于个人的意愿并具有威权性质。另一条则是沿着与集体特性相差别的个人能动性路线展开。开始时社会压制个人，个人是社会的影子。但当社会决定论走到极致，又会过犹不及。因此，学者们开始强调个体的能动作用。当个人能动性也讨论得差不多了，就开始出现社会与个体的互动。这样的二元对立在社会科学中并不少见，传统与现代、个人与社会、定性研究与定量研究……这样的讨论过程，不仅是学科的自我完善过程，也让我看到在社会生活中，纯粹的一方压倒另一方的情况是不会长期存在的，我们终将破除二元对立的悖论，走向融合。此外，社会科学不同于自然科学的一点在于它的主观性。我们可以在选题时做到价值中立，但在研究过程中却难免掺杂个人立场。但这是社会科学的特性，并不妨碍它成为一门科学。因此韦伯用因果或然性替代因果绝对论，提出理想类型来更好地理解社会。在生活过程中，我们也是带着主观性与人交往的，因此我们会有偏见、对抗、不理解。团队建设中的矛盾也由此产生。这也包括对自身性格的理解，一个人的性格也有两面性，热情的人让你感到宾至如归，但也有可能会让你感到过界的不适。人也是灰色的，所以几乎没有纯粹的好人和坏人。但在文明化进程中，道德与实用的分离更易催生像艾克曼一样"平庸的恶"，而我们要接受比以往更严峻的内心拷问。我所能努力的方向，是趋向包容，理解他人，助力沟通的达成。尤记得几年前看基耶斯洛夫斯基导演的《蓝白红三部曲》的触动。虽然当时很浮躁，每部一个半小时的电影也分了好几次看，但在我看来，基氏是一位慈祥的长者，他常常借助悖论告诉我们生活的智慧。他是包容而有力量的，我也很希望在某些方面能向他看齐。

最后，两年的研究生读书生活已经过去，但它也不会过去。它对我的学习生活都产生了难以想象的影响，塑造了现在的我。我会怀念它，并带着学到的财富继续走下去。

阅读书单

1. 古典时期

涂尔干

《宗教生活的基本形式》　　　　《职业伦理与公民道德》

《自杀论》　　　　　　　　　　《社会学方法的准则》

《原始分类》　　　　　　　　　《乱伦禁忌及其起源》

《教育思想的演进》

韦伯

《学术与政治》　　　　　　　　《新教伦理与资本主义精神》

《印度的宗教：印度教与佛教》　　《古犹太教》

《法律社会学》　　　　　　　　　《非正当性的支配》

《科学作为天职》　　　　　　　　《社会科学方法论》

《儒教与道教》　　　　　　　　　《宗教社会学·宗教与世界》

齐美尔

《宗教社会学》　　　　　　　　　《现代人与宗教》

《货币哲学》　　　　　　　　　　《哲学的主要问题》

《金钱、性别、现代生活风格》　　《桥与门》

《时尚的哲学》

马克思、恩格斯

《资本论》（纪念版）第一卷　　　《资本论》（纪念版）第二卷

《资本论》（纪念版）第三卷　　　《哥达纲领批判》

《家庭、私有制和国家的起源》　　《共产党宣言》

汤普森

《英国工人阶级的形成》（上）　　《英国工人阶级的形成》（下）

斯宾塞

《社会学研究》

弗洛伊德

《图腾与禁忌》

莫斯

《礼物》

赫尔兹

《死亡与右手》

2. 过渡时期

马尔库塞

《单向度的人》　　　　　　　　　《爱欲与文明》

埃利亚斯

《文明的进程》　　　　　　　　　《个体的社会》

戈夫曼

《污名》　　　　　　　　　　　　《日常生活的自我呈现》

阿多

《作为生活方式的哲学》

米尔斯

《社会学的想象力》

威特

《社会学的邀请》

福山

《信任》

埃尔德

《大萧条的孩子们》

托克维尔

《旧制度与大革命》 　　　　　　《论美国的民主》

阿伦特

《极权主义的起源》

帕累托

《精英的兴衰》

米德

《心灵、自我与社会》

凡勃伦

《有闲阶级论》

3. 后现代

布迪厄

《男性统治》 　　　　　　　　　《单身者舞会》

《关于电视》 　　　　　　　　　《区分：判断力的社会批判》（上）

《区分：判断力的社会批判》（下） 　《实践理论大纲》

《言语意味着什么》 　　　　　　《自我分析纲要》

《遏止野火》 　　　　　　　　　《实践感》

《艺术的法则》

布迪厄、华康德

《反思社会学导引》

布迪厄、帕斯隆

《继承人——大学生与文化》 　　《再生产》

吉登斯

《现代性的后果》 　　　　　　　《资本主义与现代社会理论》

《现代性与自我认同》 　　　　　《社会的构成：结构化理论大纲》

《民族—国家与暴力》

福柯

《规训与惩罚》　　　　　　　　　　《必须保卫社会》

《惩罚的社会》　　　　　　　　　　《福柯思想肖像》刘北成

《福柯》(加里·古廷)

鲍曼

《现代性与大屠杀》　　　　　　　　《怀旧的乌托邦》

《门口的陌生人》　　　　　　　　　《流动的现代性》

贝克

《风险社会》

鲍德里亚

《消费社会》

詹姆斯·芬利森

《哈贝马斯》

4. 其他

波伏娃

《第二性》

贺萧

《记忆的性别》

黄应贵

《时间、历史与记忆》

康纳顿

《社会如何记忆》

克劳塞维茨

《战争论》

霍布斯

《利维坦》

阎云翔

《中国社会的个体化》　　　　　　　《私人生活的变革》

《礼物的流动》

应星

《"气"与抗争政治》

费孝通
《乡土中国》
陈心想
《走出乡土》
贺雪峰
《新乡土中国》
陆益龙
《后乡土中国》
周其仁
《城乡中国》
王铭铭
《村落视野中的文化与权力》
翟学伟
《人情、面子与权力的再生产》
曹锦清
《黄河边的中国》
史景迁
《王氏之死》
吴飞
《浮生取义》
刘燕舞
《农民自杀研究》
戴蒙德
《枪炮、病菌与钢铁》

在破和立中成长

——我的研究生读书生活

邹隽若

（武汉大学社会学院 2018 级研究生，本科毕业于中央民族大学）

研究生的这段生活注定是我生命中里程碑式的节点，在阅读经典的过程中收获纯粹，收获真实，收获自我。在阅读经典的过程中突破以往思想的束缚，汲取经典的精华并不断内化，从而扎根经典，在全面系统化的阅读体系中培养社会学的专业素质和思维能力。在这个过程中，收获的不仅仅是知识上的提升，还有心态上的提升和生活上的改变。

回顾我的研究生读书生活，用一句话来概括：在破和立中成长。

一、从量到质

在读书方法上，发生着从量到质的变化。以前的我看书给自己定了每天要看多少页，看完了便在心里窃喜，然后觉得完成了今天的任务便把书放到一旁，有的书容易读的一上午便完成了任务量，下午便不会想着接着再读，而仅仅是当成每天的任务来完成量的积累。尤其是大四刚毕业的暑假，看到微信群里的同学汇报读书情况时都非常努力，读书的量也很多，面对未见面的同学和未知研究生学习生活的情况下压力格外大。担心开学了跟不上而心里急切，逼着自己要看多少多少页，喜欢找薄的书读，不愿意去读又厚又难的。暑假后期觉得自己看得太囫囵吞枣，又开始放慢速度，一字一句地读，每一页都在笔记本上做笔记标注，想用高中的老方法全面做笔记，有的页面上即使没有很关键的话也还是抄一段到笔记本上，太过于拘泥于形式化的笔记和斟酌每个词每句话的含义，造成阅读进度十分缓慢，做的笔记既厚又烦琐，还不如看书来得直接，并且读书后的收获和感觉还是不佳，而一度有些沮丧。

等到研一开学交流的时候，发现很多同学和我有一样的困扰。在"面对面"和老师们交流后及时进行了方法上的调整，领悟到不管是注重量而囫囵吞枣还是刻意注重质而拘泥于词句理解，都是我们在阅读经典的初期遇到的共同问题。比如以前做笔记的方法不管用，没办法在保证读书质量的同时提高读书速度等，只有不断摸索不断积累才能逐渐找到这中间的平衡。其实到现在回头去看，能深刻感悟到在读书上质和量是不矛盾的，只有达到了一定的阅读量之后才能体会到质在慢慢改变，这种质不仅仅是对书中知识的接受和消化程度，更重要的是读书的心态和方法也在逐渐改变和上升。我开始正视并接受自己在阅读上遇到的问题，不再盲目改变阅读方法，并逐渐认识到如果刚开始没有量的积累，再好的方法再好的领悟力都很难达到质的改变，即读书一定是在大量经典阅读的基础上才能往上追求更高层次的收获。所以对于我而言，经典阅读的生活让我更深地体会到既需要克服困难抓紧时间保证阅读量的积累，也需要进一步探索和总结量的背后带来的质的变化。

因此，在读书方法上，量的积累是为破，而质的改变则是为立。

二、从急躁到平稳

在读书心态上，本科读的书比较零散，现在回想本科其实是没有进入好的读书状态的，所以刚开始读书是看了一两页觉得看了好长好长时间，一看时间才过去几分钟，实在是定力不足坐不住；现在在图书馆一口气看完几十页不觉时间流逝，看社会学的书籍会觉得时间仿佛定格了，譬如看《资本论》的一小章恍惚之间一下午的时光就过去了，沉浸在其中便不觉得时光在流逝，然后看表突然发现原来都这个点了。变化的不仅仅是表面的时间观念，反省自身，更深层次的是读书心态的改变。以前的心态比较急躁和功利，总是希望能在短时间内快速提升自己的知识储备，但是适得其反效果甚微。

经过一年半的体系化阅读训练，我越来越深刻地感受到读书是慢功，是一点一点积累的，是一个又一个问题的面对和解决。读书的挑战更多的是心智上的挑战，心态的变化给我的直观感受就是读书节奏的变化。阅读经典不仅要有体系，重要的难度大的精读斟酌，简单的信息量小的加快速度，而且战线要持之以恒，循序渐进加上适时总结。很庆幸老师们在"面对面"上鼓励我们不畏难、肯坚持、读硬书，给我们信心和底气迎接心智上的挑战，如果不是这两年的读书生活，我可能还是刚开始读书的心态，遇到困难畏缩急躁，永远也不敢往前。而如今我深有感悟，读书就是愈难愈要攀登，戒骄戒躁，遇到一个问题就解决一个问题，这也对我的生活和心态有很大的影响。

因此，在读书心态上，克服急躁是为破，而追求平稳是为立。

三、从自由到自律

不得不说两年来的经典阅读，潜移默化地改变了我很多，自由和自律是我读书生活最为重要的收获。关于自由，读书的状态与其说是享受孤单，不如说是追求自由。我很庆幸自己现在还能享受校园生活，没有工作的琐事，也没有谋生的压力，无论是在时间上还是行动上都享有极大的自由。从前的我向往自由，在纳帕海看雪峰倒映在湖泊中，骑着马感受草原上吹来的风，在纳木错望着远方的唐古拉山雄伟壮观的高原山脉，在藏族牧民家里穿着藏服喝酥油茶时，我曾想过如果能一直这般无忧无虑地生活在天空下，那会是何等的自由和洒脱，于是在本科的时候踏遍了祖国大半个山河，感受不同的人生和沿途风景。直到读了研究生才发现，行动上的自由是容易实现的，但是思想上的自由却是更高的独立。实现思想自由的前提首先是接触更多的思想，在两年的读书生活中，从马克思到布迪厄，从古典学派到后现代学派，从社会冲突论到符号互动论再到社会交换论，领悟经典作家的思考模式，思想的碰撞和交汇让我感觉到了前所未有的包容和辽阔。这些思想时而针锋相对，时而传承融合，仿佛隔空交流，也给了我无限的启发和思考，如韦伯将微观个人行为动机与宏观社会制度联系起来，齐美尔从个人层次的货币交换中抽象出社会交换形式和文化发展趋势，让我时常不由得去理性分析、感受个人和社会的紧密联系，观察个人和社会的互动方式。保持思考的状态，会让我觉得颇有乐趣。蔡元培曾说"囊括大典，网罗众家；思想自由，兼容并包"，从行动自由到思想自由，这是我从读书中得到的收获。

晚上九点半和同学从图书馆出来，在昏黄的灯光下互相陪伴着走回三环的时候，我一度回想起本科的生活，除了期末复习，在图书馆从早上学习到晚上十点的日子屈指可数，本科的我应该很难想象晚上十点四十五分守在电脑前只为准点预约第二天图书馆的座位、早上闹钟铃响听到宿舍同学起床的声音赶紧起来洗漱、赶上早班校车去图书馆吧，但现在这确确实实发生着。不是说本科的我蹉跎了时光，但无法否认，现在的生活更加充实、更加自律，让我感觉到每一天都在收获和成长。这种收获和成长不仅仅是阅读经典在思想的巨浪中自由畅游，更肉眼可观的变化是，我变得更加自律了。而且这种在读书中培养的自律，蔓延到了生活中并让我受益匪浅，我发现自己慢慢更有条理、更有规划，即使有琐事烦扰也不会干扰内心。读书的影响潜移默化地改变着我的生活，丰富着我的世界。

因此，在读书目的上，追求自由是为破，而收获自律是为立。

四、从慢功到快刃

读书是慢功，需要耐心和韧劲去攻克难关、积累力量，而力量积累的背后带来的是全新的自己。"腹有诗书气自华"，阅读经典潜移默化地改变了我很多：和朋友们交谈的时候更加自信了，日常生活更加自律和独立了，面临重大选择的时候更加有主见了。我印象非常深刻的是，这次疫情发生后在家的几个月时间，家人说深刻感受到了我的变化。首先就是作息上，本科放假回家的我回家便是彻底的解放，晚睡晚起是常态，常常睡到中午才受不住爸妈的训斥起床吃午饭。而这个假期因为之前在学校建立的读书习惯，加上自己制订的读书计划，格外珍惜早上的时光，每天早上都能保证四个小时左右的阅读时间，吃完午饭再接着回书房阅读，日复一日。其次是心态上，爸妈说看到现在的我能在家静静坐在书桌前看一天的书，和以前比真是变化太大了。因为以前放假回家我很少学习，偶尔开电脑也是在交作业的那几天突击式学习。自从高考结束后我就几乎没在家里看过书了，高中培养的自律在大学里基本只用在了期末复习上，每次回家带的书也基本是从行李箱拿出来然后翻两页放回去。而这次疫情严重，爸妈以为我在家会待不住静不下心，结果从开始封城到后来，我每天都按计划进行阅读和锻炼。其实我自己也深深感觉到了变化，发现即使不在学校我也能保持在校的阅读习惯，在家迅速进入读书状态，翻开书能沉下心读下去，不受外界的干扰。而且在和以前的同学聊天的时候，我说白天在学习，他们就让我在群里每天监督带动他们一起学习。其实大家的初心都希望每天能给学习留一些时间，但在家的状态确实容易让人放松，当大家一起互相鼓励监督，就会更有动力坚持。这次的疫情也在考验我们学习的定力和心态，很庆幸我能坚持下来，也很庆幸能和同学们一起进步。

每次读书交流的时候，在群里看到很多同学读书状态不错很优秀，我身处其中也逐渐提高对自己的要求。当我跳出来的时候发现，无论是和过去的自己相比，还是和以前的同学相比，这些在现在的我看来常态化的习惯和自律都异常难得。每当这个时候，愈发觉得两年的经典阅读让我改变了很多，克服了自身惰性，成为了更优秀的自己，这些肉眼可见的变化正暗示着这一年半以来读书带来的力量。两年的读经典生活是我人生中里程碑式的阶段，高强度严格的阅读训练带来的是能力上的改变和提升。无论是在图书馆学习到深夜的干劲，还是和师门同学无忧无虑地交流分享，和导师亲切地交谈人生感悟，和同学们在信部打羽毛球感受锻炼的乐趣，开

"面对面"时和班级同学互相交流学习的阅读经典氛围，这些都是我人生中的巨大财富。经典不是武器，却胜似武器，只要坚持下去，付出的慢功总会变成快刃，这股力量会陪伴着我一直走下去，在余后的生命中助我前行。

总之，研究生的这个阶段注定是我人生中浓墨重彩的一笔，是我人生中不破不立的阶段。风物长宜放眼量，期待下一阶段自己能继续以全局的眼光，与良师益友相伴，保持健康的心态读书和生活。

阅读书单

韦伯

《新教伦理与资本主义精神》　　《中国的宗教：儒教与道教》

《社会科学方法论》　　　　　　《学术与政治》

《经济与社会》

涂尔干

《自杀论》　　　　　　　　　　《社会分工论》

《社会学方法的准则》　　　　　《宗教生活的基本形式》

《道德教育》　　　　　　　　　《乱伦禁忌及其起源》

《原始分类》

马克思

《资本论》　　　　　　　　　　《1844 年经济学哲学手稿》

《共产党宣言》　　　　　　　　《马克思恩格斯选集》

齐美尔

《货币哲学》　　　　　　　　　《时尚的哲学》

《陌生人》　　　　　　　　　　《生命直观》

《桥与门》　　　　　　　　　　《金钱、性别、现代生活风格》

吉登斯

《现代性的后果》　　　　　　　《现代性与自我认同》

《民族—国家与暴力》　　　　　《社会的构成》

布迪厄

《实践感》 　　　　　　　　　　《实践与反思》

《区分：判断力的社会批判》 　　《文化资本与社会炼金术》

《单身者舞会》

福柯

《规训与惩罚》 　　　　　　　　《知识考古学》

《不正常的人》 　　　　　　　　《生命政治的诞生》

《性经验史》 　　　　　　　　　《主体解释学》

《疯癫与文明》

哈贝马斯

《交往行为理论》 　　　　　　　《合法性危机》

《沟通行动理论》 　　　　　　　《后形而上学思想》

《历史唯物主义的重建》 　　　　《公共领域的结构转型》

福赛尔

《格调：社会等级与生活品味》

托克维尔

《论美国的民主》 　　　　　　　《旧制度与大革命》

埃利亚斯

《文明的进程》

帕森斯

《社会行动的结构》 　　　　　　《经济与社会》

伯恩斯

《结构主义的视野》

布劳

《不平等与异质性》 　　　　　　《社会生活中的交换与权力》

迈克尔曼

《社会权力的来源》

米德

《心灵、自我与社会》

戈夫曼

《日常生活中的自我呈现》

米尔斯

《社会学的想象力》 　　　　　　《权力精英》

凡勃伦

《有闲阶级论》

默顿

《社会理论与社会结构》

特纳

《社会学理论的结构》

曼海姆

《意识形态与乌托邦》　　　　　　《重建时代的人与社会》

鲍德里亚

《消费社会》

福山

《信任》

马尔库塞

《单向度的人》　　　　　　　　《爱欲与文明》

吉尔兹

《地方性知识》

经济社会学方向

周长城《经济社会学原理》　　　　周长城《经济社会学》

周长城《生活质量研究导论》　　　周长城《生活质量的指标构建及其现状评价》

周长城《经济与社会变迁的结构化》　波兰尼《巨变：当代政治与经济的起源》

格兰诺维特《社会与经济》　　　　曼昆《经济学原理》

萨缪尔森《经济学》　　　　　　　熊彼特《经济发展理论》

普拉萨德《过剩之地》　　　　　　勒庞《乌合之众》

斯密《国富论》　　　　　　　　　波兰尼《大转型》

皮凯蒂《二十一世纪资本论》　　　斯蒂格利茨《公共部门经济学》

凯恩斯《和平的经济后果》

阅读是一场深刻的自我革命

牟敏娜

（武汉大学社会学院 2018 级研究生，本科毕业于本院）

2020 年，随着疫情的暴发，武汉学子的生活似乎被按下了暂停键，返校遥遥无期，一切看起来静止了。与静止相对的，是按时到来的毕业季，是面对未来的选择关口，也到了经典阅读即将告一段落的时候。过去的两年多时间想起来过得很快，无非是周而复始地与书本较量，而仔细回顾，那些曾经激发我感动我的内容又不自觉从脑海中跳出，一章一节一字一句都如此清晰可辨。

如果把这份总结当作一份简历，我发现研究生生活是如此简单纯粹，核心只包括两件事：读书和运动。我很难像本科时代一样，给自己一份光鲜亮丽的简历，这个部长那个先进，日常生活看起来丰富多彩。这并不是遗憾的表达，因为通过追求外在的荣誉，堆砌起来的内心是空的，常常怀疑自己没有能力。而只有通过踏实的努力，才能逐渐让自己的内心丰盈饱满。两年的阅读时光无疑是未来生活中一笔不可多得的财富。

一、阅读是一场深刻的自我革命

在布迪厄的笔下，客观的社会结构和主观的个人实践之间存在一定张力，他分析法国农民阶层的革命性时提到，正是因为作为主观的实践者，他们能够依照惯习去行动，而没有能力去认识到客观的社会结构存在，因此他们很难超越自己的现状，从而走向革命。借用布迪厄的观点，我们不妨把个人生活置于这样的结构里，若个人期待超越原有加之于自身的结构化力量，就必须先认识结构，再调整实践，从而实现更深层次的自我革命，而阅读经典著作，无疑是这场革命中一个重要的组成部分。

（一）阅读之于身体，是对自身怠惰的鞭策

若单纯只说读书，浮现在很多人脑海里的画面可能是：窗明几净的房间，一尘不染的书桌，引人入胜的文字，陶然乎期间，得意而忘言。于是，每每我告知好友我在读书，他们都表示出一种对舒适惬意生活的羡慕，并抱怨自己学科如何辛苦。殊不知在读书这件事上，多的是拦路虎。

阅读的第一大身体障碍是起床，尤其是冬日天还没亮透的早晨，是需要一点心理建设才能背起书包出门的。到了图书馆，若回想起自己头天晚上忘记预约图书馆的座位，那便要在图书馆东奔西走像打游击一样读书。好不容易坐到位置上，大段大段的长难句，晦涩难懂的翻译都让你想摔掉手上的书。一天下来，勉强记住只言片语却腰酸背痛，你很疑惑，觉得自己没有收获什么。阅读之初，这或许是真实的写照。

既然如此困难，为什么不干脆放弃呢？大概出于对自己怠惰的不满，我们都知道轻松混日子是容易的，而持续努力却需要更强大的意志。于是，随着时间的推移，我慢慢能按照生物钟正常起床，不管天气如何；我对预约流程轻车熟路甚至找到了属于自己的"风水宝座"；我能理解和记忆更多的内容，甚至自言自语地对话起来；我也意识到不能亏待自己的身体，于是开始有规律地运动，渐渐地，我感受到了阅读的美好，并不时为自己的努力而满意，甚至沾沾自喜。于是，在不知不觉中，我完成了一场对身体的革命，变得更加自律、守时和健康。

（二）阅读之于积累，是万丈高楼平地起

我第一次体系化阅读经典的尝试是以失败告终的。在本科的时候，我和室友们一起阅读涂尔干和韦伯，定期与师兄师姐们交流，但由于阅读进度的差异，在知识积累层面的欠缺，很难插上话，不过是浑浑噩噩听了一下午，偶尔听得一两个金句，过一段时间就忘得一干二净。于是，读理论变成了读实证，读经典变成了读小说，心想着，自己本来积累也不够，不如算了。

到研究生正式开始读书的时候，虽然保持阅读，但依旧对积累的问题有疑惑，就去请教师兄师姐。他们告诉我，如果你跟别人比较，觉得他们积累更多而自己不行，那么确实很容易放弃，但是如果以自己为坐标，那么积累就是自己的事情，什么时候开始都不晚。那时我能听得懂道理却感受不到实际的积累，一个大家到另一个大家，一本书到另一本书，能坚持读完已是万幸，总结什么的，大概是要逼自己一把才行的。我还记得我们第一次双周论坛，第一次小组交流，这些尝试包含着忐忑，不知道自己读懂了几分，交流的时候有没有话讲。

到现在，写笔记和总结变得越来越得心应手，交流的频率增加了，质量也在不断提高。这不是简单的一蹴而就的改变，是整整两年坚持不懈的阅读。我要坦诚地讲，我并没有在每一本书上都花费相同的力气，也不敢说自己完全理解了某位大家的全部想法，有的地方确实是一知半解、囫囵吞枣，但通过不断的阅读，我搭建了一套属于我自己的知识体系，它们变成我知识宝库里的工具，由我随时取用，我不再被知识和概念支配。积累看起来似乎是顺其自然的事情，不需要"革命"这么深刻的字眼。但其实，积累本身最重要的是扎实，所谓读硬书、硬读书，其实是克服自己的取巧心态，做到稳扎稳打，知其然且知其所以然。

（三）阅读之于认知，是不断打破偏见，包容多元

正如布迪厄强调的那样，最重要的，是对客观结构的认知。我们的思维里原本存在很多观念，这些观念决定了一个人如何思考，但并不是所有的观念都有益处，因此，我们要通过阅读经典著作来拆掉思维里的墙。我们最早从涂尔干接触到越轨和失范，理所当然认为有秩序的社会是好社会的常态；等到了马克思那里，革命叙事变成更为主导的描述社会发展的模式，到了后现代，时空脱域，未知和风险变成了社会讨论的主题。这些观点看似矛盾，但在其固有的语境和社会背景下，却都起到了振聋发聩的

作用。

阅读不是为了用一个观念来替代另一个观点，而是从结构上去重塑我们的认知体系。拿对"社会学"这一学科的定义来说，若将其定义为"研究社会运行发展规律"的学科，便偏向科学一端，强调方法上的客观和严谨，而若将其理解为"回应中国社会现代化问题"的学科，就多了实用的色彩。这两个内涵并不冲突，我们可以通过系统化的阅读训练和实际的调查经验来学习方法和规范，同时抱有"为往圣继绝学，为万世开太平"的传统读书人理想。学术若不能回应实际问题，就会变成论证常识的表演，若只谈规范忽略具体内容，也就失去了其自身的魅力。

持续阅读的过程也是持续思考的过程。福柯对词与物关系的分析，颠覆了表达和认识的关系，使得在结构层面，表达本身成为认识的基础；布迪厄关于实践和结构的分析，使我学会不断对自己所处的位置和时代有反思，看到制约自己发展的内容，并进一步作出调整；哈贝马斯以理性构建的公共领域，为不同组织之间构建一个平等的对话交流环境提供了一种设想，让人心向往之；阿伦特对思想本身的反思让我看到人之为人，鲜活的具有思考能力的人是何其可贵；福山以国家建构为中心的政治分析，对理解当代世界格局具有启发性的意义；我曾追随马林诺夫斯基，去观察西太平洋小岛上循环往复的时间、聆听光怪陆离的故事；也曾陷在韦伯对现代化理性牢笼的思考里觉得无能为力。回忆整个阅读的过程，有太多这样如烟花般绽开的时刻，点亮我思维地图中的盲区。通过阅读，我一点点拆掉偏见，在不同的思维框架里探索更多可能，拥抱多元未知和不确定。

二、在实践中达成更深的理解

朱子有云："纸上得来终觉浅，绝知此事要躬行。"阅读本身是一个搭建框架的过程，但一个人若全盘照搬书本，也就成了书呆子。有能力在纷繁复杂的概念世界里游走，也必须有脚踏实地的能力。一方面，读书生涯是不断调整自身行为模式的过程；另一方面，也是与他人不断互动，建立关系的过程。

（一）理解自我、关照自我

自苏格拉底开始，人之所以为人的最高智慧便是"认识你自己"。拿跑步这件事来说吧，逐渐增加的距离和耐力源于在实践中对自己客观能力的评估，通过系统掌握相关的运动知识，我可以在实践中避免运动损伤，而通过对自我的觉察，我能更加轻松愉悦地享受挑战自我的过程。运动是这样，学习也是这样。可以说，在这两年的读书生活中，通过布迪厄式的对自我的反思，我越来越了解自己。

这次疫情给了我们一个机会，去反思生活本身的意义。就如同海德格尔向死而生的论述一样，当灾难和疾病来临，每个人都需要去平等面对的时候，我们不得不停下来思考，生命的意义究竟是什么。把阅读本身看作对读博的积累，本身是一种功利的目的理性，本身并非不可取，但从更长远的人生来看，大量的广博而深刻的积累，给我们更多的，是面对世界的勇气，是保持时刻思考、活出生命意义的价值理性。踏实的阅读与认识自我是相辅相成的，有分析和思考问题的能力，我们就不止能够做到为了达成特定的目标而努力，还有能力看到和反思流行背后的价值，是否值得自己趋之若鹜。

理性思考的能力就像是肌肉，不是简单就可以练就的，需要反反复复地刺激，这个过程需要坚持和毅力。思考的过程本身包含着一些痛苦，推翻过去的自我，建立新的自我，并有勇气不断重复这一过程，我们才能不断进步。

（二）理解他人、感恩他人

与关照自我同等重要的是与他人相处，因为没有人是一座孤岛。首先从私人关系上来说，这两年的读书生活，带给我的不只是亲密，更是深刻的友谊。想起那些和伙伴们并肩读书的日子，想起东湖绿道的欢声笑语，还有讨论时的意犹未尽，似乎都是不可复制的美好经历。

再说感恩，能完成整整两年的阅读，是因为院里"放得下一张平静的书桌"，是师长们持续不断的坚持才为我们换来了来之不易的阅读环境。其实阅读过程中我自己几次想要放弃，每每这种时刻，总是有老师或"威胁"或鼓励的教导，总是有同伴们愿意拉着我不断往前。或许正像贺老师常说的那样，"一个人走得快，一群人走得远"，真诚感谢这一路相伴的每一个人。

如果最后要写一句总结的话，我会说"你要相信时间的力量"。即便开始有太多的阻碍，即便过程中有遗憾和误解，但你要相信，持续付出，时间终会回馈给你最好的礼物。

阅读书单

1. 古典时期

斯宾塞

《社会学研究》

涂尔干

《宗教生活的基本形式》　　　　　《社会分工论》

《职业伦理与公民道德》　　　　　《自杀论》

《社会学方法的准则》　　　　　　《原始分类》

韦伯

《新教伦理与资本主义精神》　　　《社会科学方法论》

《中国宗教：儒教与道教》　　　　《学术与政治》

《经济与社会》

马克思

《资本论》全三卷

恩格斯

《家庭、私有制和国家的起源》

齐美尔

《货币哲学》　　　　　　　　　　《社会是如何可能的》

2. 过渡时期

帕森斯

《社会行动的结构》

曼海姆

《意识形态与乌托邦》

米尔斯

《权力精英》　　　　　　　　　　《社会学的想象力》

《白领：美国的中产阶级》

鲍德里亚

《消费社会》

埃利亚斯

《文明的进程》

布劳

《社会生活中的交换与权力》

戈夫曼

《污名》　　　　　　　　　　　《日常生活中的自我呈现》

马尔库塞

《单向度的人》　　　　　　　　　《爱欲与文明》

3. 后现代

福柯

《疯癫与文明》　　　　　　　　　《规训与惩罚》

《性经验史》　　　　　　　　　　《词与物》

《临床医学的诞生》　　　　　　　《知识考古学》

《说真话的勇气》　　　　　　　　《福柯说权力与话语》

布迪厄

《实践理论大纲》　　　　　　　　《区分：判断力的社会批判》

《实践感》　　　　　　　　　　　《言语意味着什么》

《科学的社会用途》　　　　　　　《单身者舞会》

《反思社会学导引》　　　　　　　《关于电视》

《男性统治》　　　　　　　　　　《国家精英》

《继承人——大学生与文化》　　　《世界的苦难》

《自我分析纲要》　　　　　　　　《艺术的法则》

吉登斯

《资本主义与现代社会理论》　　《当代历史唯物主义批判》

《民族—国家与暴力》　　　　　《社会的构成》

《现代性的后果》　　　　　　　《现代性与自我认同》

《亲密关系的变革》　　　　　　《超越左与右：激进政治的未来》

《第三条道路》　　　　　　　　《全球时代的欧洲》

《失控的世界》

哈贝马斯

《合法化危机》　　　　　　　　《交往行为理论》第一卷

《后民族结构》　　　　　　　　《包容他者》

《公共领域的结构转型》　　　　《分裂的西方》

《现代性的哲学话语》　　　　　《后形而上学思想》

《牛津通识读本：哈贝马斯》

鲍曼

《现代性与大屠杀》　　　　　　《流动的现代性》

《全球化：人类的后果》　　　　《怀旧的乌托邦》

贝克

《个体化》

德波

《景观社会》

4. 人类学

莫斯

《礼物》

本尼迪克特

《菊与刀》　　　　　　　　　　《文化模式》

许烺光

《美国人与中国人》

摩尔根

《古代社会》

马林诺夫斯基

《西太平洋上的航海者》

道格拉斯

《洁净与危险》

西思敏

《饮食人类学》

巴利

《天真的人类学家》

沃尔夫

《欧洲与没有历史的人民》

安德森

《想象的共同体》

米德

《萨摩亚人的成年》

施特劳斯

《神话与意义》

格尔茨

《文化的解释》

项飚

《全球猎身》

王铭铭

《社会人类学与中国研究》

阎云翔

《礼物的流动》

5. 政治学

柏拉图

《理想国》

亚里士多德

《政治学》

马基雅维利

《君主论》

洛克

《政府论》

霍布斯

《利维坦》

卢梭

《论人类不平等的起源和基础》   《社会契约论》

《爱弥尔》

孟德斯鸠

《论法的精神》

穆勒

《论自由》

托克维尔

《论美国的民主》   《旧制度与大革命》

阿伦特

《艾希曼在耶路撒冷》   《反抗平庸之恶》

《论革命》   《过去与未来之间》

《人的境况》   《极权主义的起源》

亨廷顿

《文明的冲突与世界秩序的重建》

福山

《历史的终结与最后的人》   《政治秩序的起源》

《政治秩序与政治衰败》   《国家建构》

《我们的后人类未来》

包刚升

《政治学通识》

6. 其他

何伟

《寻路中国》   《江城》

《奇石》

邓洛普

《鱼翅与花椒》

桑塔格

《疾病的隐喻》

斯宾塞

《群学肄言》(严复译作)

诺伊曼

《沉默的螺旋》

阿姆斯特朗

《轴心时代》

陈心想

《走出乡土》

冯友兰

《中国哲学简史》

碰巧遇见最美的风景

——我的研究生读书生活

袁芬

（武汉大学社会学院 2018 级研究生，本科毕业于兰州大学）

我的研究生生活，若是用一句话概括，或许可以说是"阴差阳错中遇见最美的风景"。若是用一些关键词来概括，那应该是"充实、自律、成长、团队"。

一、碰巧遇见最美的风景

何为阴差阳错，想必大家都深有体会。正像贺老师经常说起的一句话，我们的相遇都是偶然。选择报考学校之前，我们都不知道武汉大学社会学院培养研究生的风格会发生如此之大的变化，也没有想到贺老师会带一个团队来武大，自然也没有想到自己会成为导师组读书会的一员。这并没有预想过的事情就这样发生了，这是阴差阳错。

何为最美的风景，大家应该更有体会。起码就我个人来讲，这种能够毫无其他顾虑地一心只关注自己成长的时间与机会太宝贵了。还在念本科时，我常听那些研究生师兄师姐提起他们的日常，一个字就是"忙"，但是忙什么呢，忙着参与各种课题、忙着写各种论文与材料，甚至有些还忙着给老师跑腿。有个偶然结识的外校师姐对我说，她念研究生的时候整天忙得脚不沾地，别提用大块的时间成长自己了，连短暂的可以自己思考的时间都没有，就在这种情况下还要发表论文，写论文的过程也很痛苦，恍惚间三年就这么过去了，却好像什么也没有得到，增长的只有年龄与焦虑，磨灭的是对学术的热情与志向。本以为我的研究生生活也将这样度过，没想到种种偶然之下，我获得了能够真正成长自己的机会。在入学以来的两年里，可以说每一天的时间都是属于我自己的，整日浸泡在经典之中，接受着最为严格也是最为科学的学术训练，也加入了一个有着同样理想的团队。每天都能不受打扰地阅读经典，看到自己与伙伴们的成长，这是我眼中最美的风景。

二、过去的我

在阴差阳错中进入最好的团队，接受严格的学术训练之后，我也看到了自己的成长与蜕变。这两年来，我差不多完成了两个学科的经典阅读，罗列的书单竟有上百本。这是过去的我绝对做不到的事情。在本科的前三年里，我几乎没有完整、沉浸地阅读过一本经典，一天能看两三页就觉得自己认真学习了。在写毕业论文的时候，指导老师语重心长地跟我说，要多读书。"多读书"，这本来应当是学生的天职与本分，特别是对文科类学生而言，读书何其重要。但很遗憾，本科四年里，尽管老师时有督促，师兄师姐们也努力为我们提供各种帮助，甚至会将书单整理好后要求我们写好读书报告发给他们，但或许是我个人意志不够坚定，总是一本书刚开头觉得晦涩就自我放弃，有时还找理由说我想读书但是琐事太多了，没法坚持。总之就在自我欺骗下，本科的前三年算是这样荒废过去了。

大四上学期，我开始准备考研，想着离家近一些就很随意地报了武汉大学，也没有查过武大社会学系有哪些老师、学风如何，只问了师兄考研的几本专业书是什么，就这样稀里糊涂地准备考研了。我考研准备开始得很晚，也因此严格要求自己，之前很为自己感动，但现在回想起来也很平常，甚至觉得当时每天学习的时间与状态还比不上现在读经典来得长久与投入。也正因如此，在听说要进行高强度的经典阅读训练时，我内心第一感受其实是在怀疑自己，"8-10-7"的学习节奏，我好像做不到，就连我自认为读书最认真的备考期间，都是八九点才起，我有一些退缩。事实上，在研究生没有入学之前，我也确实读得不够投入，焦虑地懒散着，过去的我每一天都是如此。

为自己的虚度时光感到焦虑，却沉不下心成长自己，我从这种状态脱离出来，是研究生正式入学之后的事情了。先是老师们的谆谆教诲，后是整个学院一同成长的氛围，都让我开始努力改变懒散的状态。真正地把读经典当作志业，是我参加第一次读书会之后了。那次读书会，看着状态激昂、神采飞扬的师兄师姐们，我才知道原来研究生生活还可以这样度过，也是时候作出改变了，努力让自己也成为这样的人才不算是辜负时光。

三、现在的我

这两年里，我先是被周边环境推动着改变，后来则更多的是发自内心想要让自己快速成长，为了让自己能够配得上这个团队而努力着。现在的我，生活更加充实，更加自律，获得了极大成长，更幸运地拥有了一个一同成长的团队。

两年的研究生读书生活过得十分充实，不单单是时间安排上的充实，更多的是精神层面的充实。就时间的安排来说，每一天都过得十分紧凑，有想要完成的阅读任务，或是想要整理的读书内容与收获，中间夹杂着运动安排或是集体交流。这种知道自己能从中获得成长的紧凑与瞎忙的紧凑是有明显区别的。与其他学校念研究生的朋友交流，让我愈发感受到现在这种成长环境的可贵。不用应付无休止的琐事，不用担心其他事情阻碍自己成长的脚步。无论是学院还是老师，都在努力为我们营造一个可以不受打扰的成长环境，更是尽一切努力让我们能够拥有更好的学习环境，图书馆的经典难借到就补充院内资料室的书籍，甚至在"双十一"期间给每位学生发放购书津贴。能够加入这样一个学院，遇见这样一群老师，是我们的幸运。在这样的学习环境下，精神世界是很充实的，我很清楚地知道现在所做的一切都是在为自己而努力，是有意义的。焦虑地懒散，已经是很久没有再出现过的状态了。懒散时，所有情绪都找不到宣泄的出口，反而会让自己陷入焦虑与纠结；而当真正地开始学习，有了明确的目标时，焦虑、纠结等负面情绪就离我们很远了。

自律应该是这两年我最为外在的变化了。特别是因为疫情要待在家里的这段时间，我的家人都惊讶于我的改变。以前放假在家时，我都是能睡多晚睡多晚，作息十分不规律，运动更是无从谈起。这次在家待的几个月里，我差不多每天都保持了早睡早起，更是坚持每天一小时的运动。只有真正保持规律的作息与运动之后，才知道看起来十分容易的早睡早起要坚持实际上并不简单，我们要克服自己的惰性与贪欲。早睡早起、坚持运动不仅仅是身体健康的基础，更是一种修行。无论是在学校还是在家里，阅读经典都已经成为我日常生活中不可或缺的一部分，除了保证阅读时间之外，更对自己所要阅读书籍的"难啃"程度有要求，更愿意读"硬书"，只有经过长时间的纠结与思考，才能更好地训练自己的思维能力。这种自律，是在老师的督促、同学们的监督与自己的努力下逐渐培养起来的，这也是我研究生期间最为宝贵的收获之一。只有自律，才能保证自己无论在什么环境下都能够快速成长。

这两年还有个至关重要的关键词，就是"成长"。无需多言，单单是这两年我读过的书单的长度与书籍的"硬"度，就是两年前的我连想都不敢想的。甚至在回首这两年的读书时光时，我都觉得有点不可思议与自豪，自己竟然坚持下来了。两年的沉浸式经典阅读，带给我的不只是比教科书上更完整更生动的社会学与政治学的理论知识，还有更一般的逻辑思维能力，更有自律与坚持。自律与坚持已经无需赘述，能够坚持每天阅读、规律作息与锻炼就已经是种修行了；而这些社会学与政治学的理论知识，也比我以往在教科书上读到的更为生动、具体与完整，以前是对这些理论的死记硬背，现在则是在自己思考的基础上作出归纳与总结，能够逐渐地把这些单个的知识点串联成知识网络。而更一般化的逻辑思维能力，就很好地在这次疫情中有所体现，能够在汹涌的疫情与"节奏"中保持一定的思考能力，不被所谓的"节奏"带跑，还能够尽自己所能收集一些调研资料，这种一般化的能力是能让我们受益一生的。

研究生入学以来，我最大的收获不是自己的成长，而是一同成长的读书会。还记得所有读书会成员初次见面时的陌生与尴尬，记得大家试图靠近却又不自觉地防备，也记得两次麻城交流中的争吵与泪水，这些艰难与坎坷，成就了如今亲密无间的我们。除了团队的每一个你与我之外，还要感谢的是组织起这个读书会的导师们，在当初读书会尚不成型的时候一直耐心地给予指导，在发现读书会内出现问题的时候创造机会让我们及时解决问题，一直指引着我们读书会前行。正是因为有这么一个学习集体，我们一起读书、一起运动、一起成长，一起分享生活与学习上的酸甜苦辣，无论何时都会有一群有着同样志向与旨趣的伙伴们携手同行，正是因为有这个集体，我的研究生生活才过得格外充实与幸福，才能不停野蛮成长。让自己更无愧于这样一个团队，也是我能够一直坚持下来的重要动力。

报考武大、加入读书会，都是阴差阳错的结果。但我想，如果再给我一次机会，我一定更坚定地选择这里，选择读书会，更加珍惜能够专心读书的时光。时间是单向的，我只能更加珍惜接下来的读书时间，在进入经验调查之前，更好地用知识与理论武装自己，做更充分的准备。

阅读书单

涂尔干

《自杀论》　　　　　　　　　　《社会分工论》
《社会学方法的准则》　　　　　《原始分类》
《宗教生活的基本形式》　　　　《乱伦禁忌及其起源》
《职业伦理与公民道德》　　　　《实用主义与社会学》
《教育思想的演进》　　　　　　《道德教育》

《孟德斯鸠与卢梭》

韦伯

《新教伦理与资本主义精神》 　　《宗教社会学·宗教与世界》

《中国的宗教：儒教与道教》 　　《印度的宗教：印度教与佛教》

《古犹太教》 　　《宗教与世界》

《社会学的基本概念》 　　《社会科学方法论》

《学术与政治》 　　《支配社会学》

《经济与社会》 　　《民族国家与经济政策》

马克思

《资本论》全三卷 　　《马克思恩格斯选集》全四卷

恩格斯

《家庭、私有制和国家的起源》

齐美尔

《时尚的哲学》 　　《历史哲学问题》

《叔本华与尼采》 　　《货币哲学》

《金钱、性别、现代生活风格》 　　《社会学——关于社会化形式的研究》

《社会是如何可能的》 　　《现代人与宗教》

过渡时期

帕累托《精英的兴衰》 　　帕累托《普通社会学纲要》

曼海姆《重建时代的人与社会》 　　曼海姆《意识形态与乌托邦》

马尔库塞《爱欲与文明》 　　米德《心灵、自我与社会》

滕尼斯《共同体与社会》 　　勒庞《乌合之众》

帕森斯《社会行动的结构》 　　戈夫曼《污名》

戈夫曼《日常生活中的自我呈现》 　　鲍德里亚《消费社会》

米尔斯《社会学的想象力》 　　米尔斯《权力精英》

马尔库塞《单向度的人》 　　默顿《社会理论和社会结构》

波兹曼《娱乐至死》

福柯

《疯癫与文明》 　　《规训与惩罚》

《惩罚的社会》 　　《性经验史》

《这不是一只烟斗》 　　《知识考古学》

《必须保卫社会》 　　《不正常的人》

《生命政治的诞生》 　　《说真话的勇气》

《主体性与真相》 　　《词与物》

《主体解释学》

布迪厄

《实践理论大纲》　　　　　　　　　　《实践感》

《区分：判断力的社会批判》　　　　　《国家精英》

《单身者舞会》　　　　　　　　　　　《自我分析纲要》

《男性统治》　　　　　　　　　　　　《世界的苦难》

《继承人——大学生与文化》　　　　　《科学的社会用途》

《关于电视》　　　　　　　　　　　　《言语意味着什么》

吉登斯

《超越左与右：激进政治的未来》　　　《资本主义和现代社会理论》

《亲密关系的变革》　　　　　　　　　《社会学的基本概念》

《政治学、社会学与社会理论》　　　　《社会学方法的新规则》

《社会理论的核心问题》　　　　　　　《批判的社会学导论》

《历史唯物主义的当代批判》　　　　　《民族—国家与暴力》

《自反性现代化》　　　　　　　　　　《现代性的后果》

《现代性与自我认同》　　　　　　　　《欧洲模式》

《全球时代的民族国家》　　　　　　　《第三条道路》

《失控的世界》

哈贝马斯

《交往行为理论》第一卷　　　　　　　《合法化危机》

《分裂的西方》　　　　　　　　　　　《欧盟的危机》

《公共领域的结构转型》　　　　　　　《包容他者》

政治学

柏拉图《理想国》　　　　　　　　　　柏拉图《法律篇》

亚里士多德《政治学》　　　　　　　　卢梭《论法的精神》

卢梭《论人类不平等的起源和基础》　　卢梭《社会契约论》

托克维尔《旧制度与大革命》　　　　　边沁《政府片论》

边沁《道德与立法原理导论》　　　　　包刚升《政治学通识》

托克维尔《论美国的民主》　　　　　　罗尔斯《正义论》

福山《政治秩序的起源》　　　　　　　福山《政治秩序与政治衰败》

福山《信任》

在经典中扎实成长

——记我的研究生读书生活

张凤霞

（武汉大学社会学院 2018 级研究生，本科毕业于辽宁大学）

两年的时光飞逝，回想 2018 年 3 月底，我还处在保研后无所事事的状态，突然收到贺老师的通知，让我们列入学前的读书计划，不免心中有些恍然，遂将自己本科以来想读而未付诸实施的书单列举出来。也是那时，作为一个社会学小白的我开始知道"体系化阅读经典"一词。可彼时的我并不懂作为民俗学专业的我为何要去读一堆社会学难啃的书籍，还私聊老师询问，还记得贺老师当时耐心帮我解读社会学和民俗学二者之间的关系，阐述体系化读书的重要性。似懂非懂之下，我开始为了完成老师的任务而读书。

两年来，从第一本《自杀论》到如今刚刚结束吉登斯的阅读，还记得当初读书时的抓耳挠腮、百思不得其解，到慢慢地有那么一点点读懂和简单的思考，再到最后萌生恍然大悟之感。随着读书的逐渐增多，能够渐渐地尝到读书带给我的快乐，每看完一本书、一大家，总会有一丝丝的甜意弥漫心头，读书成为一种享受。在这个过程中，被动的压力化为要求自我成长的主动阅读和思考，而这种读书和思考状态的一直"在场"使我更加理性和成熟，逐渐有了冷静的反思和敏锐的感受能力，更多去关注社会公共议题，而不是只有局限于个人情境的眼光，这与之前学习文学的感受有着本质上的区别。

总结来说，两年的读书时光以时间为横轴，以初心和行动力为纵轴，我与经典相爱相杀，与社会学同游，邂逅了不一样的风景，遇见了不一样的自己。回顾这两年，梳理着长长的书单，有着满满的收获感和成就感。可以说这两年，我在稳扎稳打的经典阅读之中实现了蜕变、成长和突破，做到了不负自己、不负韶华！

我要借用王国维先生的读书三重境界来概括我的研究生读书生活。

一、独上高楼，望尽天涯路

初次接受体系化阅读社会学经典之时，我震撼于"三农中国读书论坛"上师兄师姐们沉甸甸的书单，饱生敬畏之心，觉得这才是能真正坐得住冷板凳的"大神"。在心底反问：我能做到这种程度吗？很可能是不行的吧。

刚开始的阅读并没有什么规律，单纯为了完成老师交代的任务，集中在每次汇报前的十多天去阅读，有些之前读过的书籍只是草草翻过甚至直接放过，暗自庆幸还好这书以前读过，可以充实我的阅读书单了。但是本科期间看过的经典书籍总归是不多的，汇报每月一次，没过多久就发现没有读过的书可以拿来汇报了，只能硬着头皮去啃新的。

刚开始的阅读主要以抄书的方式梳理书中脉络，企图吸收书中所论证的所有观点。但经典都是难啃的硬书，汉字都认识但是放在一起根本不知道作者要说什么，速度很慢，一度产生了很强的挫败感。好在每次"面对面"与小伙伴相互交流沟通解开了我的疑惑，使我不拘泥于单纯收集、摘录书中精彩的片段，而是尝试着去"为难"自己，尝试着绞尽脑汁地去思考作者的论证逻辑。正像贺老师说的，"不怕慢，只怕站"，感觉到困难的时候才是走出舒适区、有所成长的时候，也正是在这种不断地"为难"自己和绞尽脑汁的思考过程中，我对书中的内容和论述逻辑有了整体性的把握。直到阅读到齐美尔时才有了"柳暗花明又一村"的感觉，感受到正是因为自己绞尽脑汁思考，才能对古典四大家的理解更为深刻，有了点雾里看花的朦朦胧胧的感觉，逐渐尝到了读书的快感。在这个过程中我也逐渐深化了对"成长都是自己的事情"的理解，有了更多的主体性和主动性去阅读，去思考，想要去发现不同大家的风景。

二、衣带渐宽终不悔，为伊消得人憔悴

本科时候的我，除了借书和期末复习几乎很少待在图书馆，很难想象每天在图书馆读书是什么感觉，总以为那是很枯燥无聊的事情。读研以后，学院的同学每晚定好闹钟预约座位、相约图书馆。在这样的氛围中不自觉地，我也和伙伴们一起加入了"8-10-7"读书小分队，每天坚持早起去图书馆读经典、晚饭后约好去"九一二"运动、一起回宿舍，养成了良好的学习和生活习惯，这在之前根本是想都不敢想的事情。这个过程，极大地锻炼了我的意志力和专注力，磨砺了心性，同时身体素质也得到了很大提升，以往习惯性感冒的情况鲜少发生。

记得有一次上午要开"面对面"，早上在去学校的路上偶遇贺老师，当时老师问道"你觉得学科实力重要还是环境氛围重要"。说实话，以往的我特别羡慕在民俗学学科实力雄厚院校读研的朋友，但是两年多排除外在一切诱惑静下心来读书、沉淀自己的经历让我觉得浓厚的读书氛围更为重要。通过体系化读硬书来修炼内功，我的专注力和思维能力提升使我能够坦然去面对未知的问题。

世间最容易的事是坚持，最难的事也是坚持。所幸我做到了在经典阅读上的坚持，这两年待的时间最长的地方无疑是图书馆，阅读成了生活的常态。每次同学找我有事都会问"你现在在哪里呀"，我的回答基本上都是图书馆，久而久之他们的问题就变成了"你又在图书馆吧"。话语的细微变化中我看到了自己一年之中养成的良好阅读和学习习惯，以至于哪天有事耽误没去图书馆总觉得心里空落落的，有种莫名的失落感，暗自在心底责备自己怎么可以这样"佛系"？比自己优秀的同学还在读书，而我有什么理由不去图书馆呢？其实无论刮风下雨，都能在梅园遇到大家，都

能在图书馆看到并肩奋斗、埋头读书的"8-10-7"小分队的伙伴们，心照不宣地打个招呼然后就各自投入到读书状态中，开始自己与各个大家的对话。有时候偶尔抬头看到对面书桌上放着的是社会学经典，心里默默地跟自己说"这一定是我们学院的同学吧"，往往都猜对了。可以说比比皆是的同行者和为我们读书扫除一切障碍的师长们，让我感觉在这里不好好读经典有一种负罪感。两年来往往被自己和身边伙伴的努力所感动，感动于我们的坚持和沉得住气，感动于学院老师们尽最大努力为我们排除读书的障碍，更感恩于贺老师指引我们走上正确的做学问方向。正是这些促使着我们不断奋进，化压力为动力，在"比学赶帮超"的读书氛围中找到适合自己的节奏，发现具有无限潜力和可能性的自己。与身边每天带着电脑爬梳文献、为发表论文或考证而"功利性"学习的同学相比而言，纯粹阅读、饱读经典、经受体系化阅读训练的我们成了图书馆一道最靓丽的风景线！

2020年的疫情，很遗憾没办法返校在图书馆与小伙伴们朝夕相处，即便如此，作为社院学子的我，良好的学习和生活习惯俨然已经养成，在家中也能排除诱惑，使经典阅读依旧稳步进行。也越发感觉到留给我的读书时间的紧迫，尚有一大家未能完成，更需要我珍惜可以心无旁骛读书的时光，提高阅读效率，持续努力，加倍野蛮生长！

三、众里寻他千百度，蓦然回首，那人却在灯火阑珊处

前段时间和本科老师聊天，谈到两年的经典阅读给了我什么样的改变，思索片刻我答道：最大的是思考方式上的改变。其实两年下来与西方社会学经典的相爱相杀，收获的不仅是知识的充实和丰富，更是见识、专注力和逻辑思考能力的提升。啃硬书时绞尽脑汁思考的过程使那些原本看起来深不可测的论证和逻辑改造和武装了我的头脑，逐渐融汇到了我的日常思考中，训练了我的自我反思和批判意识，使我能够运用信息，发展理性。面对一些现象，我会联想到社会学各大家对于这一现象的解读，以及他们不同观点的对话和碰撞，而且对于自己应该要从什么角度去思考、这

是个什么样的问题有了自己的判断和思考，准确地说是慢慢养成了社会学的想象力。

可以说，阅读经典是一个回到原典的过程，西方社会学经典让我能够明白理论的来源和出处，作者在什么语境中使用它，怎么论证它，对于经典会形成自己的逻辑脉络，了解各大家分析问题的思路和逻辑。既强化了自己的逻辑思维训练，形成有条理地去思考、表达和写作的能力，也充实和完善了自己的知识体系。本科期间，也有一些课程需要提交结课论文，那时基本上接受的都是知识性的东西和诸多碎片化的观点，对于写作而言并不清楚什么是问题意识，于是便从知网上成批下载论文，了解学界前辈们用什么理论去分析我们生活中的现象，总感觉用了理论就使整个文章变得非常高大上了。于是为了写论文我便不断去爬梳文献，企图发现适用于现象的理论。在本科毕业论文的写作过程中，我亦如是，师兄后来的一席话深深启发了我，他告诉我这个观点放在这里分析并不合适。那时我才感觉到我对于理论产生的误解，理论只是一种思考方式，有其特定的产生背景和适用的语境，而我从文献中了解到的只是对于理论的二次解读，而这解读又因人而异。而阅读经典就是要我在这个思考的过程中习得分析和思考问题的能力，从而达到严格的学术训练、提升思考能力的目的！

读书节的时候看到一句话："读书就是让自己辽阔的过程。"诚然经典阅读开阔了我的知识和眼界，在其中发现了一家有一家之感染、启发我之处，给了我更多的分析视角和思路，让我在独立思考中变得稳重、踏实和理性。正如布迪厄在《自我分析纲要》中所说："我的世界观的变化伴随着我从哲学转向社会学，而我的阿尔及利亚经验无疑代表了这种转变的关键时刻。如我所说的那样，这种变化并不容易描述，无疑因为它是由若干变化的不知不觉的积累组成的，这些变化是由生活经验逐渐强加给我的，或者我以针对我本人的全部努力为代价实现的，而这种努力与我对社会世界的研究密不可分。"于我而言两年以来沉下心来纯粹读书的过程也是这样，不知不觉的变化的积累使这两年成为改变之年，这种变化并不容易描述，无疑因为它是由持续的阅读和思考积累而成的，这些变化正是经由量变实现了质变，也由此成为我学习历程中不可或缺却又不可多得的关键两年。

四、结语

相比身边同学而言，我的书单可能并没有那么厚重，但是在汇总时，自己也是颇为震撼的：原来两年来我竟然读了那么多经典书籍呀，我竟然也可以坚持下来！两年经典阅读的洗礼，100 本左右的书籍，这种简单而又纯粹的读书与我的努力和在学院这个场中的浓厚读书氛围密不可分。我想若干年后，当我回忆起在武大读研的时光，未必会记得某本经典中的具体内容，但一定会感谢曾经的阅读带给我逻辑思维和思考能力上的提升，感谢那个曾经纯粹读书、踏实努力、能力得到很大提升的自己，感谢一路同行的良师益友！

阅读书单

涂尔干

《乱伦禁忌及其起源》　　　　　　　《孟德斯鸠与卢梭》

《原始分类》

马克思、恩格斯

《共产党宣言》　　　　　　　　　　《家庭、私有制和国家的起源》

《1844 年经济学哲学手稿》　　　　《马克思恩格斯选集》

米德

《三个原始部落的性别与气质》　　　《心灵、自我与社会》

《萨摩亚人的成年》

格尔茨

《巴厘斗鸡》

摩尔根

《古代社会》

董晓萍

《说话的文化》

岳永逸

《忧郁的民俗学》　　　　　　　　　《老北京杂吧地》

庄祖宜

《厨房里的人类学家》

马林诺夫斯基

《西太平洋上的航海者》

郑少雄、李荣荣

《北冥有鱼：人类学家的田野故事》

道格拉斯

《洁净与危险》

施特劳斯

《神话与意义》

宗懔

《荆楚岁时记》

江绍原

《民俗与迷信》

乌丙安

《民俗学原理》　　　　　　　　　《中国民俗学》

《民俗学丛话》

李霞

《娘家与婆家》

洛伦茨

《狗的家世》

韦伯

《学术与政治》

沃尔夫

《欧洲与没有历史的人民》

邓洛普

《鱼翅与花椒》

费孝通

《乡土中国》

莫斯

《礼物》

古德利尔

《礼物之谜》

阎云翔

《私人生活的变革》　　　　　　　《礼物的流动》

高丙中

《民俗文化与民俗生活》

普拉萨德

《过剩之地》

齐美尔

《大都会与精神生活》　　　　　　《金钱、性别、现代生活风格》

《生命直观》　　　　　　　　　　《时尚的哲学》

《现代人与宗教》　　　　　　　　《社会是如何可能的》

《桥与门》

曹锦清

《黄河边的中国》

户晓辉

《日常生活的苦难与希望》

黎亮

《中国人的幻想与心灵》

戈夫曼

《日常生活中的自我呈现》

勒庞

《乌合之众》

布劳

《社会生活中的交换与权力》

马尔库斯

《单向度的人》　　　　　　　　　《爱欲与文明》

米尔斯

《社会学的想象力》

林耀华

《金翼》

施爱东

《中国龙的发明》　　　　《中国现代民俗学检讨》

福柯

《规训与惩罚》　　　　《疯癫与文明》

《不正常的人》　　　　《自我解释学的起源》

《双性人巴尔班》　　　　《这不是一只烟斗》

《惩罚的社会》　　　　《必须保卫社会》

《安全、领土与人口》　　　　《临床医学的诞生》

《说真话的勇气》　　　　《性经验史》

赫尔兹

《死亡与右手》

范热内普

《过渡礼仪》

安德森

《想象的共同体》

本尼迪克特

《文化模式》

孔力飞

《叫魂》

布迪厄

《单身者舞会》　　　　《男性统治》

《关于电视》　　　　《继承人——大学生与文化》

《自我分析纲要》　　　　《实践感》

《世界的苦难》

桑塔格

《疾病的隐喻》

吉登斯

《亲密关系的变革》　　　　《社会学：批判的导论》

《社会理论的核心问题》　　　　《现代性与自我认同》

《第三条道路》　　　　《超越左与右：激进政治的未来》

《现代性的后果》　　　　《资本主义与现代社会理论》

《气候变化的政治学》　　　　《民族—国家与暴力》

长江边的后浪

杨念群

《再造"病人"》

波伏娃

《第二性》

陈心想

《走出乡土》

贺雪峰

《新乡土中国》

其他

《民俗学》

人生如流书依旧

——研究生阅读记事

周天宇

（武汉大学社会学院 2018 级研究生，本科毕业于中国社会科学院大学）

未曾想到，在这场疫情中，我的研究生阅读生涯迎来了两年之期。从两年前四月的一个清晨，我翻开涂尔干的《社会分工论》到现在刚刚读罢哈耶克的《致命的自负》，经历百本书的陶冶与锤炼，一种内在的"新"在这两年间不断生发。我想应当去好好思考和整理一下自己的经历了，作为一份总结，作为一场回忆，也作为一种对于明日的铺陈与激励。

一、阅读的失落与快意

如今还是会时常追问自己：为什么从前有些畏惧阅读，而现在将其当作一种生活的常态？是因为阅读已经成为一种习惯了吗？那么我们刚开始阅读专著时的痛苦只是因为正在经历养成习惯的过程吗？以习惯为答案实在难以站得住脚，因为生活中多数习惯的养成其实并不痛苦，至多是给人带来些烦躁感。痛苦是精神上反复失落的表现，我们刚刚开始阅读时，每个人都有这种体会。大家都会抱怨不理解著作的含义，表示字都懂了却不知道整体的内涵，因而会失落，继而演变为一种痛苦。渐渐地，我们能够费较少力地理解著作的深意了，阅读便也越发充满趣味和快感。但对于这两种心境的陈述仍然浮于表面，它们不足以构成阅读本身失落和快意的来源。其实，这种心境的转变关乎我们在一种新建构的例行活动中的安全感，但是就阅读本身这一活动来说——这是一种高层文化活动——它成为生活常态是超越性的思维活动渐趋平稳的产物，换句话说，是不同寻常的思考与反思的日常化带来了真正的安全感，令我们适应了阅读生活。

畏惧阅读是因为我们曾经长时间习惯于只做简单思考的生活模式。在高中，尽管我们接触较为复杂的知识，但是这种活动一方面被特殊化了，它被局限于特定的空间内，并有着严格的时间分割；另一方面，这种活动方式是机械学习（rate learning），它不要求过多的、高深的思考。有一个语言上的例子可以显示出这种"学习"与"思考"实存的差异：中学时，我们的父母往往会问我们为什么没在学习，而不会问我们"为什么今天你没有思考"。在这样的中学时代里，我们并没有学会独立思考，我们将深彻的独立思考活动局限于某些特殊场合和时刻，而在日常生活中凭借本能和简单思考行动。在这种情况下，当我们开始阅读时，尤其是开始严格的、高强度的阅读训练时，失落和痛苦就会接踵而至。相比于从前"一题一想"，学术专著的阅读要求我们进行连贯的、历时性的思考，这样的要求是从前不曾遇到的，与我们往常的思考模式也大相径庭。今天中国高等教育的最大缺漏之处，莫过于未能在本科期间扭转我们中学时养成的思维模式。言至此处，不难想见阅读初期的那种失落是来自思考行为及思维模式本身，而非"不理解"这一现象。

同样，阅读的快意来自思维方式的转变，来自思考层次的深入，它也使得阅读得以成为我们的生活常态。当我开始从阅读中获得十足的快感时，我发现此时的阅读是绝对凌驾于文字之上的。这当然不是说能够完全抛却作为载体的语句，去读"无字天书"，而是说能够进入作者的语境之中。原先认识每个字而不得知全句含义，这全是因为无法进入作者的语境。当我们去求解每一句话时，就好像中学时仔细阅读题中每一句话——这是中学老师时常要求的。但是对于学术专著来说，这是不可取的方式，毕竟那些考试题只有寥寥几句，而专著则多是大部头——这样的专著，其逻辑的建构和整体的组成方式和那些题目远不相同。学者们在其专著中为了表达核心思想和整体逻辑，往往是以一个或数个篇章作为其中一部分的，而每个篇章中则以段落为最小"特质"（借用文化的最小单位）。此时如果我们不是力求把握段落或篇章的整体内涵，而是去逐字逐句地求解，无异于在做"数头发"这种事情——理发师不会一根一根剪头发的。可以说，就读书一事，最初和最基本的快感是来自我们学会归纳式的理解方法，不再去把 100 分解为 100 个 1 相加，而是学会运用"50+50=100"。这种归纳性的思考方式将我们带入作者真正的语境，从而避免过多的"不理解"造成畏惧和失落。当这种思维成为常态，阅读才足以成为我们生活的常态或者说思考才成为生活常态。在这一基础上，我们得以做更为高深的思考，获得更高层次的阅读快意。

二、阅读快意的层次：从理解到反思

阅读带给我什么？什么才是"真的满足"而非"虚假需要"？阅读的收益绝不是值得炫耀的丰厚书单，也不是看似运用自如的"运用或卖弄前人牙慧"。正如我一直十分讨厌那种总是引用"大家"理论支持自身观点的文章，所以我常"幻想"一篇无需引证，而只引人文字以用来批驳的文章是最好最精最新的。阅读也是如此，它的快意可以分为两层次：第一个层次是理解乃至可以熟练运用著作中的理论，这是一种"读通"的状态，此时的思维方式基本摆脱了以往的简单思考；更为高深的层次在于反思，反思是要求读者跳出本书，或是再往前一步，哪怕是在书中的某一部分上更进一步，都足以称为反思。

我相信我们每个人都经历过在阅读训练中因为理解书本而获得知识的喜悦，这种喜悦甚至会蔓延到更多地方，回答课堂提问时，与朋友聊天时，写作论文时，乃至于更为兴奋地与人说理时。这种"成就感"应当享受，因为它是思考的成果，是我们脑力劳动的产物，它应当为我们所有。但是这样的"成就感"却并非那么实在，我自己就曾深陷其中，但后来却发现它的虚无。我惊讶地想到，尽管我可以套用一百位著名学者的理论来解释

一个高深的问题，但是我却真实地距离科学本身十万八千里。我十分怀疑这种行为的真实内涵——我是在依靠这些名人的智慧还是他们的"声誉"解释问题？我必须承认，当我处在这个阶段时，那些学者的名字比他们的"智慧（理论）"更能带给我快感，我享受那些璀璨群星的闪耀，但我是在狐假虎威。我们思维的进步达到"理解"的层次的确十分重要，但是仅限于此绝非两年来阅读训练的真正目标，"理解"并不能够实现阅读的真正价值。

我有三位引以为傲的"人生导师"：尼采、马尔库塞、李敖。每逢困顿时，我都会去翻看他们的著作。尼采之于叔本华、瓦格纳，马尔库塞之于当时西方主流学术圈，李敖之于胡适、钱复，都是前者在对后者的理解中产生和塑造了自己的认知，这不得不归功于阅读中的"反思"，这是一种认知上的"超越"。读罢一本书或是读罢百本书，唯一不变的问题在于思考我为什么是我，必须要在大家们阐述"为什么"的时候，追问一句"凭什么"。阅读思考的最大收获理应回归到自我的认知方式上，一种思维方式经过训练和磨砺所应有的最大成果在于得以塑造自己独特的认识论。这是一种极高的追求，而在两年内我们能做的是形成一种自觉的"反思性"思维方式。这是阅读更高层次快意的来源。两年来，我极力在阅读中追求一种平等，即与作者的平等对话，而不是聆听教诲。在阅读中，尤其是具备了一些学术知识的情况下，尝试对作者和著作进行反思性批驳显得极为重要，这是一种"问题"意识，而解惑应当交给阅读与反思性思考的结合以及之后的实践。我们不能在读完百本书后，让那些死去的男人和女人"上我们的身"，而是要实现认知的内在充实和发展。这种反思性思维也关联着黑格尔所说的"当下"或"现在"概念。阅读中的反思面向历史，而背靠模糊可知的未来，因而如此契合这种"当下"，它使得阅读的最大效用只能是"我"的"现在的"认知。让我们忘掉那些大家们，忘掉那些书中的句子，只记住历史，只保留高速运动的思维和不断丰满的认知。

三、理性、价值和实践

最后这一部分是和阅读若即若离的一些话题，接近是因为它们从阅读中感悟得出，疏离是因为这些话题更多发生在阅读之后。

理性是我在阅读中得出的关键词，就社会学来说，自"古典四大家"到过渡时期再到后现代理论始终绕不开这个概念。它由古希腊哲学中的"逻各斯"一词发展而来，到康德、黑格尔时期，它再次闪耀，其后就再也没能离开哲学、社会学的视野。对我来说，阅读中把握"理性的标杆"是极为重要的事情，因为各大家的学说基本立足于这一标杆的不同层次——国家理性、社会理性、个体理性（这不是唯一的划分类型），不同的理性层次作为不同的理论前提从而塑造出不同的学说整体。在阅读的反思和评价中，把握作者的理性出发点是客观评述的重要前提，但为了避免一种相对主义，或陷入更深的虚无主义陷阱，我们必须意识到一个问题："为什么 A 是理性的，而 B 不是？"或是，"为什么 A 比 B 更为理性？"这一问题的解答对我们来说太难了，对当代哲学家来说，他们估计也只能对你引经据典。那么提出这样的问题是无意义的吗？并非如此，至少它在两方面提醒了我，其一，不要迷信理性和滥用主观能动性，"人定胜天"的过度发挥容易让我们不但不能正确认识规律还妄图改变规律，我们甚至也要为某种"不可知论"留下余地——阅读和思考应当使我们更具学术包容性。其二，因为无法回答那两个问题，使我感受到所有理论尽管要求客观中立，实际上却又包含着鲜明的立场。这两个提醒似乎是某一问题的正反两面，但并不构成同一矛盾的两面，前者是认知上的，后者作用于实践中。

价值和上面的第二个提醒密切相关，某种程度上价值取向决定了我们的立场。今日的阅读与思考形塑了我们的认知方式，在未来的生活体验中必然会影响我们的价值取向和立场。因而在阅读中进行反思的重要性还在于培养自己的判断力，两年的阅读训练对我的影响绝不限于学术思维，一种价值观的塑造无所不在其中。因而阅读事中大可"快意恩仇"，事后还是应当小心翼翼、细细琢磨。

　　学术的目标如果是写出几篇漂亮的论文就显得太狭隘了，如果学术未能对现实有丝毫改变则显得鸡肋。这样的情况下，争论"知行"好还是"行知"好，都不能挽回几分薄面。马克思说认识世界、改造世界，这非常完美地概括了学术的所有内涵。我们需要深刻的认识、需要真理。但这世界却不需要过多书斋里的理论家，因为真理始终需要实践的检验，知识对世界和命运的改变，绝不发生在书斋里，甚至真实、深刻的认知本身也无法完全脱离于实践。阅读之余，我们不能忘记"知行合一"，它足以被看作评价知识分子的最高标准，同样也应作为一项基本要求，历史已经就此留给我们充足且充分的例证。回顾往昔，遥盼前路，我无比希冀自己终有一日能够达到"知行合一"的境界，也希望自己永远不乏"虽千万人吾往矣"的勇气。

阅读书单

斯宾塞

《社会学研究》　　　　　　　　　《群学肆言》（严复译作）

涂尔干

《自杀论》　　　　　　　　　　　《社会分工论》

《宗教生活的基本形式》　　　　　《社会学方法的准则》

《职业伦理与公民道德》　　　　　《原始分类》

《教育思想的演进》　　　　　　　《哲学讲稿》

韦伯

《社会科学方法论》　　　　　　　《新教伦理与资本主义精神》

《经济与社会》　　　　　　　　　《儒教与道教》

《印度教与佛教》　　　　　　　　《学术与政治》

马克思、恩格斯

《资本论》　　　　　　　　　　　《哲学的贫困》

《马克思恩格斯选集》　　　　　　《家庭、私有制和国家的起源》

齐美尔

《时尚的哲学》　　　　　　　　　《货币哲学》

《生命直观》　　　　　　　　　　《社会是如何可能的：齐美尔论文集》

《桥与门》

蒲鲁东

《贫困的哲学》

托克维尔

《旧制度与大革命》　　　　　　　《论美国的民主》

帕森斯

《经济与社会》　　　　　　　　　《现代社会的结构与过程》

《社会行动的结构》

默顿

《十七世纪英格兰的科学、技术与社会》

曼海姆

《意识形态与乌托邦》　　　　　　《保守主义》

《重建时代的人与社会》

阿多诺

《否定辩证法》

马尔库塞

《单向度的人》　　　　　　　　　《爱欲与文明》

《苏联的马克思主义》　　　　　　《理性与革命》

《马尔库塞文集》第一、二、三、五、六卷　黑格尔《法哲学原理》（辅助阅读）

哈贝马斯

《现代性的哲学话语》　　　　　　《后形而上学思想》

《后民族结构》　　　　　　　　　《合法化危机》

《对于缺失的意识》　　　　　　　《交往行为理论》

《包容他者》　　　　　　　　　　《分裂的西方》

《文化现代性精粹读本》

鲍德里亚

《消费社会》

鲍曼

《现代性与大屠杀》　　　　　　　《怀旧的乌托邦》

《流动的现代性》

贝克

《风险社会》

福柯

《疯癫与文明》   《规训与惩罚》

《性经验史》   巴塔耶《色情》（辅助阅读）

米尔斯

《社会学的想象力》   《白领：美国的中产阶级》

吉登斯

《社会学：批判的导论》   《现代性的后果》

《自反性现代化》   《资本主义与现代社会理论》

《历史唯物主义的当代批判》 《失控的世界》

《公民身份与社会阶级》   《第三条道路》

《超越左与右：激进政治的未来》 《政治学、经济学与社会理论》

《社会的构成》   弗利斯比《现代性的碎片》（辅助阅读）

布迪厄

《实践理论大纲》   《区分：判断力的社会批判》

《自我分析纲要》   《男性统治》

《国家精英》   《世界的苦难》

伯林

《卡尔·马克思：生平与环境》 《概念与范畴》

波兰尼

《大转折》

格兰诺维特

《社会与经济》   《镶嵌》

普拉萨德

《过剩之地》

索斯凯斯

《资本主义的多样性》

威利斯

《学做工：工人阶级子弟为何继承父业》

布洛维

《生产的政治》   《制造认同》

国内

陈心想《走出乡土》   贺雪峰《新乡土中国》

赵明华《国有企业改革中的工人》　　陆学艺《当代中国社会阶层研究报告》

经济学

斯密《道德情操论》　　　　　　　马歇尔《经济学》

熊彼特《经济发展理论》　　　　　熊彼特《资本主义、社会主义与民主》

向祖文《苏联经济思想史》　　　　瑟勒博 – 凯泽《福利国家的变迁》

萨缪尔森《经济学》　　　　　　　哈耶克《通往奴役之路》

哈耶克《致命的自负》

不积跬步，无以至千里

——记两年读书生涯的一些感受

邹蓉

（武汉大学社会学院 2018 级研究生，本科毕业于本院）

对于提笔写两年读书总结这件事，我其实是有点抗拒的。一想起都觉得难以置信：这就已经两年了吗？感觉两年之前的事情还历历在目，这个时候真的感受到了什么叫转瞬即逝。

两年前的我为自己找了一份工作，只想着成为一名好社工，那个时候表现出的踌躇满志现在想来也只不过是自我安慰和自我鼓励，实际上毫无底气。但是那时也没有勇气去做另外的事，毕竟自己有几斤几两还是心里有数。就这样，带着对未来的不确定性，我结束了本科毕业论文的写作，开始设想未来的工作生涯，继续混完剩下的在校时间。

直到那天贺老师与我谈话。谈话时间不长，但是却很有分量，我的原有计划完全被打乱。当时对于即将发生的还不自知，现在想起来，真是幸好啊——幸好一切都来得及。

接下来是两个月的暑期集体读书。还记得某天坐在华科图书馆，某个瞬间我仿佛梦回高中，围坐在一起的大家带着共同的目标、在共同的道路上埋头耕耘，这种纯粹又包容的氛围始终包裹着我。也正是在这种氛围中，我终于开始尝试着踏踏实实坐下来，终于开始努力从不同的方向去思考，终于开始试探着进入之前浅尝辄止的社会学。刚开始确实很难：社工专业学了几年，社会学只学了个皮毛且已然忘得差不多；读的进度也比好多同学慢；再则，放下手机对我这种自制力不强的人来说不是什么简单事。幸好有大家在，读到"怀疑人生"的时候，一交流就发现原来不止我一个处在这种境遇，每个人开始的时候好像都似懂非懂；大家一起讨论的时候，不管对的错的，一说起来总归是热闹的、有收获的，交流完好像又能继续读下去了。读的进度慢一点，其实也有好处，有小伙伴可以给我引路，能帮我更加顺畅地做读书规划；自制力不强，大家互相鼓励，想各种办法。

也是跟着大家一起，我开始主动锻炼。以前一直觉得暑假的武汉太热，需要赶紧逃跑，但是现在回想起来，那个暑假也没有多热，更多留存在我印象中的是清晨一起吃早饭时的愉悦、晚上一起夜跑时的尽兴和一起吃瓜时的爽快。买了装备，第一次"武装齐全"跟大家跑完五公里的时候，着实被自己惊讶到了。原来我也是能一次跑这么多的——只要跟着大家一起。虽然因为核心力量不足，小腹部位足足痛了几天，但是还是没有打消我继续跟着大家一起锻炼的热情。

也是在这个暑假，我去麻城参加了战略研讨班。正是在这次会议期间，我第一次和小伙伴深聊过往、畅聊未来，第一次经历精神亢奋战胜生理疲劳，第一次隐约接触到更高的社会责任感和使命感，第一次拥有更多面对未来挑战的底气，也是第一次真正感受到集体能够为个体带来何种助益。这种场合所带来的惊喜是巨大的，收获也是扑面而来的，我是真的被感染、被震撼、被激励了。可以说，这次会议让我的世界变得更加宽敞也更加明亮，我看到了属于个体的无数种可能性，我也看到了一个集体到底能够产生何种影响力。

暑假很快就结束了，但是这两个月给我带来的改变是我未曾预料到的。就像暑假中途我跟本科同学交流时说的一样，虽然我对自己将要走上何种道路仍旧迷茫，但是花费两年时间在这里读书，我无论怎样都不会后悔，因为物超所值。

随后是正式开学。开学又是一番新气象：我过上了周一到周五在华科看书、周六周日去武大上课的日子。开始时，两个学校之间的来回往返让我很不习惯，但是渐渐地，我逐步找到了自己的节奏，还能安排好各种事情，那个时候我忽然感觉到自己好像有那么一点时间管理意识了。也开始逐渐明白，有些时候，可以同时做两件事，但是有些时候，只做一件事会更有效率。啃书是很困难的事情，特别是一家一家读下来，收获是有的，但是那种满足感的攀升会逐渐凝滞，量的积累是很难即时反馈的。中间我再三感受到瓶颈，但是好像永远差那么一些。看着大家一个一个走到前边，心里是有点急的。但是急是没有用的，左顾右盼也是徒劳，还是要埋下头来继续读。读着读着，某一天和同学一交流，忽然就有点福至心灵，好像知道接下来要从哪个方面着力，才能继续进步。这种感觉很少见，但是一旦出现了，就让我继续昂扬向前。

也是真的要好好感谢集体的激励和引领。大方向上，没有贺老师的指点和鼓励，我不会有勇气留下来读书；没有见证过师兄师姐们的优秀，我无法料想到更加广阔的世界；没有同学的陪伴，我完全无法一个人坚持走下来。两年下来，集体于我而言已经不仅是一个学习共同体，它更是一个生活共同体。在这个集体里，我结识到了许多志同道合的朋友和伙伴，感受到了很多"突如其来"的照顾和包容，收获了太多意料之外的感动和惊喜；也是在这个集体里，我看到了大学校园里更为美丽的"风景线"，真切地领略到了另外一种教育模式的优势所在。这种相对系统的经典训练，给大家带来的是更为深刻的辨识和理解能力，是更为严密的逻辑思考能力，是更为笃定的判断能力。所以，我相信这种模式将来会被更多的学校看到，会有更多的人被它所吸引、帮助！

还想啰唆几句这两年读书给我自己带来的些许改变。关键词有两个：自律、自信。

先说自律。

说实话，以前的我自制力不怎么样，会因为各种事情而分心，每次交作业都踩点；对学习和生活也没有规划和安排，基本属于走一步看一步；锻炼也无法坚持，总是三天打鱼两天晒网。对比而言，现在的我并不会因为外界干扰因素而过多地打乱自己的节奏。比如这次因为疫情滞留在家，虽然最开始也有过焦躁，但后来慢慢调整好了状态。即使一个人也可以静下心来读书，不管书难不难、找不找得到、有没有纸质版；毕业论文也能按照自己设定的写作计划按时完成，虽然过程还是有些曲折；独自锻炼也不觉得多难过，甚至有点享受。这两年里，有很多这种突然的瞬间：以为自己读某大家时会花特别久的时间，但是整理时突然发现其实还好；以为自己忘记了，但是再接触到相关思路时突然发现自己还能说出个一二三；以为自己无法坚持锻炼时突然发现已经锻炼一年有余，还有了些许肌肉；以为自己没有办法处理某件事情，但是逼着自己去做时突然发现做得还行，没有像想象中那样无法完成；以为自己无法直面今后的沉重，但是在跟父母讨论时突然发现自己已经有了足够的心理准备……回想起来，这种自我革新就像跑步一样，刚开始有新鲜感，可以好好跑几圈，等到临界值了，就需要一些自我暗示和自我鼓励，坚持下去，同时也需要找到适合自己的方法；也是在这个过程中，跑步带来的好处让我愿意继续保持这一习惯，到一定程度之后，这个习惯就会自然而然成为生活的一部分，不跑不舒服了。虽然不能说蜕变，但这是一种向上的变化，是能帮助个体找到自己和成为自己的筹码之一，而"知道自己的路在哪里""这条路该如何走"这两点对一个人有意义的生命来说，不可或缺。

再说自信。

刚开始集体交流的时候，我不怎么说话，我会犹豫、会紧张、会忐忑：我理解得到底到不到位？这句话讲出来会被笑话吗？这个问题该不该提？这个地方我好像不太赞同，那我到底要不要说呢？现在已经不是问题的问题，对于那个时候的我来说，就是大问题。读得不多，也不太懂，更不要说是否深刻，讲也讲得不好，写出来的也不怎么样。在这个过程中，我会自我怀疑、自我否定，回过头来看其实都很正常；现在看来，每到这个时候的好方法就是埋头读、努力读、尽力说、持续写。读书的时候不要怕，不就是本书吗，读得多慢总能读完的，读不懂可以和同学讨论，讨论的时候也不要怕说错；个体接收信息程度本来就会有偏差，会不一致，读书没有标准答案，能说出所以然就足矣。一家有一家的风格，读书的时候要提醒自己不带个人喜好和畏难情绪去读，发现有这种倾向的时候尽量去克服，这也让我保持了一种更加稳定的读书状态。当然，有时候需要逼自己一把，努力思考之后多说话，可能出奇效。也是这样，慢慢地，我能够更多地解答自己提出的问题，串联起作者的思路，再写下来，然后拿出来与大家讨论。中间有时候确实会累，抓耳挠腮，不想去做，但是一想到大家都在努力，就又会打开文档，努力敲下几个字。这种缓慢的积累会在无形中刺激我更多地去观察和思考一件事到底是如何发生的，而不只是这件事为何会发生。过程虽是痛苦的，结果却是甘甜的。

这样积淀下来，不管是今后做什么，我都有这个信心也有这个能力去面对我的未来——饱含希望与热情。

又想起之前与好友聊天时，说起生活与工作这二者之间边界的话题。好友现在从事的工作与生活联系不大，工作时没有足够的动力支撑，下班后也没有足够的生活重心，前段时间正因此而焦虑。这种状态与我向往的未来是背道而驰的。一直以来，我始终设想着，或许不能要求工作与生活是紧密结合的，但这二者至少也该是无法割裂的。但是现今很多人的状态都是，工作是工作，生活是生活，工作只不过是为生活提供资源的手段；对于工作没有热爱，没有激情，只是为了赚更多钱来活着。那么是什么原因导致了这种现象的普遍化？原因有很多方面，但是，对于大学生自己来说，有些事情是自己可以努力做到的。大学生活不仅仅需要学习必要的专业知识，还需要进行各种尝试，努力寻找自己热爱的方向或行业，同时为了这种热爱努力锤炼自身能力，真正提高自己，而不是为了各类外在标签而无端忙碌奔波。在这方面，我也是幸运的：在人生的岔路口，我遇到了集体，接触到了一种我觉得能够提升自己的方式，也竭尽全力地开始在这条路上迈进。以前的我，可能没有底气说我找到了能够为之奋斗终生的事业，也没有底气说我已经拥有了一些足够支撑自己走下去的能力，但是，现在的我，已经有这个自信可以对自己说：你已经有一定能力为自己热爱的学术作出一份贡献；即使将来可能走向另一条路，这两年的读书生涯也始终很赚。毕竟，我的经历告诉我，这不是一条被所有人承认的坦途，这是一条充满了荆棘和石子的小径，但是只要与大家一起努力走下来，小径变坦途也并非白日做梦。

"不积跬步，无以至千里"，我们现在所积累的能量是最好的奠基石，我们的人生才刚刚开始！

阅读书单

涂尔干

《社会分工论》　　　　　　　　　《自杀论》

《职业伦理与公民道德》　　　　　《原始分类》

《宗教生活的基本形式》　　　　　《乱伦禁忌及其起源》

《道德教育》　　　　　　　　　　《教育思想的演进》

韦伯

《学术与政治》　　　　　　　　　《新教伦理及其起源》

《儒教与道教》　　　　　　　　　《印度教与佛教》

《古犹太教》　　　　　　　　　　《宗教社会学·宗教与世界》

《社会学的基本概念》　　　　　　《法律社会学·非正当性的支配》

《经济与历史　支配的类型》　　　《支配社会学》

《经济行动与社会团体》　　　　　《社会科学方法论》

马克思、恩格斯

《资本论》　　　　　　　　　　　《马克思恩格斯选集》全四卷

《1844年经济学哲学手稿》

齐美尔

《金钱、性别、现代生活风格》　　《货币哲学》

《桥与门》　　　　　　　　　　　《时尚的哲学》

《现代人与宗教》　　　　　　　　《宗教社会学》

《哲学的主要问题》　　　　　　《叔本华与尼采》
《历史哲学问题》　　　　　　　《生命直观》
《社会是如何可能的》
　曼海姆
《意识形态与乌托邦》　　　　　《重建时代的人与社会》
《保守主义》
　帕累托
《普通社会学纲要》　　　　　　《精英的兴衰》
　帕森斯
《社会行动的结构》　　　　　　《现代社会的结构与过程》
　米德
《心灵、自我与社会》
　舒茨
《社会世界的意义构成》
　戈夫曼
《日常生活中的自我呈现》
　默顿
《社会理论和社会结构》
　布劳
《社会生活中的交换与权力》
　马尔库塞
《单向度的人》
　米尔斯
《社会学的想象力》
　福柯
《疯癫与文明》　　　　　　　　《临床医学的诞生》
《词与物》　　　　　　　　　　《知识考古学》
《惩罚的社会》　　　　　　　　《规训与惩罚》
《不正常的人》　　　　　　　　《性经验史》
《精神疾病与心理学》　　　　　《必须保卫社会》
《安全、领土与人口》　　　　　《生命政治的诞生》
《主体性与真相》　　　　　　　《主体解释学》
《说真话的勇气》　　　　　　　《声名狼藉者的生活》
《什么是批判》　　　　　　　　《自我技术》

哈贝马斯

《公共领域的结构转型》   《重建历史唯物主义》

《交往行为理论》   《认识与兴趣》

《理论与实践》   《作为意识形态的技术与科学》

《合法化危机》   《现代性的哲学话语》

《后形而上学思想》   《包容他者》

《后民族结构》

吉登斯

《社会学方法的新规则》   《社会的构成》

《民族—国家与暴力》   《现代性的后果》

《现代性与自我认同》   《超越左与右：激进政治的未来》

《第三条道路》

布迪厄

《关于电视》   《艺术的法则》

《实践感》   《实践与反思》

《实践理论大纲》   《区分：判断力的社会批判》

《继承人——大学生与文化》 《国家精英》

《言语意味着什么》   《科学的社会用途》

《自我分析纲要》

阅读的力量，蜕变的人生

彭子剑

（武汉大学社会学院 2018 级研究生，本科毕业于湖南师范大学）

春去秋来，时光飞速流转，转眼间两年就过去了，读书这件事已经成为我生命中难以割舍的一部分。回首这两年的读书生活，看看自己长长的书单，各种感触油然而生。从一开始的稚嫩到现在的成熟，读书带给我的不仅仅是知识的丰富，更重要的是价值观念的成熟。在 2020 这个特殊的年份，也正好是我们 2018 级硕士读书的第二年，趁着在家的安静时光仔细思考了这两年的读书生活，看着眼前的书单我不禁感慨，坚持真的是个令人惊奇的习惯，不知不觉间竟然读了这么多书，内心的满足感和自豪感油然而生。回想来武大的这两年，带给我的不仅是学历的增长，更多的是自身全方位的改变，从稚嫩懵懂变成今天的自信且有独立思考的能力。

一、最初相遇：怀疑到坚定

在读研之前，我的生活非常单一，总是把目光集中在自己的小世界里，一心想着好好上课，考好每一门功课可以成功保研。但是从来没有认真沉下心来想一想社会学是什么，我接触的这个学科到底是什么，应该用什么样的态度去进行学习。只是为了拿到一个好的学习成绩很机械地重复进行书本学习，并不会深入理解自己所学的究竟是什么，也没有想过读研以后究竟要做什么以及读研的意义究竟是什么。每天坐在图书馆也只是为了完成作业和学习任务，并没有实实在在做一些有意义的事情。可能因为一直以来想得太少，觉得这样的日子也很充实，但是回头想想也确实没什么特别的规划和想法。这样的日子在大四上学期确定了保送之后就更加习以为常，觉得有学上了就一劳永逸可以不用努力了，抓紧时间玩耍成了那段时间的主要任务。日子一转眼到了大四下学期，贺老师把我们班散落在各个地方的同学聚集到一个群，开始让大家一起读书，给我们讲读经典的重要性和必要性。

在最初接触到读经典这件事的时候，我是抱着怀疑态度的，并不觉得这件事会给我带来什么实质性的进步，反而觉得有些浪费时间，被束缚了自由。但是本着要乖乖听老师话的原则，我还是依旧按照要求半信半疑地开始了读经典的生活。刚开始的几个月是非常痛苦的，总是很难从比较放松的状态扭转到全心全意读书的状态。因此心里总是会冒出各种各样的声音，动摇我坚持读书的想法。但是每当看到老师在群里的号召，以及同学们在群里积极的读书反馈，我心里质疑和懒惰的声音就低沉下去，因此逼着自己不能落后，要认真阅读经典。在阅读以及和同学交流的过程中，我渐渐发现经典的魅力，也开始思考自己所学的学科到底是什么以及其中的真谛。渐渐地阅读经典不再是一种机械式的任务，而变成了一种自然而然的习惯。尤其是当时看到别的同学还在通过玩耍狂欢来度过大学最后的时光，我就觉得自己特别有成就感，身边去别的学校读研的同学都非常羡慕我，因为他们并没有像我一样有来自硕士学校的组织归属感。这种情况更加坚定了我好好读经典、仔细思考总结书中知识点的决心和信心。事实证明，这个做法是非常正确的，我并没有浪费大学的最后半年，在专业经典书籍的陪伴下度过了那时的日日夜夜。

二、阅读中期：坚定到信仰

时光飞逝，很快我就迎来了研究生生活。本以为自己可以很快适应这个对我来说完全陌生的城市，但是当真正迈上武汉这片土地的时候却感觉到了害怕和迷茫，刚开始的一段日子总是想家想大学里的小伙伴们。正在感到沮丧的时候，学院将我们召集起来开了几次的系主任"面对面"，鼓励大家形成团队团结起来结伴读书，学院的老师给我们很多的鼓励。在这之后我内心的恐惧少了很多，感受到了前所未有的归属感和安全感，一心一意心无旁骛好好读书成了我当时唯一的想法，并且在老师和同学们的鼓励陪伴下更加坚定了这个想法。

很快大家就在学院组织下形成了一个个的读书团体，大家每天都约在同样的时间去图书馆，互相比着一起读书。从来没有想到都读研了还能有这么团结的班集体，大家每天一起读书、一起吃饭、一起运动，同学之间也总是一起交流遇到的困难和问题，一大群人仿佛一家人，集体的力量成为我遇到困难时强大的支撑，感觉自己遇到再大的问题也无所畏惧。与此同时，读经典的过程也是一个磨炼意志力的过程。以前我总是很难在一个地方安静下来坐很久，经常会被身边各种各样的事物吸引而转移注意力，无法专注。但是现在经过和大家一起读书，在想要走神的时候，看到身边的同学读书那么认真专注，自己就会觉得羞愧，进而赶紧继续认真读书。经过一段时间阅读经典的培训和锻炼，我能够在图书馆的座位上坐很久，认认真真读书不走神。专注读书的这个过程极大地锻炼了我的意志力，也磨炼了我的心智，让我遇到事情不再那么急躁。读研以来不只遇到了很好的志同道合的同学，也遇到了很好的老师。在学院无时无刻都会感受到老师们对我们的关怀和帮助，我们在读书中和生活中遇到的困难都能够得到老师的帮助和开导。学院对我们读书的支持是全方位的，不仅仅是精神关怀，还有物质支持。每当"双十一""双十二"这种购物节的时候，学院总是会给我们每个人发放阅读基金，鼓励大家积极买书。在每次"面对面"之后，学院还组织大家聚餐吃饭，犒劳大家辛苦读书一个月，激励大家继续好好读书。每个月的"面对面"交流也是雷打不动，这种温暖是在别的地方都难以体会到的。在这样的读书生活环境中，我读书的信念更加坚定了，这已经成为一种信仰，给我的生活指明了前进的道路和方向，从此不再迷茫。

三、习惯养成：信仰到思考

回首这两年以来的读书生活，感慨太多也太深，不知道什么时候开始阅读经典就像呼吸吃饭一样，已经成为我生命中不可或缺的一部分，这个习惯让我更加成熟有担当。学院老师们说我们真正读书的年代就是硕士的这两年，错过了就是错过了，这两年培养的是大家终身学习的能力，有了这两年的积累以后遇到什么事都不会难倒我们。一开始我并不理解这句话的真正含义，半信半疑。当真正执行完成以后我对这个观点非常认同、深信不疑。在什么时间就该做什么样的事情，时刻牢记自己的身份和使命，身为一名学生就应该勤勤恳恳读书，兢兢业业提高自己的能力。在过去的这两年中，读过这么多经典著作，让我对自己所学的学科有了更加精确和深入的了解，也从一个从来不会思考问题内涵的"考试机器"变成了遇到问题会思考和反思的社会学学生。

两年的读书生涯带给我的不仅仅是专业方面的进步，还包括用怎样的态度去应对生活中遇到的苦难和问题。以前那个风风火火、遇事急躁不知所措的小女生渐渐被自信有担当的自己取代。我始终相信，你的气质里蕴藏着你看过的书和你走过的路，现代人总是步履匆匆、不舍得停下来，或者放慢脚步，找一个安静的角落，翻开书页仔细阅读。而真正去阅读以后就会发现，我们的内心会暂时忘记很多烦恼和愁闷，留下充实与平静。三毛说，读书多了，容颜自然会改变。阅读经典的这两年，可以明显感觉到自己更加沉稳和平静自信。读书最大的作用，就是帮助人们成长自我，或许在某个不经意的瞬间，我们会发现，自己读过的书已经藏在了灵魂里。这也就是读书的意义，使我们成为更好的自己，更从容自信的自己，更明确自己人生目标的自己。

两年时光转瞬即逝，快得来不及反应。时间带走了很多东西，也留下了许多东西。庆幸的是我们没有虚度光阴，回首往事我们是无悔的，感谢曾经努力认真读书的自己，不用为碌碌无为浪费时间而后悔痛哭。这两年带给我的成长是肉眼可见的，看着眼前的书单，我感到了无限的力量和安全感，也更加坚定了自己对于未来道路的选择，坚信无论遇到任何困难我都可以克服。无论时光怎么变，环境怎么变，不变的始终是一颗积极向上努力生活的上进心。感谢这两年的读书经历让我成为更好的自己。

阅读书单

涂尔干

《自杀论》　　　　　　　　　　　《社会分工论》

《社会学方法准则》　　　　　　　《原始分类》

《宗教生活的基本形式》　　　　　《职业伦理与公民道德》

《道德教育》　　　　　　　　　　《迪尔凯姆论宗教》

《乱伦禁忌及其起源》　　　　　　《实用主义与社会学》

韦伯

《新教伦理与资本主义精神》　　　《社会学的基本概念》

《社会科学方法论》　　　　　　　《学术与政治》

《经济行动与社会团体》　　　　　《宗教社会学·宗教与世界》

《宗教与世界》　　　　　　　　　《古犹太教》

《中国的宗教：儒教与道教》　　　《印度的宗教：印度教与佛教》

《宗教与世界》　　　　　　　　　《经济与历史》

《支配的类型》　　　　　　　　　《支配社会学》

《法律社会学》

马克思、恩格斯

《资本论》第一卷　　　　　　　　《资本论》第二卷

《资本论》第三卷　　　　　　　　《马克思恩格斯选集》第一卷

《马克思恩格斯选集》第二卷　　　《马克思恩格斯选集》第三卷

《马克思恩格斯选集》第四卷　　　《共产党宣言》

《家庭、私有制和国家的起源》

齐美尔

《金钱、性别、现代生活风格》　　《时尚的哲学》

《货币哲学》　　　　　　　　　　《生命直观》

《现代人与宗教》　　　　　　　《社会是如何可能的》

帕累托

《精英的兴衰》　　　　　　　　《普通话社会学纲要》

帕森斯

《社会行动的结构》

戈夫曼

《日常生活的自我呈现》

米德

《心灵、自我与社会》

曼海姆

《重建时代的人与社会》　　　　《意识形态与乌托邦》

默顿

《社会理论与社会结构》

布迪厄

《单身者舞会》　　　　　　　　《继承人——大学生与文化》

《实践理论大纲》　　　　　　　《实践感》

《关于电视》

福柯

《疯癫与文明》　　　　　　　　《规训与惩罚》

《性经验史》　　　　　　　　　《惩罚的社会》

《安全领土人口》　　　　　　　《临床医学的诞生》

《主体解释学》　　　　　　　　《这不是一只烟斗》

《词与物》　　　　　　　　　　《知识考古学》

哈贝马斯

《合法化危机》　　　　　　　　《现代性的哲学话语》

《后形而上学思想》　　　　　　《后民族结构》

《包容他者》

吉登斯

《资本主义与现代社会理论》　　《失控的世界》

《社会的构成》　　　　　　　　《晚期社会的自我认同》

《现代性的后果》

穆勒

《代议制政府》　　　　　　　　《论自由》

《功利主义》

洛克

《政府论》

马基雅维利

《君主论》

霍布斯

《利维坦》

托克维尔

《旧制度与大革命》

哈耶克

《通往奴役之路》

斯宾塞

《群学肄言》（严复译作）

卢曼

《权力》

米尔斯

《社会学的想象力》

亚里士多德

《政治学》

柏拉图

《理想国》

成长的足迹

——研究生读书生活总结

熊怡

（武汉大学社会学院 2018 级研究生，本科毕业于西南大学）

光阴荏苒，两年的研究生学习生涯即将画上句点。这期间，阅读社会学经典原著成为我学习生活的主旋律、总基调。在正式踏入研究生阶段以前，我曾想象过上百幅研究生日常生活图景，但说实话，每日泡在图书馆"啃下"一本本社会学经典"硬书"的图景是从未在脑海中出现过的。

一、探寻：在阅读经典门口徘徊

第一次，我与阅读经典距离得如此之近，是在两年前（2018 年）的 4 月初。当时，距离研究生入学还有将近 5 个月的时间，学院便在线上要求大家制订一个简要学习计划。还记得当时同学们制订的计划中，不外乎阅读五花八门的专业书籍，阅读权威期刊论文，学习英语，实践调研训练，等等。暂不论大家能完成自己"清晰而具体"的学习规划到什么程度，但既然老师让学生制订计划，看到大家都元气满满地憧憬成为更好的自己，应该会肯定和表扬我们吧；没成想，贺老师看完大家的计划后，评价是，总体感觉不行，照这样发展只会浪费入学前 5 个月的大好学习时光，无法以积极饱满的面貌迎接即将到来的研究生学习生活。我当时很诧异，心中好奇，到底该制订怎样的学习计划，才算不浪费学习时光？

随后，贺老师给我们发来"三农中国读书论坛"网址，让我们认真阅读往届同学的读书报告，重新思考制订自己的学习规划。看到论坛上的读书帖时，说不震惊是假的。我确实不敢想象，一列列成体系的书单、一篇篇深刻生动的报告、一个个鲜活立体的师兄师姐，甚至，论坛上有不少同学和我们是同一级的。原来，学习可以换种方式。在我还执着于一件件具体事务之际，我的同龄人已经阅读了大量的经典名著，并且以行动力和思考力写出了数篇读书笔记，我瞬间感受到差距，更感受到压力。我渴望如他们那般，成为一个饱读经典的个体。于是，通过浏览论坛向"大神"取经后，我重新琢磨制订出一份新的学习计划，按照社会学"古典四大家"、过渡时期、社会学"后四大家"的顺序列了一份成体系的阅读书单。那几天，自己就像打了鸡血一样，斗志十足地每天在心里反复默念"起早贪黑读经典、一心一意读经典"，努力缩小与优秀同学的差距，成为更加卓越的自己。刚开始，自己的斗志和激情确实被激发起来了，每天都有极强的内生动力支撑着我早出晚归到图书馆读经典；但慢慢地，我能感知到动力和激情在被经典的"抽象与枯燥"一点点侵蚀，我开始放松对自己的要求，把之前"向优秀同学看齐"的目标抛诸脑后。当然，学院每隔一段时间都会线上检查同学们的读书进展和状态，这在一定程度上督促着我继续认真看书学习，但坦白说，那时的我并没有真正做到严格要求自己、对自己负责。

二、突破：明白什么是真正的读书

在迈入研究生学习生活之前，自己还存有侥幸心理，没有完全意识到读书的重要性，不理解武大社会学院的学生培养理念。而在正式报到注册的第二天，学院就组织召开了2018级研究生首次"与院长面对面交流"。这次面对面交流下来，我做了一个统计，有不少同学甚至在本科期间就已经读完数十本经典，读书数量是我的好几倍，这让我体会到极大的紧迫感，为之前放弃"为难自己"而选择"放过自己"感到惭愧。

十天后，开始选导师，偶然因素作用下，我成为贺老师带领的导师组的一员。我还清晰地记得，召开导师组见面会那天晚上，导师组每位同学依次畅谈自己的困惑，各位老师则针对性地作出回应，让初入导师组的我们对导师组读书会这个共同体有了进一步的认识。我尤为触动，抛开自己入学前断断续续阅读的著作，从韦伯作品开始重新读起，期待借助实实在在的经典阅读打下牢靠的社会学理论基础，训练自己的逻辑思维能力，积极、努力地和团队共成长。下决心从来都不是件难事，内心深处对美好未来的期盼、周围同学的勤奋刻苦、老师语重心长的一番教导，都会激活自己的兴奋因子，让自己一段时间内保持高度自律、认真学习；把决心转化为行动日复一日地践行下去却非易事，这期间需要化解阅读过程中遇到的一道又一道难题。

本科的时候，一有时间我就会跑到图书馆学习，我喜欢穿梭驻足在一排排书架间，顺手拿起一本吸引我的书便开始阅读，我原以为那就叫"读书"，也会因为自己所谓的待在图书馆不虚度时光而沾沾自喜。但直到研究生阶段加入读书会，每周和导师组同学交流，从读书勾画摘录整理到阅读效率与质量的平衡问题探讨，从排除阅读干扰到彻底、纯粹地分享阅读经验，从单本经典阅读评述撰写到贯通式地梳理一个或多个社会学家的理论思想体会交流，从单向地阐述自己对某一思想的认识到双向地结合团队小伙伴的理解展开辩证分析，我才恍然大悟，究竟什么才叫真正的阅读！

真正的读书是一个成长的过程，而成长必然伴随着阵痛。在经典阅读上，我曾因阅读速度慢、读不懂、害怕理解错误，未能把不同大家的思想串联起来进行梳理而深受困扰。经过老师们在经典阅读方向和方法上的指导，高年级师兄师姐的热心帮助以及与团队小伙伴的深入探讨交流，我渐渐明白，在追求阅读效率的同时，更重要的是读完一本书有一本书的思考和收获，保持数量与质量的平衡；阅读经典的过程中，有些问题读不懂很正常，因为阅读经典本身就是一种训练，为了读懂、读通而去思考才是训练的关键；对经典著作的理解，很大程度上，不存在对错之分，但有深浅之别。秉持这样的理念，通过克服暂时的不理解，积极主动地继续沿着正确的方向、运用正确的方法把经典读下去，时间一长、回过头来看时，很多之前阅读过程中不理解的问题基本都迎刃而解了。随着阅读书目的增多，我开始尝试着将一位社会学家的思想统合起来进行系统梳理，在整理阅读报告的过程中对其思想脉络再回顾、再思考，较好地澄清和理顺了之前阅读中存在但未能得到解决的知识盲点。现在，我已经能够比较从容地将一位或数位社会学家的思想进行对比分析并撰写成文，这是我在加入读书会前所不敢想象的。

在团队建设上，导师组读书会一路走来跌跌撞撞，起初因为大家彼此互不了解又不把话说开而一度存在猜忌、戒备等不良情绪，这些情绪持续发酵甚至影响到了大家的阅读学习状态。2019年4月我们到麻城开展"团建"。团队同学的关系迈进了一大步，考虑问题时也开始真正学会理解老师决策背后的良苦用心，也更加深刻地认识到集体读书的重要性。老师们常说，"一个人走得快，一群人走得远"。一个人读书，不用进行读书会团队建设，看似可以抛开繁杂事务，专心读书；但事实上，一个人除了从经典阅读中获取支撑自己坐下来专注、持久阅读的精神食粮之外，没有读书会同学作为参照系，没有团队成员彼此之间衍生出来的"比学赶帮超"的前进动力，是很难长期坚持读下去甚至是容易读偏的。明白了这一点，读书会同学之间便组成了志同道合的"学术共同体"，大家都愿意心平气和地坐下来，反思个体与团队的关系，为团队发展建言献策，一切旨在更好地服务于我们读经典、拉近团队成员的距离、建设更加成熟的团队。

在对乡村治理研究中心的认知上，其实经典阅读和导师组团队建设都属于对乡村治理研究中心认知的组成部分，但在这里，我想单独把它列出来谈两件深化我对整个大团队认知的事情。一件是2019年8月有幸能够参与麻城暑假研讨班，研讨班上师兄师姐们的发言深入浅出、激情昂扬，让我看到了以学术为业的学者该有的样子。当然，也正是通过在这次研讨班的学习，让我开始重新审视自己、拷问自己："你想成为一个什么样的人？你能成为一个什么样的人？"我思考得出的结论是：个人成长没有"舒适区"，必须把自己融进整体中看待问题、认识问题，提升个体的眼界和境界。认识问题最终落实在行动上，回归到日常学习生活中，需要以更持久的定力和更强的意志力去践行研讨班上所畅谈的精神品格。另一件是疫情暴发，团队成员以极强的眼力、笔力、思考力、行动力，撰写出数百篇调研报告在国家主流媒体上发声，回应抗击新冠肺炎疫情城乡居民的主要关切，及时有效地为相关部门制定抗疫举措提供参考。尽管中心主要是做农村研究，但在团队"经典＋经验"的严格学术训练方式之下，以经典阅读获得抽象能力，以经验调研获得具象能力，面对突如其来的疫情，也能够将思维和能力灵活迁移运用、举一反三，做有意义、回应时代需求的真研究。经此一疫，再次刷新了我对团队的认识，学术共同体力量无穷。

三、超越：成为更强大的自己

两年的经典阅读，带给我的是一种积极向上的生活态度和良好习惯的养成。沿着体系化阅读书单的指引，我每天都有明确的学习任务和目标，一天天坚持下来，锻炼的是自我的定力、意志力和抗干扰力。认真而持久地做好一件事，做好这件事背后的精神状态是可以感染自己做好其他事的；两年的经典阅读，带给我的是思维能力、写作能力、表达能力和专业自信等诸方面的显著提升。两年前考进武汉大学社会学院和加入导师组读书会都纯属意料之外，两年来的进步与成长却在情理之中。现在想想，实在为自己能成为武汉大学社会学院一员感到幸运，能在研究生期间遇到一个简单而纯粹以学生读书、成长为第一要务的导师组，遇到这么多好的老师、同学是多么难得；两年的经典阅读，带给我的是倾听与包容意识的不断增长，勇于突破自我设限。数次师生读书会、"面对面"的召开，读书会成员之间的小组讨论，双周论坛报告会等，都让我不断去学会倾听别人的观点，学会包容不同的意见，更重要的是在这个过程中，我尝试做了之前认为距离自己很遥远、可望而不可即的事情，打破自我限制，接触更多陌生却新奇的"风景"。

站在此刻，我十分感激过去"奔波"的每一天，感激那个走出"舒适区"愿意去奔波的自己，过去的点点滴滴促成了我生命中无数个值得怀念的瞬间，让我成为了现在的我。以前，总想着努力去缩小与优秀者的差距；现在我明白了更重要的或许是自我超越，是去缩小和自己心中的那个理想、期待的自我的差距。

两年的研究生学习生活已接近尾声，受疫情影响，特别惋惜研二下半年不能返校和同学们"扎根"图书馆看书交流；但又觉得无比庆幸的是，即使如此，还能有一群简单而纯粹的读书会同伴每周定期组织起来，开展线上经典阅读感悟和思考交流。在最美好的青春里做最有意义的事；我想，日后回想起来，这些都会是我人生中无比宝贵的财富。

一切都刚刚好。感恩两年的研究生学习生活让我遇见了武大，让我遇见了这么优秀的团队，让我遇见了这么多优秀的读书会同学，让我遇见了更好的自己！研究生期间的每一个成长足迹都在提醒我，沿着梦想的方向，未来无论走到哪儿都要脚踏实地，在经历中成长、反思与再成长，在永远保持好奇的态度中探索新知。

身心在场，永远在路上！

阅读书单

1. 古典时期
涂尔干

《社会分工论》 《自杀论》

《宗教生活的基本形式》 《乱伦禁忌及其起源》

《实用主义与社会学》 《原始分类》

韦伯

《社会学的基本概念》 《新教伦理与资本主义精神》

《宗教与世界》 《宗教社会学·宗教与世界》

《印度的宗教：印度教与佛教》 《古犹太教》

《社会科学方法论》 《法律社会学》

《城市：非正当性支配》 《经济通史》

《经济与社会》 《韦伯学说》(顾忠华著)

马克思、恩格斯

《共产党宣言》 《1844年经济学哲学手稿》

《资本论》全三卷 《马克思传》(麦克莱伦著)

齐美尔

《货币哲学》 《时尚的哲学》

《金钱、性别、现代生活风格》 《哲学的主要问题》

《生命直观》 《社会是如何可能的》

《桥与门》 《现代人与宗教》

《叔本华与尼采》 《历史哲学问题》

2. 过渡时期

曼海姆

《意识形态与乌托邦》 《卡尔·曼海姆精粹》

《保守主义》 《重建时代的人与社会》

帕累托

《精英的兴衰》

米德

《心灵、自我与社会》

马尔库塞

《爱欲与文明》 《单向度的人》

戈夫曼

《日常生活中的自我呈现》

帕森斯

《社会行动的结构》

默顿

《社会理论和社会结构》

勒庞

《乌合之众》

桑塔格

《疾病的隐喻》

3. 后现代时期

福柯

《疯癫与文明》	《规训与惩罚》
《不正常的人》	《必须保卫社会》
《知识考古学》	《性经验史》
《临床医学的诞生》	《词与物》

布迪厄

《继承人——大学生与文化》	《再生产》
《区分：判断力的社会批判》	《实践理论大纲》
《反思社会学导引》	《实践感》

回首向来萧瑟处，感恩于心共前行

——我的研究生读书生活

徐裕如

（武汉大学社会学院 2018 级研究生，本科毕业于中国海洋大学）

回想 2018 年至今的点点滴滴，心中万丈波澜。回味这两年的读书生活，知识干货输入密集，生活节奏紧凑充实，心绪起伏跌宕但终归平静坦荡；自己和同伴们一起成长，泪水和笑声相伴，痛苦和快乐交织，酣畅淋漓、十分痛快，是我迄今为止的人生中最为重要的一段时光。

一、个人：自我革新，蜕变重生

贾岛有诗云："十年磨一剑，霜刃未曾试。"现在是 21 世纪，不知还有多少人能沉下心来十年磨一剑。在一个所有事物都有保质期的快节奏时代，摒弃外界纷扰而专事一物仿佛成了怪事。几年前刚读大学的时候我就如此浮躁，非常迷茫、无所适从。看到别人做了什么自己也跟风去做，没有养成主体性，在人云亦云和随波逐流中虚度了光阴，现在回想起来十分后悔。本科的时候总是会耍点小聪明，考试之前死记硬背，平日里读书并不多，特别是专业经典著作，读的更是少之又少。作为一名文科学生现在想到这些，真实地感到羞愧难当。当然也有人说，人生若无悔，那该多无趣。现在看来，有时候反而要感谢几年前的这些经历，它们让我更加清晰和坚定地认识到，脚踏实地的读书生活是多么重要。

当 2018 年 4 月份老师在微信群中提出读书的要求时，我感到慌张又焦虑。正式入学前一知半解、囫囵吞枣地读了涂尔干和韦伯，便提心吊胆地迎来了开学。开学之后老师对大家的宽慰和鼓励，使我心安许多。此外，尤其记得贺老师在"面对面"的时候反复强调，现在功利主义之风盛行，人人都在做精致的利己主义者，大学变得越来越浮躁。我们读书要以深山老林苦练内功的心态来坚持，只问耕耘、不问收获，以此来严格要求自己日臻完善。这段话给我留下了极其深刻的印象，此后的读书中每当迷茫犹豫之时，便要重新回味这番话以给自己加油打气，鼓励自己坚持下去。

回首这两年的读书生活，自己的状态起起伏伏，读书质量也时有波动，但十分庆幸自己坚持至今没有放弃。读经典是一个学习专业理论、锻炼思维能力的过程，同时也是一个自我革新、蜕变重生的过程。

第一，在这个过程中逐渐具备了独立思考的能力，养成自我主体性。长时间不读硬书、只接受肤浅的碎片信息是很危险的：这样的"学习"会很轻松，如同温水煮青蛙一般，让人失去完整的体系化思维能力，会被别人牵着鼻子走，将自己的脑袋变为别人的跑马场；没有自我主体性是非常危险的：它将导致精神中的空白、思想上的软弱，是自主思考、自我学习的大碍。读经典表面风平浪静，但内里实则暗流涌动。读书不是娱乐消遣，是争分夺秒，是绞尽脑汁。读经典没有捷径，唯有"笨读笨思"，将每一分力气都落到实处。在此过程中，一方面学习了理论知识、增加了专业知识储备，另一方面锻炼了自己的思维能力，建立起自己系统的知识体系和思维架构。在纷杂的事实面前能够快速抽丝剥茧、直击要害，这是唯有经典阅读训练才能带来的能力提升。

第二，读经典是一场自我意志的重建磨砺。孟子告诉我们"生于忧患，死于安乐"的道理。功利主义的学习态度会让人失去脚踏实地、稳扎稳打的毅力，平稳安逸最容易使人不思进取、安于现状。读经典的过程并不享受，而是一种痛苦的修炼，在痛苦中成长更贴合我们的读书实际。早八晚十的读经典便是一个重建自控力的过程。在这两年里，我发现自己的拖延症有了明显的改善。时间管理本应是现代人应具备的基本能力，但很多人做得相当糟糕。通过对自己读书生活的安排，我学会了把握生活节奏，重新做回时间的主人。从这个角度来说，读经典磨砺了我的意志，重建了我的自控力。

二、团队：感恩相遇，谊切苔岑

人们经常说现在的社会中个体走向原子化，人与人之间保持着礼貌却疏离的关系。有人说，当代年轻人都想成为一座孤岛：在物质生活发达的今天，在孤岛上可以躲避红尘喧嚣，一人品味孤独、独守安静，可以在和自己的对话中获得慰藉和力量。曾经我亦认为这不无道理。但是经历了两年的读书生活之后再看这想法，却觉得自己幼稚可笑了。这转变是因为读书两年遇到的朋友们对我的帮助和改变实在太多！

在这个世界上，如能遇到一人在思想世界中和自己同频共振便是幸运，但是在这两年中遇到了一群此般契合的朋友，更是何等的幸事！有朋友笑你因韦伯的"理性"而变得"不理性"，有朋友能理解你为何崇拜马克思到五体投地，也有朋友可一起秉烛夜谈马尔库塞……正是因为他们，让我意识到集体读书不仅有价值有意义，而且十分有趣！此为收获之一，朋友们在读书的思考和交流中给我无数帮助支持。

集体读书是一个求同存异的过程：求理想、志趣之同，存观点、个性之异。几十个人要合成一股力、拧成一根绳，便免不了出现摩擦。但是，只要大家心中始终存理想、志趣之同，坚持"团结、紧张、严肃、活泼"的宗旨，便能化摩擦磕碰为润滑黏合，将阻力变为动力，使得集体不断融洽亲密。"君子和而不同，小人同而不和"，一团和气可能是乌合之众，有哭有笑才是成长。和志同道合的朋友们经历过喜怒悲欢的淬炼之后，回首方觉我们之间的羁绊联系早已如此紧密。此为收获之二，让我意识到一个真正的集体应该怎样帮助个人成长。

孔子曰："益者三友，损者三友。友直，友谅，友多闻，益矣。友便辟，友善柔，友便佞，损矣。"在这两年里，我要感谢朋友们对我的关心爱护，更要感谢他们对我的劝诫和帮助。良药苦口、忠言逆耳，他们一面小心维护我的自尊和情绪，一面善意地指出我的缺点并帮助我改正。此为收获之三，得益友如此，在这两年我才能不断日省其身，修身正行。

春日和煦，樱花大道下共赏落英缤纷；夏夜喧闹，我们漫步东湖畅抒胸臆；秋风萧瑟，珞珈山上层林尽染景色最好；冬雪纷飞，"九一二"操场记得我们的脚印和笑声……回首才发现，大家不仅在书中共赏"黄金屋""颜如玉"，也在生活中陪伴我领略四季风景。人是社会性的动物，没有人能活成一座孤岛。集体生活是一种特殊的支持，有人伴我立黄昏、有人问我粥可温，这样纯粹又特别的集体生活在日趋原子化的社会关系中更是可贵。"金风玉露一相逢，便胜却人间无数"，这样纯粹干净又紧密的友谊，不会再从他处寻得了。

三、理想：不忘初心，立足当下

行文至此，不得不提及 2019 年的战略研讨班。在麻城战略研讨班的寥寥几天内，在老师、师兄师姐和同学们的帮助下，我对读书、对团队、对华中乡土派的认识更加深刻。一个人的读书只是读书；但在这一群人的读书中，我看到了理想。

读书有三重境界，第一层是最浅薄的，也就是为了获取知识而读书；第二层是为了获得能力的提升和思维的飞跃而读书；第三重境界将自己与时代联系起来，以人为舟，以书做桨，在时代的洪流中奋勇前进。经历了严格读书训练的师兄师姐们，他们没有为了符号而科研，而是奔走在祖国大地上，呼啸地走向田野、带着经验离开，他们不计较个人得失，不在乎符号荣誉；他们以学术为志业，是学术界冲锋陷阵的排头兵，是最可爱的人。一代人有一代人的长征路，读经典让我认识到了在新时代，社会学专业的研究生应该怎样选择自己的道路并奋斗终生。人活着不应该庸俗，在仰望星空的年纪就大胆地去天马行空。

2020 年突如其来的疫情让很多人措手不及。疫情是一场大考，也是一面镜子。在此次疫情中，有人在抗疫一线身先士卒、鞠躬尽瘁，付出生命的代价也在所不惜；但也有人为一己私利发国难财、吃人血馒头，丑恶嘴脸暴露无遗。而团队经历此次疫情后，一方面让我们十分感动，另一方面也更加坚定了我们的道路自信。3 月在微信群中交流时，老师们的话令人动容："社会科学还是有立场的。为人民，研究就会有格局。为私利，就会陷入情绪。"贺老师经常教育我们，一定要有使命感，要有担当。多谈理想、多谈使命，这不是空话套话，是要我们在新时代背景下选择去做有意义有价值的事，将自己的人生铺洒在生机勃勃的田野大地上。

四、结语

有人说，人生漫长，但是紧要处往往只有几步。我很庆幸，在武大的这两年读书生活成为漫长人生中的紧要一步。现今学习中得良师指点、生活中有益友相伴，自己内心丰盈充实、精神愉快，生活节奏有序不紊，这与自己的努力坚持、朋友们的关心陪伴和老师们的悉心指导密不可分。回顾过往更让人懂得珍惜当下，前路漫漫但曙光在望，得良师益友相伴，心中常怀感恩之情，便不惧成长风雨。

阅读书单

涂尔干
《社会分工论》   《社会学方法的准则》
《宗教生活的基本形式》   《自杀论》
韦伯
《新教伦理与资本主义精神》   《儒教与道教》
《经济与社会》   《学术与政治》

《宗教社会学·宗教与世界》　　　　　《宗教与世界》

《经济与历史》　　　　　　　　　　　《支配的类型》

《支配社会学》　　　　　　　　　　　《社会学的基本概念》

《经济行动与社会团体》　　　　　　　《古犹太教》

《论俄国革命》　　　　　　　　　　　《印度的宗教：印度教与佛教》

《法律社会学》　　　　　　　　　　　《非正当性的支配》

马克思、恩格斯

《资本论》全三卷　　　　　　　　　　《马克思恩格斯选集》全四卷

齐美尔

《货币哲学》　　　　　　　　　　　　《金钱、性别、现代生活风格》

《时尚的哲学》　　　　　　　　　　　《生命直观》

《叔本华与尼采》　　　　　　　　　　《桥与门》

《社会是如何可能的》

帕累托

《精英的兴衰》　　　　　　　　　　　《普通社会学纲要》

曼海姆

《重建时代的人与社会》　　　　　　　《意识形态和乌托邦》

《文化社会学论集》　　　　　　　　　《保守主义》

《卡尔·曼海姆精粹》

帕森斯

《现代社会的结构与过程》　　　　　　《社会行动的结构》

滕尼斯

《新时代的精神》　　　　　　　　　　《共同体与社会》

米尔斯

《社会学的想象力》

勒庞

《乌合之众》

米德

《心灵、自我与社会》

鲍德里亚

《为何一切尚未消失》　　　　　　　　《象征交换与死亡》

《消费社会》　　　　　　　　　　　　《论诱惑》

马尔库塞

《爱欲与文明》　　　　　　　　　　　《单向度的人》

《苏联的马克思主义》　　　　　　《工业社会的攻击性》

《反革命和造反》

拉波鲍特

《知识分子的阶级利益以及和统治集团的关系》

斯科特

《弱者的武器》　　　　　　　　　《国家的视角》

舒茨

《社会世界的意义构成》

帕森斯

《社会行动的结构》　　　　　　　《经济与社会》

默顿

《社会理论和社会结构》

福柯

《疯癫与文明》　　　　　　　　　《规训与惩罚》

《这不是一只烟斗》　　　　　　　《安全、领土与人口》

《说真话的勇气》　　　　　　　　《必须保卫社会》

《性经验史》　　　　　　　　　　《主体解释学》

《临床医学的诞生》　　　　　　　《不正常的人》

《生命政治的诞生》　　　　　　　《词与物》

布迪厄

《单身者舞会》　　　　　　　　　《关于电视》

《国家精英》　　　　　　　　　　《继承人——大学生与文化》

《男性统治》　　　　　　　　　　《再生产》

《区分：判断力的社会批判》　　　《实践感》

《实践理性：关于行为的理论》　　《自我分析纲要》

吉登斯

《历史唯物主义的当代批判》　　　《现代性的后果》

《现代性与自我认同》　　　　　　《第三条道路》

《超越左与右：激进政治的未来》

斯宾塞

《社会学研究》　　　　　　　　　《群学肆言》（严复译作）

费孝通

《乡土中国》

長江边的后浪

陈心想

《走出乡土》

贺雪峰

《新乡土中国》

读书路上绝不孤独，永无疲倦

——我的研究生读书生活

徐丹宁

（武汉大学社会学院 2018 级研究生，本科毕业于武汉大学历史学院）

很少有事情像这次疫情一样影响深远，从发生到现在，不过数月的时间，就已经非常深刻，而且还在持续地改变着人们的生活，经济、政治、文化，人类社会的方方面面都在接受挑战。与此同时，人们退回到室内，数周乃至数月不曾离开家门百米之外，但"无穷的远方，无数的人们，都和我有关"，正如方舱医院中走红的"读书哥"，他身处风声鹤唳的疫情之中，仍然镇定从容地阅读福山的书籍，读书成了我们与社会和世界交流的最好方式。在过去的两年中，阅读经典已经成为社会学院每一位同学的日常生活，在这并肩同行的奋斗之中，我们见证了自身的成长。

一、从迷茫怀疑到坚定坚持

本科的学习经历中，我是不怎么接触读书的，一方面是专业特性，所有的时间都拿去看史书史料，扩展性的阅读比较少；另一方面自然是个人惰性，总觉得一学期读那么几本书，就已经完成了阅读任务，可以心安理得地做其他事情了。这样的思想直到大四那年，确定保研进入社会学院后，开始发生翻天覆地的变化。

作为跨专业的学生，为了更好地进行新领域新学科的学习，最好的办法是什么呢？我当时的第一反应，是先去找了几本社会学专业的教科书，开始从头啃概念。直到加入推免生的微信群后，学院提出了一种新的思路：按照社会学的发展脉络，直接开始体系化的经典阅读；在与学院老师的私聊中，老师们以跨专业读社会学的师兄师姐为例，告诉我放下教科书，直接读经典的好处。当时的我是将信将疑的，读书自然是正确的，只是现在没有任何专业基础的我，有足够的能力阅读这些令人生畏的大部头吗？抱着这样的困惑，我踏出了漫漫读书路上并不太坚定的第一步。我阅读的第一本经典书籍是涂尔干的《自杀论》，至今还记得阅读过程中涂尔干的论证分析逻辑给我的震撼，我第一次触摸到了社会学研究的方法和思路，也由此树立了继续读下去的信心，开始沿着书单一本一本读下去。

任何事情的开端总是困难的，《自杀论》相对比较好理解。当我读到《宗教生活的基本形式》时，就是硬着头皮慢慢啃了。漫长的篇幅，晦涩的文字与翻译，自然会让我产生畏难和退却的想法。每当有了怀疑自己的念头时，我都会在一月一次的"面对面"读书会上重新找到继续努力的勇气。在面对面中，同学们汇报书单，讨论最近读书的感悟与收获，也分享读书过程中的困难与沮丧，这种开放式的交流氛围把每一个人深深包裹其中，让我们感受到了共同的喜悦与痛苦，仿佛经典阅读的行军路上不再只是我一人孤单前行，而是一支信念坚定的队伍共同负重前行，既然这样，还有什么好放弃的呢？这种激励足以支撑我继续抱着书本啃下去。当下一个低落周期来临时，我就又会在下一次读书会上寻找到和其他同学新的共鸣，产生新的动力。读书过程中的负面情绪是非常正常的，重要的是，这些情绪可以得到及时有效的排解，社会学院的集体读书氛围正是帮助我们走出情绪阴霾、坚定阅读信念的最好武器。到如今，再翻开一本沉甸甸的经典，我的心态已不再是畏难和痛苦，而是满怀耐心与喜悦地去接受一次新的知识沐浴。

二、从一知半解到柳暗花明

慢慢地，读书的习惯培养起来了，每天在清晨的阳光下骑车到图书馆，即使是刚开馆，座位也被预约得满满当当，我也不由得被这种学习氛围鼓舞，开始新一天的阅读。刚开始学习时总是痛苦的，早起的困倦，晦涩的文字，都令人有些难以进入状态，这时我就会抬头环顾四周，观察一下身边认真学习的同学，从他们身上汲取一些动力，再一鼓作气，继续埋头苦读。在读书的过程中，我习惯按照页数或者章节设定读书目标，读书的同时撰写读书笔记，采用目标渐进和及时反馈的读书机制，这样，一旦进入状态，就会全身心投入书本，每当成功读懂这一章节的内容，我就会收获满满的成就感，拥有充足的信心进入下一章节的阅读。后来我甚至产生了不舍得放下书本的感觉，身体上的疲倦固然是不可否认的，但精神上的满足足以克服一切。

在读书的初期阶段，我有时会被某一句话或某一段内容绊住，不弄懂就绝不罢休，这种方法不仅会耽误读书的进度，也会打击读书的信心，即使花了大量时间最终弄懂，也得不到多大的进步。在与同学交流之后，我发现大家都曾遇到过这样的困惑，在"面对面"上，老师提出了应对的办法：读书可以适当地不求甚解。一本书的内容含量是极其丰富的，不理解其中一个小点，并不会影响我们理解其他内容，也不会影响我们掌握这本书的整体框架和精髓。因此，在自身能力和积累都严重不足的读书初期，我们不应过度追求深度，而是先积累广度，只要继续坚持读书，或许在通读完这本书之后，或许在阅读到另一本书之时，以前感到困惑的内容就会突然豁然开朗，柳暗花明。

两年的阅读积淀，获得的不仅仅是一份长长的书单，更是与这些社会学先驱者的精神对话，从最初的诚惶诚恐，到后来的平等对话，再到之后的批判性阅读，正如老师们所言，只读教科书是无法入门的，只有沿着社会学的发展脉络，直接体系化阅读经典著作，才能真正激发学科兴趣，培养学科能力。

三、从被动接受到主动思考

我们的阅读是以书本为单位，一本书从头读到尾，从信息传播的角度来说，有些书有用的可能只是其中一章，或者一页，甚至一句话，传统的阅读效率是很低的；但读书不仅仅是为了获取信息，更是为了学习思维逻辑，有可能一本书看下来，一句话也记不住，我们却还是获得了不同程度的思维训练。因此，阅读经典带给我们的收获，一是有用的理论，二是大脑的锻炼。

反思现实，时下最火的"知识付费"课程，虽然可以让我们利用碎片化时间更高效地获取书本知识，但这种"拆书"和"二次总结阐释"的方法也常常会扭曲原著观点，造成误读误释。在学习台大孙中兴教授的开放课程时，他严厉批评了人们习惯读二手书而忽略原著的行为，他认为二手书因为书本的篇幅限制和作者的个人理解问题，常常会与原著的观点产生差异，当我们因为迷信学者和教科书的权威，习惯了读二手书的时候，就会以讹传讹，将其中错误的观点认为是正确合理的，也就失去了读书的本心。他以《自杀论》为例，大部分观点认为自杀类型可以划分为三大类或四大类，但如果通读原著，就会发现涂尔干对于自杀类型的划分并不是简单的并列，而是从社会原因与社会类型出发，将自杀类型构建成多层次的体系理论，即使是吉登斯，也在 1971 年出版的《资本主义与现代社会理论》中对涂尔干的理论进行了错误的分类，至今没有修订改正。因此，我们在学习社会学理论的时候，不能尽信二手书和教科书，而是应该尽可能地从原著出发，提升独立思考的能力，直接接触原著作者的思考和观点。对于同学们来说，研究生阶段是最后一段可以全身心投入读书和学习的时期了，此时的我们拥有渴望求知的驱动力和高度活跃的思辨力，在这一阶段无需太过看重读书的效率，应当抛弃取巧的捷径，深耕于阅读的质量。

四、结语

两年的体系化经典阅读，我克服了原有的惰性，在收获丰富扎实的理论知识的同时，阅读能力、理解能力、归纳总结能力也都得到了巨大的提升，最重要的是，这些积淀给了我前所未有的开阔视野，让我可以更加客观理智又带有人文关怀地去看待社会。因为疫情的原因，研二的下学期都在家中度过，在学校培养起来的读书习惯却没有中断，同学之间的交流也没有停止，大家虽然身处各地，思想却仍然相汇于经典与学术之中，无论是导师还是学院其他老师，都时时刻刻关心着大家的读书进度和心态，读书的脚步不会停止，我们也永远不会孤独。

阅读书单

涂尔干
《自杀论》　　　　　　　　　　《社会分工论》
《社会学方法的准则》　　　　　《原始分类》
《乱伦禁忌及其起源》　　　　　《宗教生活的基本形式》
《教育思想的演进》　　　　　　《职业伦理与公民道德》

韦伯
《新教伦理与资本主义精神》　　《儒教与道教》
《印度的宗教：印度教与佛教》　《社会学的基本概念》
《非正当性的支配》　　　　　　《学术与政治》

马克思、恩格斯
《共产党宣言》　　　　　　　　《资本论》全三卷
《1844 年经济学哲学手稿》

齐美尔
《货币哲学》　　　　　　　　　《社会是如何可能的》
《金钱、性别、现代生活风格》　《现代人与宗教》
《桥与门》　　　　　　　　　　《时尚的哲学》
《生命直观》

帕累托
《精英的兴衰》

帕森斯

《社会行动的结构》

曼海姆

《保守主义》　　　　　　　　　《思维的结构》

《意识形态与乌托邦》

戈夫曼

《日常生活中的自我呈现》

默顿

《十七世纪英格兰的科学、技术与社会》《科学社会学》

《社会理论和社会结构》

戴蒙德

《枪炮、病菌与钢铁》

布迪厄

《实践感》　　　　　　　　　　《关于电视》

《单身者舞会》　　　　　　　　《继承人——大学生与文化》

《自我分析纲要》　　　　　　　《言语意味着什么》

《男性统治》　　　　　　　　　《实践理论大纲》

《言语意味着什么》

福柯

《性经验史》　　　　　　　　　《疯癫与文明》

《规训与惩罚》　　　　　　　　《知识考古学》

《词与物》　　　　　　　　　　《临床医学的诞生》

《安全、领土与人口》　　　　　《主体解释学》

《精神疾病与心理学》

哈贝马斯

《必须保卫社会》　　　　　　　《合法化危机》

《包容他者》　　　　　　　　　《分裂的西方》

《交往行为理论》第一卷　　　　《后民族结构》

《现代性的哲学话语》

凡勃伦

《有闲阶级论》

鲍曼

《门口的陌生人》　　　　　　　《现代性与大屠杀》

米尔斯

《社会学的想象力》　　　　　　《权力精英》

吉登斯

《失控的世界》　　　　　　　　《民族—国家与暴力》

《超越左与后》　　　　　　　　《第三条道路》

《现代性的后果》

用功专注做好一件事

黄彩川

（武汉大学社会学院 2018 级研究生，本科毕业于东北财经大学）

当我开始下笔总结研究生读书生活时，我努力思索，想寻找一句短小精妙的话语来概括过去两年的时光，似乎这两年过得波澜壮阔，精彩万分。但实际上，它是一个简单纯粹、平静充实却又意义非凡的成长阶段，在这个阶段里，我只做了一件事，一件让我最认真、最投入地去完成的事情：阅读经典，磨炼自我。当我回顾这段日复一日埋头读书的时光时，我深深感到，当我下定决心，用功专注做好一件事的时候，就开启了一段重新认识自己、成长自己和超越自我的旅程。

文科生的大学生活总是缤纷多彩的。大学期间，不似理科生那样，每天都有做不完的实验，写不完的课程作业，课余时间总是埋头在自习室里赶作业赶报告。当时时间充裕且自由却感觉在瞎忙。本科生阶段的社会学学习，全靠在课堂上听老师讲授和看教材，虽然老师也常常叮嘱我们课后要多读书，读原著，读经典，却往往不知道从何处着手。考试前一周只要发挥高中学习劲头三分之一的功夫，多背教材，就完全可以对付。因此上课之外的时间，大一时花在了令人眼花缭乱的社团活动中，走马观花，结交朋友；大二、大三时开始参加各类实践大赛、考证、刷分，拿了不少的证书和奖学金。那些瞎忙碌的日子里，似乎充实而丰富。但当被人问起，社会学专业主要是学什么、以后可以干什么的时候，那种茫然和心虚瞬间就变成了一股挫败感。本科四年，对于专业的学习，自己既没有掌握一项有竞争力的实用技能，也没有培养起那种读万卷书后的深刻思想和敏捷思维。在考研复试现场被老师问到"大学期间都读了哪些书"时，支支吾吾地回答了几本为完成课程作业所读的书，当时的心情，既羞愧又懊悔。于是暗暗下决心，读研期间一定要多读书，至少看起来有点儿书生气。考研复试期间，学院专门给所有考生开了一个阅读经典的动员大会，院长亲自鼓励我们：复试结束后，不论考上武大或者调剂到别的学校，都要把握好青春年华，扎扎实实，沉下心，体系化地阅读经典，不仅仅是为积淀知识，更是为训练和培养真正的能力。贺老师稍有湖北口音的普通话，热情饱满，平易近人，情恳意切，当时的我真是感到受宠若惊。2018 年 3 月底，在武大研究生复试期间的这次阅读经典的动员大会成为我真正读书训练的启蒙课。幸运之神眷顾，我顺利通过复试，以综合成绩第三名考研"上岸"武大社会学。

说是说，做是做，做起来总是不容易的。复试结束后，学院将我们拉进微信群，每周定期让我们汇报读书情况。名师亲自指导阅读经典，自然令人激动振奋。因为在这之前，我对阅读有着狭隘而无知的看法，认为阅读，特别是名著阅读是一件奢侈的事情，需要有钱且有闲，尤其需要家庭环境、文化氛围的熏陶才能自然而然地喜欢阅读，沉迷阅读。自己从小到大一直都是勤奋刻苦地学习教材、应对考试、考取高分不断升学，上大学和考研究生都是如此。因为没有经济条件购书，对阅读这样一件风雅高尚的事情自然是避而远之。即使是在大学期间偶尔有兴趣在图书馆随意找一本书翻来阅读，也只是三分钟热度。这更加加深了我对阅读这件事的某种刻板印象：阅读是需要有先天条件的，没有物质条件和环境氛围的支持，阅读难以为继。现在回过头重新思考，当时的自己确实是过于自卑，囿于普通的出身，以至于没有勇气去尝试，也不相信自己能够突破本身文化资本匮乏的藩篱去沉淀和积累，只是循规蹈矩地考试、考证，走最安全的路，唯恐出错。在微信群里，学院一直强调，文科生必须通过大量的阅读来训练成长，阅读经典就相当于磨刀的过程，经典就是磨刀石，把经典当成磨炼自己的工具，积淀知识，训练思维，磨砺品性。名师一席话，深感振奋。把经典当工具为我所用的说法让我觉得那些名著不再那么高高在上难以接近了，而考上研究生之后我也暗暗下决心"而今迈步从头越"，认认真真地读书。我首先是省钱买纸质书，在物理上拥有它们。从社会学奠基人涂尔干的著作开始阅读，兴致盎然地进入第一本书——《社会学方法的准则》，断断续续，薄薄的一本书，大概100来页，竟读了有一个星期，效率极低。因为当时被毕业季弄得焦头烂额，社会学的论文，还有第二学位的商务英语论文，诸多毕业相关的杂事，越是想把每一件事情都做好，越是焦虑烦恼，越是无法进入读书状态。最关键的是没有完整充裕的时间静下来阅读，经典毕竟是"硬书"，两年之后认为是比较容易读的书在当时真是觉得晦涩困难。从小害怕犯错，担心被批评，不会拒绝的我鼓起勇气和商务英语的论文指导老师申请放弃第二学位证书，放弃论文答辩，表示自己需要更多时间进行阅读。诚惶诚恐地等待回复，当这位老师回复"好的，黄同学，希望你能在阅读上有更大的收获，祝学业进步！"后，大舒一口气，我第一次感到，原来学会拒绝，懂得放弃并没有想象中那么困难。有舍才有得，越是坚决笃定，越是清晰简单。

2018年5月份，大致完成毕业论文和毕业杂事之后，我也算是抓住大学的尾巴开始在图书馆读书，到毕业时已经将涂尔干的经典著作读了一半。直到毕业，才感叹青春一去不复返，本科四年最遗憾的事情就是没有多读书，广读书。最幸运的是，硕士阶段能够在珞珈山下，与一群志同道合的小伙伴一起读书、学习和生活，在读硬书、硬读书的日子里进步成长，并收获了革命般的珍贵友谊。

2018年6月底毕业后，我便来到武汉2018级暑期读书班。到武汉的那天，烈日炎炎，拉着行李箱找接头人陈瑞燕同学，燕子和小马哥（马平瑞）来接我们到楼栋顶层小阁楼宿舍安顿。印象最深的是，我们从未见面，却感觉似曾相识，格外亲切，我想也许这就是缘分吧。暑期两个月的集体读书时光里，我们十几个同学，五湖四海，毕业于不同的学校，不同的专业，同吃同住同读经典同运动锻炼，一切只为读好书而服务。就像是深山老林练功一样，抛却浮躁，不为考试，不为功利，纯粹读书。每天集体行动，一起坐在老图书馆二楼阅览室阅读那些历经百十年考验、大浪淘沙而流传下来的经典著作，一起到食堂吃饭，每周一起打羽毛球、一起在绿道上运动暴走。每周开会交流读书感想、分享阅读技巧，如何写总结报告，倾诉啃硬书时的辛酸苦辣。刚开始沉下心，泡在图书馆读这些硬书时，是非常难以进入状态的：外文翻译的生涩、概念的抽象，而且不似教科书那般总结出一二三条，直接点明影响意义。硬书总是难以进入，进入后难以保持状态，容易产生畏难和怀疑否定自我的情绪。集体读书的意义这时候就显现出来了。在集体成员中，有和自己相同进度的，也有走在前面进度比较快的，遇到困难时，和小伙伴一起交流想法，发现并不是唯独自己觉得受挫，别人也觉得不容易；对话分享时，有回应，所见略同，有争执，启迪思考。当我们一同分享收获时，快乐是双倍的，吐槽困难时，烦恼就抵消归零了。成长的起点虽是不易的，但实实在在地迈出了第一步，为之后两年的读书生活奠定了沉心静气"泡"图书馆、发挥主体性主动探索的基调。而暑期期间在集体生活中，专注读书，作息规律，强健体魄，精神饱满，这样昂扬的状态非常顺利地延续到了开学后的研究生生活。因此2018年9月1日开学时，自己和同学如往常一样，依然是"泡"在图书馆里读经典，既没有开始新生活的激动心情，也没有初到新环境的不适感，淡定从容。

严格而系统的学术训练首先要体系化地阅读经典著作，全面地掌握学科的理论知识，形成学科想象力和学科思维，提高独立思考能力和训练逻辑思辨能力。这些都是贺老师在指导学生多年后总结出的成功经验和培养模式。当我自己开始循着往届师兄师姐走过的路途，抛开杂念，一心一意地投入，用心专注地只做读经典这一件事情的时候，才能深刻地体会到自己的成长。在这个过程中，阅读完涂尔干、韦伯、齐美尔和马克思这古典社会学四大家后，因为是体系化地阅读，理论之间相互联系，作者年代相差不多，着眼当时共同的时代和社会问题，因而阅读过程中能够相互地比较和对比各大家的立场、理论和方法。当我在一句一句、一本一本硬读和琢磨之后，写读书小结时，发现"古典四大家"都探讨了当时的社会转型中的失范、理性化进程、意义缺失这些问题的相似和差异点时，内心感受到的那种成就和收获的欣喜感觉，与在阅读教材里读到别人总结出来的观点时的心情完全是千差万别。而在阅读过渡时期阶段，体系化阅读的意义更是明显，默顿、帕森斯、戈夫曼、曼海姆、米德和马尔库塞等这些大家的著作，无一不是吸取了古典四大家理论和方法的营养，并在此基础上不断扩展和深化，形成新的理论和视角。再到现当代的经典"后四大家"——福柯、布迪厄、吉登斯和哈贝马斯的作品，他们不断地回溯古典社会学理论，不断在以往经典的肩膀上进行批判和继承，发展和推进，既建构宏观理论大厦，也着眼微观经验社会，同时代的社会学家之间也直接或间接对话，神仙打架，异常精彩。日复一日，如琢如磨，如切如磋，一路坚持读下来，慢慢地能够完整地感受到社会学发展的理论脉络，感受到那种社会学的想象力以及自己潜移默化的成长。

阅读社会学经典不仅可以掌握那些社会学家如何看待社会现象、解释社会变迁、提出解决社会问题方案的知识，还能了解完整的社会学学科理论发展脉络和研究方法。除此之外，沉浸在经典大家费尽心血的大作之中时，怎可能不被其个人魅力、胸怀格局所深深震撼？那种学术上求真理的追求，那种超越自身，心怀民族、国家和社会、全人类发展的境界，还有个体如何认识自己，作为一个主体如何生活，何以赋予生命意义和构造生存美学的哲学启示，如此种种，总是在那些枯燥孤独的阅读时光里，润物细无声地影响着我。

只有不断地克服，才能连续地获得。我越是在时间和精力上投入地做好这件事时，越是能够感受到自己。阅读这些硬书需要沉下心，耐得住寂寞和高度的专注。刚开始时，难以进入状态，读不懂只能硬着头皮读，一旦放弃后再重新进入状态就更加困难。无数次在死磕和放弃之间，在折磨自己和放过自己之间找平衡，有时候究根结底，有时候不求甚解。自己时常由于读不懂、读得慢、写不出总结、没有想法等而怀疑自己，否定自己。幸运的是，我不是一个人在攀爬，而总是能够在集体中获得慰藉和鼓励，与自己和解，接纳自己，诚实地面对自己，承认自己的不足，调整情绪和状态，继续投入和克服，久久为功，绵绵用力。也常常因为自己读得畅快，理解了作者的观点，体会到书中精彩之处而感到兴奋和欣喜，在午饭和晚饭期间迫不及待地和小伙伴分享、讨论。也常常有阅读下来收获颇丰、大脑极度活跃、引发思考联想、激动不已的时刻，在晚上十点半图书馆闭馆后，吹着晚风回宿舍时，内心感到无比的充实和开心。也常常苦思冥想，使劲琢磨那些艰涩难解的观点，甚至在晚上做梦时感觉自己正真真切切一字一句地读着白天阅读的书，醒来时感觉过于真实还努力回想梦中的情境。也常常有意识地突破自己设定的目标，跨越藩篱，完成目标但不设限。自从那次我敢于放弃第二学位论文专心读书后，老师们也常常教育我们要学会拒绝，懂得放弃，不要总是去追求一些外在的符号，学会应付。我开始学会拒绝一些不必要和无意义的事情，不再追求事事完美，以前觉得对学生来说课程和分数极其重要，必须认认真真完成。现在则会反思和更加果断地选择，不再犹犹豫豫，纠结苦恼。

在这两年里，我连续不间断地潜心阅读经典，坚决笃定地朝着目标前进，发挥主体性，按照自己的进度、状态和方法坚持下来；同时在中心团队这样一个能量场中汲取力量，在阅读经典蔚然成风的学习环境里开放讨论，持续交流对话。意志坚定，心无旁骛，一本一本、一家一家地体系化阅读，长时间地浸泡和琢磨，不断地思考和内化，从而慢慢提升了学习、思考和分析的能力。

身为2018级研究生的一员，更能深深体会到"独行快，众行远"的含义。实际上，如果是我自己读书，不仅不可能读得快，更可能是读不下去而放弃，因为缺乏意志力而难以坚持。在这两年里，我们2018级研究生从最初的偶然相遇、相互不信任到后来每一个人都融入集体，相互支持、关系亲密、共同成长，磨合的过程总是磕磕绊绊，欢笑伴随着泪水。历经风雨，我们都慢慢明白了集体是一个公共品的含义，每一个小伙伴都积极主动地去参与和建设我们的读书会。我们对话、辩论，达成共识，不断地创建和完善了许多为读好书而服务的"制度"：每周分组交流讨论、羽毛球运动、珞珈山和东湖暴走交流、茶话会、务虚会、各种团队建设活动等等。即使是在疫情期间，我们仍在线上定期交流和分享读书内容和感受。越是融入到集体中，越是可以获得能量和温暖。也正是在集体中读书学习，才能够跳出自身看自身，立足自己看自己。跳出自己个人的小圈子，主动去接触和了解小伙伴，去服务和参与建设集体的时候，才能够清楚地审视自己。越是亲密无间，真心真诚，我们越能相互支持，并肩作战，一起坚持不松懈。越是相互熟悉，越是能够见贤思齐焉，每一个小伙伴都有自己独特的闪光点和非常优秀的品质，常常在共同相处和交流的过程中对照出我自己的差距和不足，促使自己虚心学习。在集体中成长，立足自己，既不妄自菲薄，也不骄傲自大，既按自己的节奏埋头向前走，抬头时能够参照同行者的进度，增强信心，化压力为动力。这一路，不仅有同伴同行，还有名师强有力的指导，每一期的读书汇报会和与院长"面对面"，既是学院领导对我们的读书情况进行检查和答疑解惑的时间，更是赋予我们精神动力"打鸡血"的过程。

两年时光，遵循着集体培养模式，方向正确、方法正确，持续努力，专注做好一件事。我基本完成了100余本社会学经典著作的阅读（接下来还要继续阅读政治学经典）。完成了一件连自己都觉得不可能的事情，真真切切地感受着自己的变化和成长，提高了思辨能力，更懂得审慎思考，逐渐自信和谦卑，更踏实专注，也更纯粹。众多优秀的前辈们是有情怀、有理想、有使命感和责任感的榜样，更使我坚定信心，扎根中国大地，建设有主体性的中国社会科学的学术使命和社会担当。当我回顾这段重塑自我的成长历程时，我为自己的不懈坚持和投入付出而感动自豪，更为自己能有幸遇到无限热爱学术和无限热爱学生的老师、学于武大社会学院而心怀感谢！

阅读书单

涂尔干

《社会学方法的准则》　　　　　《自杀论》

《社会分工论》　　　　　　　　《职业伦理和公民道德》

《原始分类》　　　　　　　　　《宗教生活的基本形式》

《实用主义与社会学》　　　　　《乱伦禁忌及其起源》

《教育思想的演进》

韦伯

《学术与政治》　　　　　　　　《新教伦理与资本主义精神》

《经济与社会》　　　　　　　　《中国的宗教：儒教与道教》

《古犹太教》　　　　　　　　　《印度的宗教：印度教和佛教》

《社会科学方法论》

齐美尔

《货币哲学》　　　　　　　　　《社会是如何可能的》

《桥与门》　　　　　　　　　　《现代人与宗教》

《时尚的哲学》　　　　　　　　《性别、金钱、现代生活风格》

《社会学——关于社会化形式的研究》　《哲学的主要问题》

《叔本华与尼采》

马克思、恩格斯

《资本论》全三卷　　　　　　　《马克思恩格斯选集》全四卷

戈夫曼

《日常生活中的自我呈现》

曼海姆

《重建时代的人与社会》　　　　《意识形态与乌托邦》

米尔斯

《社会学的想象力》　　　　　　《权力精英》

布劳

《社会生活中的交换与权力》

帕累托

《精英的兴衰》

马尔库塞

《单向度的人》   《爱欲与文明》

米德

《心灵、自我与社会》

杜威

《民主主义与教育》

埃利亚斯

《文明的进程》   《个体的社会》

马科斯舍勒

《知识社会学问题》

默顿

《社会理论与社会结构》

帕森斯

《社会行动的结构》

福柯

《临床医学的诞生》   《疯癫与文明》

《词与物》   《规训与惩罚》

《性经验史》   《惩罚的社会》

《不正常的人》   《必须保卫社会》

《安全、领土与人口》   《牛津通识读本：福柯》

《生命政治的诞生》   《主体解释学》

《主体性与真相》   《说真话的勇气》

《知识考古学》   《什么是批判》

《自我技术》   《最伟大的思想家：福柯》

鲍德里亚

《消费社会》

凡勃伦

《有闲阶级论》

波伏娃

《第二性》

布迪厄

《男性统治》   《自我分析纲要》

《区分：判断力的社会批判》　　《国家精英》

《再生产》　　　　　　　　　　《继承人——大学生与文化》

《实践理论大纲》　　　　　　　《实践感》

《言语意味着什么》　　　　　　《实践理性：关于行为的理论》

《单身者舞会》　　　　　　　　《关于电视》

《科学之科学与反观性》　　　　《反思社会学导引》

《帕斯卡尔式的沉思》　　　　　《布迪厄：关键概念》

福塞尔

《格调：社会等级与生活品味》

吉登斯

《资本主义与现代社会理论》　　《社会学方法的新规则》

《现代性的后果》　　　　　　　《现代性与自我认同》

《社会的构成》　　　　　　　　《亲密关系的变革》

《社会学：批判的导论》　　　　《历史唯物主义的当代批判》

《民族—国家与暴力》　　　　　《超越左与右：激进政治的未来》

贝克

《风险社会》

贝克、吉登斯、拉什

《自反性现代化》

鲍曼

《现代性与大屠杀》　　　　　　《流动的现代性》

阿伦特

《艾希曼在耶路撒冷》　　　　　《反抗平庸之恶》

李银河

《女性主义》

赵楠柱

《82 年生的金智英》

加缪

《鼠疫》

哈贝马斯

《交往行动理论》　　　　　　　《包容他者》

《合法性危机》　　　　　　　　《公共领域的结构转型》

《重建历史唯物主义》　　　　　《最伟大的思想家：哈贝马斯》

相遇是莫大的幸运

——我的研究生读书生活

刘振兴

（武汉大学社会学院 2018 级研究生，本科毕业于本院）

突如其来的新冠肺炎疫情让原本不长的研究生生涯显得更为短暂，居家学习的日子里，时光伴随着电子屏幕的滑动无声却又匆匆地流逝，只有打开日历看到即将跳向 5 月的日期时，才猛然意识到，两年的经典阅读已经接近尾声了。

回首过去的两年，以图书馆为家，与经典为伴，在学院滋润下扎根生长，在团队的陪伴下有节奏地读书、有规律地生活。日复一日，潜心读书，平平凡凡而又极不平凡。

一

同学们大概都知道，我是全班读书最晚的同学之一。这一点，几乎每次读书汇报或"面对面"时贺老师都会提到，现在想来，竟有种莫名的怀念和感动。

2017 年本科毕业后，我到新疆生产建设兵团第五师开展了为期一年的支教活动，2018 年 7 月下旬才结束服务踏上了返程路。回家后的一个月里，爷爷生病住院，我便借此久违的假期陪伴、照顾老人了。

毕业后长达一年的时间里，我和学院彼此"失联"，直到开学前一周，我向老师咨询复学事宜，才联系到新一届班级的临时负责人，加入了新的班级 QQ 群。虽然刚入群的前几天群里一直很安静，偶尔有人发言还难免没人接话的尴尬，但于我而言，终于淡去了被抛弃的感觉，找到集体的那种兴奋与喜悦持续到了开学的前一晚。

在珞珈山学习、生活了四个年头，对那里的一切并不陌生，然而那一次，我的内心却有那么一丝丝的不安。一方面，新的班级群组建已久，还有一些人参加了暑期集体读书，总觉得大家彼此都很熟悉，唯独我是这个班级的后来者，那种感觉，就像自己是一名转校生即将面对新的环境。另一方面，那时的我还是一个"黑户"，开学后要跑几个部门办理相关手续，提交多次的宿舍申请、拨打了无数次的咨询电话也没有结果。

有句话叫"屋漏偏逢连夜雨"，如今回想起来，似乎每一年的开学季，武汉都要用雨水热烈欢迎前来报到的学生。天气就像一个爱哭鼻子的小孩，时而不分昼夜地低声呜咽，怎么哄都哄不好；时而毫无征兆地号啕大哭，让行人避之不及。那个难忘的开学季，我的鞋子换一双湿一双，就连在路边餐馆吃个饭的工夫，放在门口的新雨伞也被人顺走，换成了一把印着"某某医院专治某某疾病"几个大字的墨绿色雨伞，谁打谁拉风，谁打谁尴尬。

幸运的是，同住三环为数不多的几个男生去哪都叫上我，一起办理入学手续，一起吃饭，一起参加学院的开学典礼，让我由衷感动。也是从他们口中，我开始一点点了解这个新班级，才知道了新生读书安排，才知道了读书会，才知道大家早在 2018 年 4 月份就已经开始阅读经典，并定期汇报读书情况。去他们宿舍时，几个男生在各自的位置上俯首读书的场景也令我备受鼓舞。

在学院的开学典礼上，贺老师强调了开学后的研究生培养方式，并用一种在当时看来相当严肃的态度强调了"几不准"，和从同学们那里了解到的情况大致相同。紧随而来的是持续了整整一晚上的首次"面对面"，听大家依次汇报 4 月份以来的书单，没有读哪怕一本书的我拿着小本本写写画画，内心有点慌，又觉得自己怎么这么倒霉，刚一开学就比同学们落后了一个学期。我绞尽脑汁思考：已经输在起跑线上我如何才能迎头赶上？

现在看来，我之所以能够逐渐缩短与大部队的距离，是因为我没有经历心理上的不适应，得知研究生前两年要阅读经典后，直接"撸起袖子加油干"。在听同学们汇报的过程中，我记下了出现次数较多的书目，也为自己拟订了接下来要阅读的书单。说来自己都有点儿不敢相信，就在那个晚上，我在内心接受了一种于我而言全新的学习和生活方式，一种此前从未听说过也从未想到过的研究生生活方式。

其实临开学前，已经有老师苦口婆心地"教育"了我一番：三年的研究生时光一晃而过，中国太多的研究生上上课、跑跑腿，什么也没学到就毕业了，千万不能像他们，一定要有规划、有目标、有成长。按照老师的建议，我和另外两个同在武大读研的朋友组建了交流群，确定了包括几十本书的阅读书单，还商定了开学后一个学期要完成的其他规划……

不曾料到，我的新老师已经为我们做好了学习规划，并且是当时看来需要心无旁骛全身心投入才能完成的规划，那个晚上，我抛弃了此前的小伙伴而"单飞"了。很多时候，我们只需认准正确的方向，然后全力以赴埋首耕耘就够了，摇摆不定不过是毫无意义的时间消耗，过多的选择反而成为累赘。

二

"硬读书、读硬书"是学院倡导的读书理念，但是，硬书的阅读绝非易事。本科四年，我读过的社会学经典屈指可数，不是不想读，而是读不进去。有时满心欢喜地捧着本经典书目静坐在图书馆，结果一两个小时过去了，可能还在最初翻到的那一页一头雾水不知所以然，就连本科读过的屈指可数的几本现在看来算作入门书目的社会学著作，也是我不知道在图书馆坐了多少个半天才完成的。而今看来，读硬书没有捷径，只能埋下头硬读。

这是一个不断探索、摸索，寻找适合自己的、高效的读书方法的过程。涂尔干的《原始分类》是我研究生期间阅读的第一本社会学经典，为了早一点收获读完一本书的成就感与喜悦感，我特意选取了这本薄薄的小册子，大概花了三四天的时间阅读。然而读完的那一刻，我并未感受到预想的那种喜悦感，因为一旦合上书，我几乎说不出这本书在讲什么，再次翻看目录、查看思想逻辑的时候，才能勉强回忆起一二。

支教时的备课经验派上了用场。中国近代史曾是我最薄弱的知识板块，各种各样的时间、事件，搞得我晕头转向，不巧的是，支教期间所讲授的一大半的内容都是中国近现代史。其实，读书和备课在一定程度上是相通的，当我们试着把内容讲出来时，就会发现自己的问题所在，在接下来的读书过程中就会更有针对性，更加注重思考的过程。现在想来，我对那段时间的读书效率还算满意，因为起步晚，所以更珍惜时间，丝毫不敢松懈。

中秋节那天，一起支教的几个朋友约饭，交流发现，除了工科的每天"泡"实验室外，另外几个人文社科专业的朋友除了上课就没其他事情要做了，当听说我每天在图书馆读书时，无不感到惊讶。其实，由于边疆的特殊性，支教的一年非常劳心劳神，特定的环境让我们几个支教伙伴建立起深厚的友谊，支教结束前，我们曾约定返校后要一周聚一次，但是，我要么在图书馆读书，要么小组交流，要么集体运动，偶尔应约吃一次饭还要迟到早退，慢慢地，他们也习惯了。整个学期下来，我们只聚了两次。

研究生三年，是我们夯实专业知识努力成长成才的无比宝贵而又异常短暂的时期，只有努力扎根、努力生长，才能在收获的季节结出香甜而非苦涩的果实。转眼两年过去，一起支教的专硕小伙伴们即将毕业，我不知道这两年对他们而言意味着什么，我不敢问，也不敢深思，也许那是一个让人不愿面对的答案，一个令人心情沉重的答案。

这两年，我与社会学经典为伴，看过了《原始分类》这样的小册子，也啃完了《马克思恩格斯选集》这样的大部头，涂尔干、韦伯、齐美尔、马尔库塞、米尔斯、福柯……这些曾经只知其名的社会学家们慢慢朝我打开了大门，我也缓缓步入了他们的思想世界，就像一部西游的取经路，山重水复之时，总能柳暗花明。

曾经，我非常害怕别人问我专业是什么，每到那时，总要面临"社会学是什么？""你们都学什么？""你们毕业干什么？"等直击灵魂的拷问，虽然回答过无数次"社会学是什么"的问题，但我确信，那始终不是对方想听到的答案，因为就连我自己都不满意自己给出的答案。

而今，也许我依然不能准确地回答这个问题，但是两年的经典阅读给了我回答好这一问题的底气和信心，两年来，我无数次努力走进先贤的思想世界，无数次与经典对话，无数次思考什么是社会学……这就是学术训练的过程，这就是能力提升的过程吧。

三

都说相遇是一种缘分，在我面对成长选择的日子里，也许是缘分让我遇到了一个优秀的集体，给了我不断坚持的力量，给了我源源不断的前进动力，水涨船高，让我在过去的两年里迈着坚定的步伐，留下了青春无悔的成长轨迹。

其一，两年的研究生读书生活让我养成了良好的学习和生活习惯。研究者说 21 天能够养成一种习惯，然而，坚持早八晚十读硬书绝非易事，在一定程度上，良好习惯的养成需要监督助力，团队小伙伴们相聚图书馆，这种良好的学习氛围于我而言也是一种无形的监督，帮我养成自律的习惯。

此外，定期"面对面"交流与汇报极大地帮助我克服了学习中的拖延与散漫，提高了学习效率。每次开会交流时，也总能从同学们的热情洋溢中深受感染，从同学们手中的书单与脸上的自信中汲取接下来读书的动力。受此影响，我每天按时作息，认真读书，养成了本科期间未曾养成的好习惯。

其二，两年的研究生读书生活让我结识了一群优秀的学习伙伴。与读书小伙伴们定期小组交流、集体运动、双周论坛以及定期的"面对面"，让我成为集体中的一分子。在这个集体中，每个人都比我优秀，每个人都是我学习的好榜样，是我不断前进的动力。一年多的学习与成长，离不开小伙伴的激励。

我曾思考过一个问题：若不是集体生活，我能否在读书落后5个月的情况下迎头赶上？列举了无数种可能性后，得到的结果全都是不能。团队是一个潜力无穷的能量场，甚至无需多言，无需行动只要集体在这里，就能催人奋进、给人力量。正如小伙伴们常说的："虽然一个人走得快，但是一群人才能走得更远。"

其三，两年的研究生读书生活让我提升了专业知识能力与学术思想认识。和阅读课本记忆知识点不同，读硬书是一种奇妙的精神体验，在与经典对话之时，社会学家们引导启迪着我不断深入思考，这既是一个丰富社会学专业知识的过程，也是一个不断思考、提升思维能力的过程。两年时间，百余本社会学经典书目给了我巨大的专业自信。此外，在阅读中我养成了独立思考、理性思考的习惯，学会了面对纷繁复杂的社会现实保持理性判断，这是研究生期间获得的宝贵财富。

读书的时光是奢侈的，愈到后面愈加珍惜。社会很大，道路很多，但适合野蛮生长的"温室"永远是难得的。两年的经典阅读，成长难以估量，感恩难以言说，相遇是莫大的幸运。

阅读书单

涂尔干

《原始分类》 《社会学方法的准则》

《社会学与哲学》　　　　　　《社会分工论》

《自杀论》　　　　　　　　　《宗教生活的基本形式》

《教育思想的演进》　　　　　《职业伦理与公民道德》

《乱伦禁忌及其起源》

韦伯

《新教伦理与资本主义精神》　《中国的宗教：儒教与道教》

《印度的宗教：印度教与佛教》《宗教社会学·宗教与世界》

《学术与政治》　　　　　　　《社会学的基本概念》

《经济与历史》　　　　　　　《经济行动与社会团体》

《法律社会学》　　　　　　　《支配社会学》

《非正当性的支配》

马克思、恩格斯

《马克思恩格斯选集》第一卷　《马克思恩格斯选集》第二卷

《马克思恩格斯选集》第三卷　《马克思恩格斯选集》第四卷

《马克思的20个瞬间》（肖鹏著）

齐美尔

《货币哲学》　　　　　　　　《时尚的哲学》

《社会是如何可能的》　　　　《桥与门》

《生命直观》　　　　　　　　《金钱、性别、现代生活风格》

《叔本华与尼采》　　　　　　《宗教社会学》

《现代人与宗教》　　　　　　《社会学——关于社会化形式的研究》

过渡时期

帕累托《普通社会学纲要》　　帕累托《精英的兴衰》

曼海姆《意识形态与乌托邦》　曼海姆《重建时代的人与社会》

曼海姆《保守主义》　　　　　帕森斯《社会行动的结构》

米德《心灵、自我与社会》　　马尔库塞《爱欲与文明》

马尔库塞《单向度的人》　　　戈夫曼《日常生活中的自我呈现》

米尔斯《社会学的想象力》　　舒茨《社会世界的意义构成》

托克维尔《旧制度与大革命》　滕尼斯《共同体与社会》

福柯

《疯癫与文明》　　　　　　　《规训与惩罚》

《声名狼藉者的生活》　　　　《什么是批判》

《自我技术》　　　　　　　　《性经验史》

《临床医学的诞生》　　　　　《不正常的人》

《安全、领土与人口》　　　　　　《必须保卫社会》

布迪厄

《自我分析纲要》　　　　　　　　《男性统治》

《世界的苦难》（上）　　　　　　《世界的苦难》（下）

《实践理论大纲》

吉登斯

《社会学》　　　　　　　　　　　《民族—国家与暴力》

《社会的构成》　　　　　　　　　《社会学方法的新规则》

《现代性的后果》　　　　　　　　《第三条道路》

《超越左与右：激进政治的未来》　《资本主义与现代社会理论》

其他

拉斯韦尔《世界大战中的宣传技巧》　　洛克《政府论》

穆勒《论自由》　　　　　　　　　　斯宾塞《社会学研究》

斯宾塞《群学肄言》（严复译作）　　费孝通《乡土中国》

陈心想《走出乡土》　　　　　　　　贺雪峰《新乡土中国》

破茧成蝶，痛并快乐着

——研究生读书生活总结

周晓蓉

（武汉大学社会学院 2018 级研究生，本科毕业于中南大学）

在读研究生的这两年中，将精力和时光放在读经典中，不知不觉自己也读了近百本的社会学经典著作。简单的数字背后是我这两年来全身心的投入。读研究生的这两年是我有史以来最充实的时光，是我成长中最宝贵的财富。

一、初期：读书是一种学习任务

两年前，保研之后，像是又通过了一个关卡，每天无所事事，等待着进入硕士阶段。2018 年 3 月，学院开始要求我们阅读社会学的经典著作。想着利用这段时间认真读书，提升自己也很好。由于学院每周检查，看到其他同学每周汇报得非常认真，我也每天早早去图书馆，读了几页后又忘记了前面几页讲的是什么，觉得很难连贯起来。时间一长加上自己经常一个人去图书馆，慢慢地越来越缺乏动力，尤其是进入研究生的前一个暑假，自己读书是为了完成每周的汇报任务，回想起来有点后悔，要是能好好利用暑假，就能够更快地进入读书状态，更好地打基础了。9 月正式开始研究生生活，学院提出了严格的要求，既来之，则安之，其实给我这样自律性比较差的人提供了好的学习环境。起初，自己也是硬着头皮读经典，有时候读不懂也会很焦虑，跟同学交流发现其实不止我一个遇到这样的问题，同时讨论怎么样去解决这些问题，自己在阅读中慢慢探索，慢慢找到了阅读节奏。刚开始，每次汇报看到其他同学汇报的书单，既羡慕又焦虑，每次汇报也很不自信。既然不能提高速度，那就尽力用好每一分钟，认真思考读的内容，在自己能力范围内做到最好。回想起来，其实，只要自己全身心投入，认真思考，每天都有获得感的时候，就不会在乎读书的数量。

二、激发主体性，增长能力

两年的读书生活，三点一线，"8-10-7"的生活十分纯粹。学院每个月给我们开读书会和"面对面"，主要是在方法和方向上进行指导，更多是鼓励。同时，学院为我们创造没有顾虑的学习环境，减轻课业负担，让我们有大把的时间在图书馆自主学习。起初，能够长时间坐在图书馆更多是出于读书任务的压力和比较严格的要求，在阅读的过程中从读懂一个章节到一本书再到一个大家，自己越来越有收获，读书从一种外在的约束转化成内生的动力。读书不再是为了完成任务，而是为了在读书中获得自身的成长。学院将大量的时间交到我们手中，激发了每个人的主体性，读经典融入我们的生活，成为不可分割的一部分，读书不再是与自我割裂的一件事。今年（2020年）由于疫情的影响，我们迟迟不能返校，起初我有点焦虑，觉得在家不能读书，效率肯定很差，但开始阅读经典时，发现并没有自己想象的那般困难，疫情好转后，为了能有在学校的读书状态，我选择去家附近的新华书店，进入状态后，有时竟读得停不下来。走在回家的路上，回想自己的一天，感觉十分充实。

在读书会的集体建设上，学院给予方向上的指导，放手让我们进行探索。读书会日常的读书交流和锻炼，让我们有更多机会认识和了解每个同学，在分享中产生许多共鸣，也获得更多能量。当自己遇到问题时，和同学交流就会发现其实问题是共性的，那么自己也就没那么焦虑，同时也能够和同学们共同想出解决的办法。由于之前接触少，对每个人了解不够，集体活动时，可能就会出现摩擦。通过两次大讨论，虽然大家意见不一，也有争执，但彼此都敞开心扉将自己的意见表达出来。慢慢地，当遇到问题时，大家都减少了情绪化的表达，更多提出一些建设性的意见，更能从集体的角度去考虑问题。我想，不论是读书还是团队建设，对我们来说都是全新和未知的，在这个过程中肯定会遇到困难，但不能因此而逃避，负面情绪解决不了问题，正视困难，积极应对。

在读书中获得的能力是一种一般化的能力。我们读书不是为了记住知识，而是想通过读书训练自己，获得能力。通过有主体性的体系化的阅读、集体阅读，我们获得真正属于自己的能力。获得能力不论是在学习还是生活中，我们都可以更好地理解和解决问题。

三、要有更高的境界和理想

在读研究生期间，我遇到了武大社会学院老师及许多师兄师姐们，他们有责任感，满怀理想并为之踏实奋斗。而我从小学到大学，一直觉得好好学习，认真读书是为了将来能够找到一份工作，赚钱，过更好的生活。研究生这两年的生活，改变了自己许多想法，人生的意义不应止步于找到一份工作，而是应该拥有一份热爱的事业。这份事业是能让自己甘愿付出，持续努力，获得意义感的。意义感不是来源于外在符号、金钱或者声望，而是来源于崇高职业理想和责任，并为之踏实奋斗。很幸运能够遇到武大，遇到中心，它们为我指引方向，让我看到了自己的另一种可能，让我有了明确目标，持续的动力，并朝着这个目标努力。

阅读书单

涂尔干

《自杀论》　　　　　　　　　　　　《社会分工论》

《原始分类》　　　　　　　《宗教生活的基本形式》

《教育思想的演进》　　　　《乱伦禁忌及其起源》

《职业伦理与公民道德》　　《实用主义与社会学》

韦伯

《学术与政治》　　　　　　《新教伦理与资本主义》

《社会科学方法论》　　　　《儒教与道教》

《印度教与佛教》　　　　　《古犹太教》

《宗教社会学·宗教与世界》　《支配的类型》

《支配社会学》　　　　　　《社会学的基本概念》

《经济行动与社会团体》　　《法律社会学》

《经济与社会》

马克思、恩格斯

《资本论》全三卷　　　　　《马克思恩格斯选集》全四卷

齐美尔

《货币哲学》第一卷　　　　《货币哲学》第二卷

《货币哲学》第三卷　　　　《时尚的哲学》

《金钱、性别、现代生活风格》　《社会是如何可能的》

《生命直观》　　　　　　　《叔本华与尼采》

《桥与门》　　　　　　　　《现代人与宗教》

《宗教社会学》

帕累托

《精英的兴衰》　　　　　　《普通社会学纲要》

曼海姆

《保守主义》　　　　　　　《意识形态与乌托邦》

《重建时代的人与社会》　　《卡尔·曼海姆精粹》

舍勒

《知识社会学问题》

库利

《人类本性与社会秩序》

米德

《心灵、自我与社会》

马尔库塞

《单向度的人》　　　　　　《爱欲与文明》

勒庞

《乌合之众》

米尔斯

《社会学的想象力》　　　　　　　　《权力精英》

舒茨

《社会世界的意义构成》

戈夫曼

《污名》　　　　　　　　　　　　《日常生活的自我呈现》

科塞

《社会冲突的功能》

达伦多夫

《现代社会冲突》

布劳

《社会生活中的交换与权力》

帕森斯

《社会行动的结构》

默顿

《社会理论与社会结构》　　　　　《十七世纪英格兰的科学、技术与社会》

福柯

《疯癫与文明》　　　　　　　　　《临床医学的诞生》

《规训与惩罚》　　　　　　　　　《性经验史》

《不正常的人》　　　　　　　　　《必须保卫社会》

《安全、领土与人口》　　　　　　《生命政治的诞生》

《词与物》　　　　　　　　　　　《知识考古学》

《主体解释学》　　　　　　　　　《说真话的勇气》

布迪厄

《继承人——大学生与文化》　　　《再生产》

《实践理论大纲》　　　　　　　　《实践感》

《区分：判断力的社会批判》　　　《国家精英》

《男性统治》　　　　　　　　　　《自我分析纲要》

《单身者舞会》　　　　　　　　　《世界的苦难》

《帕斯卡尔式的沉思》

哈贝马斯

《牛津通识读本：哈贝马斯》　　　《合法化危机》

《交往行为理论》

托克维尔

《论美国的民主》

专注自我，静水深流

——我的研究生读书生活

梅子晴

（武汉大学社会学院 2018 级研究生，本科毕业于本院）

回顾读书生活的这两年，一幕幕场景仿佛尚在眼前。许多人和事，都在这两年不断激励着我、鼓舞着我。从我个人的角度，如果说本科生活是汹涌的海洋，时刻在校园生活的各个角落释放自我精力；那么研究生生活就是平静的湖泊，个体所有身心投入阅读之中。研究生生活或许简单，但沉入经典书籍之中方才窥见学海的复杂。正是在这个摒除杂念、专注自我的读书过程中，我惊喜于自己的成长，也更加珍惜现在的学生生活。

一

回想起两年半前的自己，在保研留校后进入了自我放飞的阶段。明明有着宽裕的大四时光，不必焦虑于考研或工作，除了看文献和准备毕业论文，更多的是和朋友一起挥霍最后的本科时光。在对研究生生涯取得学术成就的自我期待中，仍然没有明确的研究生规划；虽然知道研究生学术训练和本科的差异，但选择逃避式地忘记新的人生阶段即将到来的焦虑。内心的迷茫多过充实，幻想多过实践，不清楚自己的研究生生涯会如何。空想和缺乏行动是我大四开头的样子。

对于大学学习，我最早的期盼来自"大学之道，在明明德，在亲民，在止于至善"。而后深受影视动漫影响，也幻想能涉猎学科所有藏书。虽然求学以来对于"阅读"有自己的心得，但在步入大学、面对新学科和新生活的时候总是很难按部就班地完成阅读计划。在碎片化的时间里做到专注单一与静心也就更加困难。时至 2018 年的春季，我们几个保研的同学第一次正式和新任院长见面。也是在那次交谈中，让我想到了自己的学习初心，点醒了我要开始着手准备、认真对待自己的研究生学习生涯——不论毕业后想做什么，专注于经典，做好现在的事情，才能为以后打好基础。谈话的重点是阅读经典：无论在之前的本科学习阶段是否读过相应书籍，应当从当下开始投入基础阅读。之后，学院给准研究生们拉了微信群，大家开始了每个月在群里汇报书单和读书心得的规律生活。当时没有想到的是，早在正式步入研究生生涯之前所培养的这一习惯，我们可以一以贯之，一坚持就是两年多。

这两年多，我由最初的散漫转向专注，空想转向实践，逃避焦虑转向面对并解决焦虑，知识碎片化转向学科理论逻辑建构。

二

通过研究生阅读生活，如何进行经典阅读和经典阅读带来的变化有哪些是我经常反问自己的问题。关于经典阅读，需要从基础性的经典大家开始读起，需要一本接一本、一个大家接一个大家地循序渐进。它并不着重于对于书籍的字斟句酌，也不强调仿若名人名言般的记忆式存储，更多的是要在阅读过程中实现条理性的学科知识建构。对某个大家的纵向理解、大家之间的横向比较，使读者沉浸经典世界后，看到的不仅仅是经典本身的观念，还有自身体验后的反思性思考。在经历了阶段化、体系化、一致性和持续性的阅读培养后，智识的开阔与内容的融会贯通水到渠成。而经典阅读所带来的不仅是知识上的变化，也有精神上的磨砺，是学术知识性反思和更加专注的自我。尽管有些书籍是本科期间已经阅读过的，但进入个人的学科知识体系搭建版图后，结合已有的知识和硬书积累，对于旧书会产生新的思考和体验。自己的思维在日复一日的经典阅读中保持活跃，不断受到挑战，也不断获得进步。从"看山是山"到"看山不是山"，知识的吸收不仅在于阅读，还在于思考和总结。当初或许一个月只有两三本书，而到后面理解力的上升和基础的扎实建构，使得阅读效率提升，对于话题的解构视角也会更加多元。

读大学以来，我的专注给过课业，给过学生工作，给过志愿活动，却极少能给到所选专业的经典阅读。一本书往往十天半个月没法一口气读下来，不仅仅是外力的打扰，还有自己无法沉寂下来的心。所以相较于阅读，我可能更擅长"聆听"，通过听他人的学习心得去寻找社会学的学习脉络。而实际上，社会学的经典文字是需要自己去阅读体验、接触第一手资料的。因为阅读本质上是一个私人性的事情，同时是将个人带入无公共时间的事情。因为学院浓厚的学习氛围，研究生期间的学习生活并没有闲杂事务的打扰，我能够更放心地投入学习本身。在连贯性的阅读中，打扰我专注的敌人只有我自己。而研究生生活的变化是，在专注一件事时，我从需要计算着自己看手机的次数，转变为自然而然地屏蔽了外界和内心的其他想法，只是专注于手头的文字，专注于其背后的逻辑和魅力。不浮躁也不汲汲营营，专注且坚定，这种精神成为一种自律与习惯，无论是对于过去这两年，还是对于我未来的发展，都会有积极正向的影响。我想，这也是学院一直强调的经典阅读对于个人意志的益处。

三

如果说我早已习惯了大学分散式的教育，那么学院的集体培养模式则将我一下拉回到初高中时期——平和而有序，没有外力干扰的学习生活。这种培养使得每个人不仅专注于自我，也更能融入于集体生活。正是在2018年的微信群中，我开始感受到同为准研究生，身边同学早已开始的努力。因为看到了别人的努力和自律，让我转变了保研后得过且过的态度，尽管其后的那些努力中带着焦虑，但仍然慢慢培养出了经典阅读的习惯，发现了经典阅读的益处，也逐渐明确了内心的想法。

研究生以来的培养令我意识到，有规划的学习进程和分秒必争的读书毅力对于当下浮躁大学教育下的莘莘学子来说，是多么难能可贵。相较于本科阶段，研究生阶段的学术训练是更加专业化和深度发掘的过程。犹记得导师说的，研究生生活是一种苦行僧似的求学生涯。在这种苦修经典的生活中，我感受到了来自各个团体的温暖与鼓励。学院一直鼓励我们要多运动，学习之余注意身体。向来不喜欢运动的我，尽管有本科时期办理的健身卡，苦于缺乏一同前往的同伴，所以总是兴致缺缺。师门的小伙伴们却鼓励我和他们一起运动，经常相约到医学部的羽毛球场地打球。偶尔的东湖暴走也令人觉得酣畅淋漓，精神松弛。在阅读中有任何困惑和想探讨的话题，有很多的朋友同学可以互相交流解惑；也正因为彼此间的打气鼓励，会觉得这一路的阅读经历并不寂寞。此外，院里的老师也一直给我们的课程减负，提供资金购买经典书籍。尽管院里一楼的自习室是给博士生提供的，但我们硕士生过去自习院里也会放宽条件。老师们还会倾听同学们的意见，担心隔音效果不好打扰大家阅读，就专门加装小门增强隔音。一系列的小事情和小细节，让我真切感受到社会学院集体对学生的关心和照顾，也正是在这样的集体中，我才能更加自律与专心，更加觉得不能辜负老师和学院的期待。

我或许还不明确自己在研三会有什么样的机遇和走向，但过去两年多的努力却使我更加自信和有底气。阅读经典不仅是充满乐趣和成就感的过程，也是艰难和孤独的修行路。要把握住书常读常新，做到阅读过程"吾日三省吾身"，专注自我，静水深流。保持感恩的心，不虚度现在的时光，才是对自己最真诚的爱护和负责。

阅读书单

涂尔干

《自杀论》 《社会分工论》

《社会学方法的准则》 《道德教育》

《职业伦理与公民道德》 《实证主义与社会学》

《宗教生活的基本形式》 《原始分类》

《迪尔凯姆论宗教》 《乱伦禁忌及其起源》

韦伯

《中国的宗教：儒教与道教》 《新教伦理与资本主义精神》

《古犹太教》 《宗教社会学·宗教与世界》

《经济行动与社会团体》 《经济通史》

《学术与政治》

马克思

《资本论》 《共产党宣言》

恩格斯

《家庭、私有制和国家的起源》

齐美尔

《货币哲学》 《时尚的哲学》

《金钱、性别、现代生活风格》 《生命直观》

帕森斯

《社会行动的结构》

米德

《心灵、自我与社会》

曼海姆

《文化社会学论集》 《思维的结构》

《保守主义》 《意识形态与乌托邦》

舒茨

《社会世界的意义构成》

布迪厄

《男性统治》 《自我分析纲要》

《区分：判断力的社会批判》 《关于电视》

《言语意味着什么》 《实践感》

《继承人——大学生与文化》　　　《反思社会学导引》

马尔库塞

《单向度的人》

帕累托

《精英的兴衰》

默顿

《社会理论和社会结构》　　　　《十七世纪英格兰的科学、技术与社会》

戈夫曼

《日常生活中的自我呈现》　　　《污名》

福柯

《规训与惩罚》　　　　　　　　《疯癫与文明》

《性经验史》　　　　　　　　　《安全领土人口》

《惩罚的社会》　　　　　　　　《这不是一只烟斗》

《生命政治的诞生》　　　　　　《必须保卫社会》

《声名狼藉者的生活》　　　　　《自我技术》

《什么是批判》　　　　　　　　《临床医学的诞生》

《词与物》

哈贝马斯

《交往行为理论》　　　　　　　《包容他者》

《后民族结构》　　　　　　　　《合法化危机》

吉登斯

《民族—国家与暴力》　　　　　《现代性与自我认同》

《社会的构成》　　　　　　　　《失控的世界》

《现代性的后果》

科塞

《社会冲突的功能》

米尔斯

《社会学的想象力》

柏拉图

《理想国》

斯宾塞

《群学肄言》（严复译作）

鲍曼

《现代性与大屠杀》　　　　　　《流动的现代性》

《怀旧的乌托邦》　　　　　　　　《立法者与阐释者》

鲍德里亚

《消费社会》　　　　　　　　　　《象征交换与死亡》

《为何一切尚未消失》　　　　　　《符号政治经济学批判》

福山

《信任》　　　　　　　　　　　　《大断裂：人类本性与社会秩序的重建》

《政治秩序的起源》　　　　　　　《历史的终结与最后的人》

《政治秩序与政治衰败》

亚里士多德

《政治学》

卢梭

《社会契约论》

洛克

《政府论》

霍布斯

《利维坦》

托克维尔

《旧制度与大革命》

哈耶克

《通往奴役之路》

亨廷顿

《文明的冲突与世界秩序的重建》

费孝通

《乡土中国》

陈心想

《走出乡土》

读书、生活与成长

——我的 2018 到 2020

童楠楠

（华中科技大学 2018 级社会工作专硕）

曾经对读书生活的结束有着很多仪式化的想象，比如迎着初夏灿烂的阳光，在图书馆宽阔的大书桌上写下最后一段笔记，合上最后一本书，与伙伴们在去食堂的林荫道上围绕经典再做一次讨论，以此为两年多读书生涯画上一个不够完美但尚算满意的句号。如今，受疫情影响未能返校的我，坐在书桌前看着从窗台探进来的碧绿枣枝，回忆起两年来的点点滴滴，五味杂陈，有感动，有惆怅，有忐忑，更有一种面向未来跃跃欲试的兴奋。

一、读书：从偶然到习惯

阅读社会学经典于我完全是一个偶然，甚至说，我知道"社会学"这一学科也是完全偶然的。作为财经院校行政管理专业的一个本科生，应付各种考证、比赛、学生会杂务以及实习就足够让生活"充实"起来了，就算去图书馆也是完成作业和准备考试，阅读完全是一件可有可无的事，毕竟散文小说只是茶余饭后的消遣。不将太多时间浪费在吃喝玩乐上，成绩不错不挂科，能积极参与学校活动和考取各种看上去有用的证书，也算得上学习努力，积极上进，对自己很是负责了。本科最重要那些时光就消磨在这些跟风式的忙碌中，回头想想，除了一张毕业证和几个再也用不到的证书，似是而非的"能力得到锻炼"，我似乎什么也没得到。

　　转眼来到大三，半只脚迈入毕业，在对未来的迷茫和焦虑中，我也随大流找过两次实习，跑过几场招聘会，每次填写简历中"优势"一栏的时候都免不了反问自己，大学这几年我到底学会了什么，有什么成长，比其他人强在哪里？看到简历上空泛的文字描述，产生自我怀疑似乎是一种必然。而招聘会现场一身职业装的工作人员有不少是我们早几届的师兄师姐，他们的现在大概率会是我的未来，我又忍不住问自己，这就是我想要的生活吗？我给不了自己答案，只觉得更加迷茫。

　　改变的契机出现在一个平凡的下午，在欧阳老师的课堂讨论上我无意间得知她是社会学专业毕业的，说来惭愧，那是我第一次知道这个学科，后来欧阳老师还推荐了几本社会学入门书籍，好奇之下我去图书馆找来翻了翻，未曾接触过的独特社会分析和观察的视角为我打开了新世界的大门，那是我第一次正视自己的浅薄和无知，也是第一次在心里种下想要了解社会学，继续读书的火焰。决定考研后我在 2017 年的暑假走进华科，第一次旁听中国乡村治理研究中心读书会。那时的感受回想起来还是那么清晰，看着比我大不了多少的师兄师姐对那些令人望而生畏的艰涩著作侃侃而谈，意气风发的样子，除了震撼，最强烈的感受就是羡慕，对比自己的浅薄无知后想要成为他们那样的人的羡慕。这是我和中国乡村治理研究中心读书会的初遇。

　　2018 年我的考研结果并不理想，中国乡村治理研究中心大部队也从华科转入武大，超出计划的情况让我陷入迷茫，一方面是怀疑在研究生生涯第一步就折戟的我是否有能力继续走下去，另一方面，见识过那样的风景后就这样放弃未免有些遗憾。幸好有贺老师的帮助，我最终还是加入了 2018 级读书会，在武汉炎热的夏天里结识了那么多可爱的同行者。

　　如果要用一条曲线表示我两年来的读书情况，起点就是整个阅读生活的最低点。虽然有过那么多思想准备，虽然受了那么多的激励，但当我真正坐下来开始阅读经典后才发现阻碍重重。这些障碍大多来自自己，浮躁的四年本科生活既没有培养出我的阅读习惯，实际上我连文学类书籍都没读过几本，也不可能帮我养成耐得住寂寞在图书馆坐上一天的毅力。读书如同认字，头昏脑涨半天翻不了一张纸，如坐针毡恨不得每隔几分钟看一会儿手机，最初的几天里，要不是顾及面前端坐的小伙伴，我大概真的要上演"逃出图书馆"了。万事开头难，一个多月后，我居然习惯了每天在图书馆坐上十个小时的生活。虽然还会走神，但至少频率下降了；虽然阅读依旧困难，效率却也提升不少。曾经一学期甚至一学年都读不完的大部头居然能在一周之内看完，曾经只在课本里见过名字的学者，我居然也能对他的著作说出个一二三来。于是我意识到，人真的是可以改变的，行为在一段时间内不间断地被重复，就能养成习惯，然而过去我甚至没有给过自己养成一个好习惯的机会。很多事不是真的做不了，而是没有去做。都知道一分耕耘一分收获，可有几个人愿意扎根土地踏踏实实去耕耘呢，我过去不也总是希望能找到捷径，轻轻松松获得成果吗？时间越久，读的书越多，我越发懂得"笨功夫"的重要。阅读经典没有捷径，只有去"笨读书"，一点点啃下去，消化掉，重要的就是这个"笨读书"的过程。更不用说经典阅读本身就是解放思想、开阔眼界的重要途径。每一个大家都有自己独特的视角，每一次阅读都是在探索新的世界，每一次思想上的碰撞都会引发出更多的思考。

而阅读经典本身并不是目的，经典是磨砺心性、训练思维能力的工具。两年时间，从孔德到曼瑟尔，从社会学到政治学，增长的远非书单上长长的一串书目和日渐"丰腴"的笔记，而是专注力的提高，自制力的增强，是思维能力的增长。这期间不是没有疑惑，在几个月过去发现自己没有明显进步，身边伙伴却进展神速的时候，我也曾怀疑自己是否能力不行，不适合读书。也不是没想过放弃，还记得读哈贝马斯时，一本《交往行动理论》花了一个多星期依然有很多不理解的地方，内心焦躁想干脆跳过不读。但越是陡峭的山峰，翻越过后成就感越高，困难越大，克服后才更加喜悦。一次次坚定信心继续前行，一次次对经典高峰的翻越，本质上都是对自我的鞭策，是战胜自己不够好的一部分，是促进自我成长的催化剂。

二、生活：从独行到同行

我过去不是一个很合群的人，怕麻烦，逃避人情往来，喜欢一个人独处胜于成群结队，稍带点儿莫名其妙的自视甚高，朋友不多也自认为不需要很多朋友，有些幼稚和"中二病"，生活上虽然算不上四体不勤五谷不分，也好不了太多。总之毛病不少，我多少有点儿自知之明，因此得知2018级暑期读书会成员要在华科集体生活的时候还挺忐忑，担心和大家闹矛盾。谁能想到虽然见面前都还是陌生人，大家却一个比一个热情，没有我想象中的难以接近，对我的一些小毛病也很包容。即便是这样，我对团队集体归属感的建立过程也是一波三折。

从一个集体的旁观者转变为集体的建设者，我用了将近一年的时间。最初，我是集体的被动参与者。那个时候2018级读书会还是个新生集体，许多集体建设策略都参考师兄师姐的建设经验，包括进出图书馆要结伴而行，要求一起读书，去食堂要占座位一起吃饭，时不时要开个小会，等等。我总结起来就俩字：麻烦。我几乎是以完成任务的心态去做这些事。亲密关系是在日常互动中构建的，暑期集体读书还未过半，在和同学们一次次讨论的观点交锋中，在伙伴日常的关怀照顾中，在一天天增长的相处时间里，我的心态开始有了改变，这是从旁观者到自己人的改变。然而还没等我进一步转化这种心态，暑期读书结束了，2018级读书会的重心转向武大，华科只留下一个四人小分队，我们和大部队发生了脱离。

接下来的时间里我又回到了观众席，除去每期读书汇报会，我和武大小伙伴基本没有联系，对他们的状况也知之甚少，只看到表面的风平浪静，而我们四人小分队也因为各种原因难以为继。从集体读书中脱离后暴露了很多问题，没有集体的鞭策我经常会出现后继乏力、懈怠的情况，此外，交流伙伴的缺乏很容易让人钻牛角尖，一叶障目。约束是少了很多，不用等一群人吃饭占座，不用隔三岔五开小会，看上去节约了时间，但"一个人走得快，一群人走得远"。团队是指南针，是参照系，没有集体的引导和帮助，个人是很难找到正确方向并坚持走下去的。我恍然发觉团队是如此重要，伙伴间的相互扶持相互激励是我们继续走下去，继续与经典做斗争的重要驱动力。

麻城春游是第一次转折点，在这里第一次暴露出来我们团队存在的问题，大家打破表面的平静有了更深入的交流，我也在面红耳赤的争论中拉近了和伙伴的距离，从此以后，团队建设被摆到更高位置，我们华科组也与大部队有了更多交流的机会，我也开始反思我和团队的关系，我是否应该将集体看得更高一些，将自己的小心思放得更低一些，是否应该少怕麻烦，主动向团队靠拢一些？这些想法像流星一样划过我的脑海，真正发挥作用还是在第二个转折点上，在 2019 年暑期的麻城会议上，团队和个人、公与私的讨论再次被摆到桌面上。比之上一场春游的温情脉脉，这次团队建设会议"刀刀见血"，我甚至和一个伙伴起了冲突，还痛痛快快地哭了一场。在这个会议室中不仅有锋利的观点碰撞，还有歌声。在气氛紧张凝滞的会议桌前，我们的会长，一个腼腆的姑娘，用沙哑的声音为我们唱起一支歌。语言是有力量的，歌声更是，凝重的气氛在大家的合唱中被消解了。这是一次真正而彻底的观点交锋和情感流露。在每个人的自我披露中，在笑声歌声和泪水中，我感觉到，我从观众席中走到了舞台上，从一个旁观者变成参与者。

不久之后我也搬去了武大，与武大的伙伴们同进同出，在近距离接触中重新认识每一个个体。我们是那么不同，各有特点，有些性格简直称得上南辕北辙；我们又是那么相同，在同一共识和目标下聚集在一起。我们每一个人都在用自己的方式关心和建设我们的团队，一起向着未来努力。每一个伙伴都是那么优秀，那么可爱，他们是和我"距离 0.3 厘米"的亲密战友，是我前进道路上的坚实后盾。

有个可爱的伙伴曾说，"生活的意义在于与你分享意义的人"，我想，在人生道路上遇到的这群志同道合的伙伴，已然成为我人生意义的重要一部分。

三、成长：从幼稚走向成熟

两年的读书生活，是一个从幼稚逐渐向成熟靠近的过程。

网络时代的到来给了我这种幼稚鬼一个卖弄自己的好机会，只要花点心思和时间多在信息海洋里泡泡，便能将自己伪装成一个"万事通"，拿着网络上碎片化的知识向亲朋好友卖弄。越是浅薄无知的人越是妄自尊大，过去，我对着旁人或真或假的夸赞沾沾自喜自信心爆棚，而今领略的风景越丰富，看到的世界越广阔，我越能体会到自己的渺小。那种浅薄虚假的自信在经典阅读中很快就被戳破了，取而代之的是坚持阅读两年后建立的真正自信，这是靠与经典搏斗磨砺、建立在能力提升上的自信，是稳扎稳打、一步一个脚印积累起来的自信。这种自信让我有勇气走上一条我未曾设想过的道路，让我有底气去触碰理想，说出要为建设有主体性的中国社会科学贡献自己一份力量的豪言壮语。

我还记得做什么都三分钟热度，总是半途而废，缺乏自制力的自己。我有过很多爱好，手工、绘画、视频剪辑，没有一个坚持下来，还美其名曰兴趣广泛。曾经想过写文章，往往开个头就没有下文；说好要减肥，锻炼了两三天就不了了之。专注力不够，时常三心二意，效率低下。两年经典阅读对我而言就是一场修行。修身，养成了固定的生活作息，坚持运动锻炼，保持健康。修心，锻炼专注度和毅力，通过日复一日长时间的阅读磨去内心的浮躁，控制自己不被外物影响分心。真正体会到什么叫持之以恒，什么叫坚持就是胜利。花两年时间读书就能学会坚持，学会自律，天底下还有比这更划算的买卖吗？

最重要的是，我从一个得过且过、随波逐流的迷茫状态走了出来。本科期间都是别人做什么我也做什么，或者说在一个所谓"好找工作"的框架下去学习生活，别人说考证好找工作我就去考，别人参加学生会那我也加入。几年前在招聘会上到处乱窜的我找工作的标准只有两个，地点和薪资待遇，至于要做什么完全没有考虑，反正什么都不喜欢，做什么也都一样。没有自己的判断标准，只是随波逐流。而在这里，在这两年里，我不断问自己，到底什么是我想要的，我到底想要过什么样的生活，我的理想是什么，我有理想吗，我有能力实现它吗？现在我至少可以回答一个问题，我有了理想，我想走学术这条道路，我想在时代的召唤下参与到中国社会科学的建设中来。经典阅读是能力训练的基础，是实现理想的基石，我正在为此努力着。从没有主见随波逐流到找到自己的主体性确立目标，这是我两年来最大的成长。

经典阅读马上就要结束，我也要呼啸着走向田野，开始经验训练，在为数不多的阅读时光里还需再接再厉，多领略一些风景，让遗憾更少一些。回首这两年纯粹的读书时光，一路走来虽然不那么容易，却很充实。所收获的喜悦多于悲伤，欢笑多于泪水，成就感多于阅读的苦闷。我始终坚信，今天一点一滴的积累，都是建立未来的基石，未来的路或许不会那么平坦，但我已经有了面对挑战的无限勇气。

阅读书单

1. 社会学

孔德

《论实证精神》

涂尔干

《社会学方法的准则》　　　　　《原始分类》

《社会分工论》　　　　　　　　《自杀论》

《实用主义与社会学》　　　　　《宗教生活的基本形式》

《乱伦的禁忌及其起源》　　　　《教育思想的演进》

《职业伦理与公民道德》　　　　《道德教育》

《哲学讲稿》

韦伯

《社会科学方法论》 　　　　　《宗教社会学·宗教与世界》

《宗教与世界》 　　　　　　　《新教伦理与资本主义精神》

《中国的宗教：儒教与道教》 　《印度的宗教：印度教与佛教》

《古犹太教》 　　　　　　　　《学术与政治》

《人类社会经济史》 　　　　　《社会学的基本概念》

《经济行动与社会团体》 　　　《支配社会学》

《法律社会学》 　　　　　　　《非正当性的支配》

马克思、恩格斯

《共产党宣言》 　　　　　　　《社会主义从空想到科学的发展》

《路易·波拿马的雾月十八日》 《1844年经济学哲学手稿》

《资本论》全三卷 　　　　　　《马克思恩格斯选集》全四卷

齐美尔

《货币哲学》 　　　　　　　　《金钱、性别、现代生活风格》

《哲学的主要问题》 　　　　　《历史哲学问题》

《社会是如何可能的》 　　　　《叔本华与尼采》

《生命直观》 　　　　　　　　《社会学——关于社会化形式的研究》

《时尚的哲学》 　　　　　　　《宗教社会学》

《现代人与宗教》 　　　　　　《西美尔与现代性》（陈戎女著）

曼海姆

《意识形态与乌托邦》 　　　　《卡尔·曼海姆精粹》

《重建时代的人与社会》 　　　《保守主义》

舍勒

《知识社会学问题》

帕累托

《普通社会学纲要》 　　　　　《精英的兴衰》

帕森斯

《社会行动的结构》

莫顿

《社会理论和社会结构》

舒茨

《社会世界的意义构成》

米德

《心灵、自我与社会》

福柯

《规训与惩罚》 《疯癫与文明》

《不正常的人》 《性经验史》

《临床医学的诞生》 《词与物》

《知识考古学》 《必须保卫社会》

《精神疾病与心理学》 《主体解释学》

《安全、领土与人口》 《什么是批判》

哈贝马斯

《公共领域的结构转型》 《合法化危机》

《交往行为理论》第一卷 《交往行动理论》第二卷

《重建历史唯物主义》 《后民族结构》

《现代性的哲学话语》 《后形而上学思想》

《包容他者》 《关于欧洲宪法的思考》

布迪厄

《继承人——大学生与文化》 《实践理论大纲》

《实践感》 《反思社会学导引》

《再生产》 《区分：判断力的社会批判》

《单身者舞会》 《言语意味着什么》

《自我分析纲要》 《文化资本与社会炼金术》

《自由交流》 《科学之科学与反关性》

《男性统治》 《关于电视》

《国家精英》 《艺术的法则》

吉登斯

《社会学方法的新规则》 《社会理论的核心问题》

《超越左与右：激进政治的未来》 《民族—国家与暴力》

《现代性的后果》 《现代性与自我认同》

《气候变化的政治学》 《现代性——吉登斯访谈录》

《亲密关系的变革》 《失控的世界》

《第三条道路》 《资本主义与现代社会理论》

《社会的构成》 《历史唯物主义的当代批判》

科塞

《社会冲突的功能》 《理念人：一项社会学的考察》

达伦多夫

《社会冲突的功能》

塞林

《文化冲突与犯罪》

雷蒙·阿隆

《社会学主要思潮》

梁漱溟

《中国文化要义》

2. 政治学

柏拉图

《理想国》

亚里士多德

《政治学》

西塞罗

《论共和国》　　　　　　　　《论法律》

卢梭

《论人类不平等的起源和基础》　　《论法的精神》

《社会契约论》

洛克

《政府论》

诺齐克

《无政府、国家与乌托邦》

穆勒

《功利主义》　　　　　　　　《论自由》

霍布豪斯

《自由主义》

罗尔斯

《正义论》

托克维尔

《论美国的民主》　　　　　　《旧制度与大革命》

边沁

《政府片论》

亨廷顿

《文明的冲突与世界秩序的重建》

奥尔森

《集体行动的逻辑》

阿伦特

《极权主义的起源》

李普塞特

《共识与冲突》

福山

《政治秩序的起源》　　　　　　　　　《信任》

学术作为一种志业

胡朝阳

（华中农业大学 2018 级社会学学硕）

我有些惶恐地写下这个著名的演讲题目作为我的标题。按照韦伯式的理解，一种志业，而非职业，承载着神圣的使命召唤，既是甘受寂寞和枯燥的孜孜苦研，又是充满热情和灵感的陶醉体验。而读书，既是获得这一志业的途径——通过阅读了解人间疾苦、社会弊病，进而激发责任与使命；又是实现这一志业的前提——通过阅读获取知识、提升能力，不至于空谈家国情怀而力有不逮。

2018 年 4 月，经历了颇为不易的调剂、复试和录取之后，我开启了这样一段现在看来可以被视为学术生涯前奏的两年读书生活。从暑期的华科集体读书，到此后的华农读书三人组，以及每个月的读书检查汇报会，间或的读书交流，现在想来都是满满的成就与感动。两年不间断的每日读书当然是枯燥和寂寞的，但每天晚上从图书馆走出之时，这种感受却又一扫而空，代之以充实与沉甸甸的收获。这种日复一日的苦读并没有使我的读书与学术热情有所消减，反而更强了，而穿插于此间的老师的点拨与指导、同伴的帮助与鼓励，又使我有梦想也有能力成为今后中国社会科学大厦中的一块砖石。

一、"认识与兴趣"

当马克思揭露资本主义压榨无产阶级的血淋淋现实时，当恩格斯描述英国工人阶级的悲惨命运时，当米尔斯呈现底层白领的浑浑噩噩与枯燥乏味时，当马尔库塞悲痛于发达工业社会中人们的甘受奴役时，抑或当布迪厄关注底层群众所受的暴力压迫时，他们的心情一定是沉痛的，这种沉痛必然在一定程度上影响到读者。诸此种种，让我看到这个美好世界的反面，感受到了学术人肩上的沉重使命。

通过阅读，我对社会有了更深刻的认识，这种认识并不仅仅是一种生理活动，更是一种社会关怀。正如哈贝马斯在《认识与兴趣》一书中提出的，我们应当践行一种社会性的认识，将之与兴趣结合起来，不仅要重新拾起"技术的兴趣"和"实践的兴趣"，更要努力追求一种"解放的兴趣"，后者就是人类对自由、独立和主体性的兴趣，其目的在于把主体从依附于对象化的力量中解放出来。

读书带给我的，就是这样一种理想，它把兴趣与对社会的认识结合起来，上升到一种使命（这个词可以视为韦伯意义上的）的高度。这样一种理想，在2019年的暑期经过战略研讨班的熏陶，更加坚定了。我开始思索，我是否真的可以为中国未来的社会科学添砖加瓦，如果可以的话，我现在需要培养怎样的学术能力，换句话说，这必然意味着跟着读书会和团队成长自己，提升自己。

二、"共同体与社会"

借着滕尼斯的书名，我想谈一谈个人、集体与社会的关系。读书会里的老师和同学常说"一个人走得快，一群人走得远"，确实如此。个人受环境的影响太大了，如果没有人时时地拉一把，很难继续在经典阅读这条路上走到现在，尤其是对于身处武大之外的我来说更是如此。我们几个在华农，是"特立独行"者，有时候被其他同学羡慕，但更多的时候是不被理解，幸好有读书会的小伙伴作为参照系，幸好有每次读书会时贺老师不厌其烦的指点与鼓励（我依稀记得第一次汇报会时贺老师对我的鼓励"第一个月就读了这么多，内容也很好，很不错"，此后每次也均以鼓励为主），才不至于掉队。正是有 2018 级读书会这一小集体的存在，每每因事耽误了读书时间，无不感到异常惭愧；每每在读书会或交流时看到其他同学的火热状态，无不感到压力甚大；同样，当我在读书中遇到问题和困惑时，这样一个集体又会给予我支持与帮助。选择一群优秀的人作为参照系，自己也会变得优秀。

社会中的个人被社会所塑造和束缚，唯有通过坚强的集体才能摆脱束缚，甚至改造环境。有些人以为童年时许下的伟大志向慢慢随时间散去了是因为渐渐认清了现实，其实不然，他们是逐渐忘却了自己曾经的赤子之心，慢慢屈服于环境了。我曾经也是如此。当时考研的动机仅仅在于提升学历找个好工作，从来没有想过能为这个社会做点什么。无比庆幸自己偶然加入了读书会，结识了一群优秀之人，也慢慢地了解了华中乡土派这个学术团队。这样一个拥有崇高学术志向的团队一下子就吸引了我，我开始意识到自己能够加入其中，建设有主体性的中国社会科学，通过整个学术共同体的努力，让这个社会更加美好。

三、"社会学的想象力"

在理清了社会科学研究的认识与兴趣以及实现此种志向所必要的集体之后，紧接着就涉及了"社会学的想象力"这个经典的论题，我所指的无疑是研究的品质与能力。按照米尔斯的解释，社会学的想象力是一种心智品质，这种心智品质能够帮助人们运用信息、发展理性，以求清晰地概括出周边世界正在发生什么，他们自己又会遭遇到什么，进而把握人与社会、人生与历史、自我与世界之间的相互作用。作为心智品质和研究能力，社会学的想象力到底是什么众说纷纭，但无可否认的是，苦读经典和深入经验一定是获取这一能力最重要的途径。自 2018 年以来的阅读使我受益匪浅，在提升我思考问题能力的同时也丰富了我看待问题的视角和知识。

"社会学的想象力"希望我们从社会和结构的角度理解个人与自我，这是社会学研究最基本的论题。我指的是个人与社会的关系问题：涂尔干思考社会团结与社会失范，力图用职业团体来连接个人与国家；韦伯通过对宗教的探讨把个体的"祛魅"和理性发展与资本主义在西方的兴起勾连起来；齐美尔寄希望于用主体文化的发展遏制客观文化理性的入侵；布迪厄用实践感和习性说明个人与社会的"同谋"；吉登斯用"结构二重性"表达行动与结构的相互作用。诸此种种，启示我们社会科学学习者从社会及其结构的角度看待问题、解决问题。

当然不仅仅指的是一种看待问题的视角，更重要的是把"社会学的想象力"扩展为研究的品质与能力，这种品质与能力一定是通过"读硬书"日积月累而来的诸如思考与反思的品质、思维与逻辑的能力。尽管还未正式接触到实践，但以上方面的品质与能力的大幅提升我已经能有所感觉了，当与非读书会的同学一起讨论问题时，这种感觉更加明显。这是必然的，两个春秋不间断地每日十个小时的经典研读，就是两年每日十个小时的绞尽脑汁深入思考，这样的学术训练没有理由是不成功的。所谓"一万小时定律"大抵如此了。

另一个更加重要的问题是关于"主体性"的。读书是自己读，也是为自己读，读什么、怎么读都是自己的事。学习靠的是自己，时间是自己的，收获也都是自己的。有主体性地进行学习和科研，是实现学术志向的基础。

四、"说真话的勇气"

如何打通走向真理的通道，实现个人灵魂的治愈与拯救？在《说真话的勇气》中，福柯通过回到苏格拉底和犬儒主义向我们展现了一位位用生命作为赌注的伟大直言者形象，无疑福柯自己也是这一直言者的化身。尽管福柯道出的是他心目中真正哲学家的使命，但敢于直言、说真话也应当成为所有社会科学者的箴言。

在我看来，"说真话"首先意味着独立自由不依附权势的知识分子形象，正像曼海姆把知识分子这一漂泊于两分阶级之间的无所依靠的边缘人看作研究政治科学和重建社会的希望、科塞作为守门人坚守"理念人"的理念，这当然也是韦伯信奉的价值中立和坚持学术与政治分离的理想。"说真话"还意味着一种批判的使命，这是马克思对资本主义吃人本质的无情揭露，是齐美尔、米尔斯、马尔库塞等人对异化社会的担忧，是福柯对不正常人的思考和所谓理性的批判，也是布迪厄、哈贝马斯和吉登斯对社会现象和社会研究的反思性批判。

中国社会科学同样需要说真话，需要直言者，但现实中很多情况却是学术界的集体失声，或是直接套用西方理论的未经观察的作壁上观式评论，甚至是说一些别有用心的话。写到这里，我默默告诫自己，今后一定要深入基层，敢于从事批判工作，真正为底层的弱势群体发声。这里的第二层意思涉及上面提到过的"主体性"的问题。"说真话"的隐含前提在于"直言者"要有自己基于事实的见解、观点，不受环境的影响或误导。研究如此，读书也是如此，这是一脉相承的。

五、"科学的社会用途"

布迪厄在《科学的社会用途》这本小册子中的论述重点是科学场域及其中的权力形态，强调科学作为一个场域的独立自主，摆脱政治、经济场域的负面影响。我这里不打算使用布迪厄强调的本意，而仅仅探讨一个更为一般的问题，即"社会科学的用途"。吉登斯用"双重解释学"这一概念来理解社会科学不同于自然科学的作用。他认为社会科学能够参与"它们的世界"的构成过程本身，即社会科学必然要借助大量它们所研究的那些理论、概念和发现，又会返回到它们所描述的世界。从对所分析的世界的渗透来讲，社会科学实际上已经产生——而且正在造成——十分深远的实践后果。

社会科学当然对实践影响深远，但这离不开社会科学家的努力，他们中有些人仅仅作为理论家和学者对经验现象发表观点和看法，有些人则直接参与到现实的公共生活和政治生活中，典型者如韦伯、马尔库塞和吉登斯。但无论如何，学术的目的是回应现实，而非在空中楼阁中孤芳自赏。

读书也是如此。经典书籍作为"磨刀石",是学术训练的"秘密武器"。这就是说,训练性的阅读是为了提高阅读者各方面的能力,不做学究,而是面向经验。尽管有些不舍,但我已经为走出书房,走到田野去进行下一阶段训练,更进一步为践行"科学的社会用途"做好了准备。

当 2018 年 5 月我怀着忐忑的心情第一次参加并汇报自己的读书情况时,我根本不能想象两年后我的成长是如此之大。回想起两年来的阅读时光,想到的都是一些时间节点:读书会时的汇报、读完某本书时的兴奋、论坛交流时的灵感、战略研讨班的震撼……在这背后,其实都是在图书馆一字一句苦思冥想后的沉淀。若有人问我,读两年书苦吗?累吗?我的回答是"既苦也不苦,既累也不累",苦和累是必然的,但当我今天回忆起来时,想起来的既不是苦也不是累,而是满足与快乐。很多的读书生活细节已经慢慢淡去了,早期读的作品的具体内容有些也不甚清晰了,但我知道时间确是投入进去了,成长也是在不知不觉中发生了。

阅读书单

1. 社会学
涂尔干

《社会分工论》	《社会学方法的准则》
《自杀论》	《原始分类》
《宗教生活的基本形式》	《哲学讲稿》
《教育思想的演进》	《职业伦理与公民道德》
《乱伦禁忌及其起源》	《实用主义与社会学》
《孟德斯鸠与卢梭》	

韦伯

《学术与政治》	《新教伦理与资本主义精神》

《儒教与道教》　　　　　　　　　《印度教与佛教》

《古犹太教》　　　　　　　　　　《宗教社会学·宗教与世界》

《经济与历史　支配的类型》　　　《支配社会学》

《非正当性的支配》　　　　　　　《社会学的基本概念》

《经济行动与社会团体》　　　　　《法律社会学》

《社会科学方法论》

马克思、恩格斯

《资本论》全三卷　　　　　　　　《马克思恩格斯选集》全四卷

齐美尔

《货币哲学》　　　　　　　　　　《宗教社会学》

《叔本华与尼采》　　　　　　　　《哲学的主要问题》

《金钱、性别、现代生活风格》　　《现代人与宗教》

《生命直观》　　　　　　　　　　《桥与门》

《时尚的哲学》　　　　　　　　　《社会是如何可能的》

《社会学——关于社会化形式的研究》

曼海姆

《保守主义》　　　　　　　　　　《意识形态与乌托邦》

《重建时代的人与社会》　　　　　《卡尔·曼海姆精粹》

滕尼斯

《共同体与社会》　　　　　　　　《社会学引论》

《新时代的精神》

帕累托

《精英的兴衰》

米德

《心灵、自我与社会》

米尔斯

《社会学的想象力》　　　　　　　《白领：美国的中产阶级》

《权力精英》

帕森斯

《社会行动的结构》　　　　　　　《现代社会的结构与过程》

布劳

《社会生活中的交换与权力》

马尔库塞

《单向度的人》

科塞

《社会冲突的功能》　　　　　《理念人：一项社会学的考察》

戈夫曼

《日常生活中的自我呈现》　　《污名》

福柯

《疯癫与文明》　　　　　　　《规训与惩罚》

《词与物》　　　　　　　　　《临床医学的诞生》

《精神疾病与心理学》　　　　《知识考古学》

《性经验史》　　　　　　　　《惩罚的社会》

《不正常的人》　　　　　　　《必须保卫社会》

《安全、领土与人口》　　　　《生命政治的诞生》

《主体性与真相》　　　　　　《主体解释学》

《说真话的勇气》　　　　　　《什么是批判》

布迪厄

《继承人——大学生与文化》　《再生产》

《社会学家与历史学家》　　　《男性统治》

《区分：判断力的社会批判》　《实践理论大纲》

《实践感》　　　　　　　　　《遏止野火》

《国家精英》　　　　　　　　《言语意味着什么》

《实践理性：关于行为的理论》《关于电视》

《艺术的法则》　　　　　　　《帕斯卡尔氏的沉思》

《单身者舞会》　　　　　　　《文化资本与社会炼金术》

《反思社会学导引》　　　　　《海德格尔的政治存在论》

《科学的社会用途》　　　　　《科学之科学与反观性》

《自我分析纲要》

吉登斯

《资本主义与现代社会理论》　《社会学方法的新规则》

《历史唯物主义的当代批判》　《社会理论的核心问题》

《社会学：批判的导论》　　　《社会的构成》

《民族—国家与暴力》　　　　《社会理论与现代社会学》

《现代性的后果》　　　　　　《自反性现代化》

《现代性与自我认同》　　　　《亲密关系的变革》

《超越左与右：激进政治的未来》《政治学、社会学与社会理论》

《第三条道路》　　　　　　　《为社会学辩护》

《全球时代的民族国家》

哈贝马斯

《公共领域的结构转型》　　　　《作为"意识形态"的技术与科学》

《认识与兴趣》　　　　　　　　《合法化危机》

《重建历史唯物主义》　　　　　《交往行动理论》

《包容他者》　　　　　　　　　《后民族结构》

2. 政治学

霍布斯

《利维坦》

卢梭

《论人类不平等的起源和基础》　　《社会契约论》

洛克

《政府论》（下）

波齐

《国家：本质、发展与前景》

斯考切波

《国家与社会革命》

福山

《政治秩序的起源》　　　　　　《政治秩序与政治衰败》

埃文斯

《找回国家》

米格德尔

《国家权力与社会势力》　　　　《强社会与弱国家》

列宁

《列宁选集》全四卷

毛泽东

《毛泽东选集》第一至四卷

曲径读硬书，通向"磨扎特"

——我的研究生读书生活

马平瑞

（华中农业大学 2018 级社会学学硕）

2018 年 4 月，我偶然地加入读书会。从那时读涂尔干算起，已整整两年了，截至目前共计阅读了 157 本经典著作。这一路，伴随着成长的阵痛，获得感十足。

一、"磨"：打磨心态

2018 年 6 月 19 日，我提前离开本科院校，前往华科参加暑假集体读书。在 2017 级师兄师姐和同级伙伴的感染下，"8-10-7"成了常态，一种习惯。研究生入学以后，我继续保持暑期的读书状态，无限循环着从早上八点读到晚上十点（除去吃饭和休息等零碎时间），一周尽可能读七天。与阅读经典保持同步的是，心态和精神状态在逐次打磨中不断转变。

记得暑假看韦伯的《社会科学方法论》时，它让我怀疑人生，质疑自己脑子不够用，智商不在线。而韦伯的其他著作，越读越难。我当时每天都在承受精神上的暴击，备感痛苦。经过伙伴的开导和自我调整，我克服了畏难情绪，读书时不再默想"啊，好难啊，太难了"，更明白了，难读并不可怕，可怕的是让畏难成为负担，并以此为借口阻挡自己去理解作者深邃的思想；读得懂与读不懂，都是结果，与结果相比，一字一句地读、持续思考才是重点，倘若因过分在意懂与不懂而对思考熟视无睹，便本末倒置，违背了读经典的初心。

《哲学的贫困》让我产生前所未有的孤独感，那是因发现自己思想的匮乏而产生的孤独感。有一天，我梦到马克思和韦伯给我上课。我们围着火炉，马克思给我讲马克思主义，韦伯向我解释理想类型，他俩用德语交流，但我听得懂，我则用汉语说明自己的困惑。醒来后，我完全忘记了交谈的内容。起初，我很担心自己陷入这种状态而无法自拔。幸好《自然辩证法》中的"否定之否定"，让我释然。我安慰自己这是读书进入状态后，生活充实、内心充盈的另一个方面。突然，对精神孤独感的担忧便烟消云散了。

以前我是个多动分子，爱凑热闹，经常骑行到处"浪"，东瞅瞅，西看看。可是，当读经典进入状态时，我为自己开辟了个小天地。为了将来更好地认识现实社会而暂时将自己尘封起来，与世隔绝，闭关修炼，自己与自己对话。以至于我从来没有参加过华农举办的校庆、跨年晚会等活动，因为我知道：与读经典赋予我的成长相比，这些活动不仅无法带给我任何获得感，还浪费时间，不如去图书馆看书。

自从大三上了农村社会学的课，我对社会学的兴趣愈发高涨。加上支教和对老家传统文化的调查与感触，逐步确定了将来从事学术研究的志趣。在这种理想的支配下，我开始思考农村社会的发展问题。只要涉及与农村社会有关的东西，这也想了解，那也想做。甚至思考得几度失眠，思考成了负担。自从阅读经典以来，当初那种过于理想化、激情胜于实干、想得多而做得少的状态，转变成不问收获但求耕耘、放低姿态埋头苦读。思考由当初的负担转变为成长的助推器。

读过渡时期著作时，我对理论的遗忘越来越严重，又开始怀疑自己。经过贺老师和李老师的开导，我认识到有遗忘很正常，没有遗忘才不正常，没有被遗忘的，其实是精华。于是，质疑自己被勉励自己所替代。就内容而言，有些记忆犹新，很好；有些忘了，无需介怀；有些或许自以为忘记了，其实它们已进入了潜意识层面，当唤醒潜意识的契机突然来临时，它们便会悄咪咪地蹦跶出来。果然，6月份开双周论坛，在和伙伴辩论马克思的宗教理论时，很多以前未曾有过的想法突然跳了出来，这些东西是我原以为忘记了的。

看吉登斯的书时很顺畅。有一天，导师对我说："当别人说你读得好，自我感觉状态良好时，更需要反思……读得很顺，久而久之会进入舒适区，这时得增加难度，寻找突破口……如果觉得自己没有问题，就是最大的问题。"于是，我开始调整心态，认识到自己以前思考得多、反思得少。思考是对理论的逻辑性、理论所处的社会背景和时代条件等的理解过程；反思是对整个读书状态和心态的自我内省，它是连续性的，在反思的基础上再反思会形成反思性。

在没有参加 2018 年暑假集体读书活动以前，我的内心深处时常由个人主义占据，集体意识处于下风。经历了暑期读书、麻城会议等活动后，我在团队中与人相处时，集体意识占上风。

首先，暑假集体读书营造了弱化个人主义并提升集体意识的成长环境。贺老师自掏腰包给大家在华科喻园小区租了套间，从而方便了我们同吃同住、一起交流。当时，大家早起，去图书馆排队，在喻园和百景园等食堂拼桌吃饭，去喻家湖夜跑，甚是欢快充实。在我骨折后的几天，伙伴们抽出读书的宝贵时间帮我借书，打饭，还买来水果与零食。当时滕飞差点儿从校医院租来轮椅，说是要推我去图书馆。由于行动不便，我只好回家。临行那天，伙伴们早起送我去火车站，滕飞帮我办理手续，龙哥搀扶我过残疾人绿色通道，郝哥替我拎包，在他们的帮助下，我提前坐上回家的列车。通过彼此之间共享意义，集体的氛围初步改变了我对个人与他人、集体关系的处理。

其次，集体读书可以成为想象的共同体，自我约束。居家养伤期间，刚开始的前三天，我的确在养伤。可是第四天突然开始想象伙伴们埋头苦读的场景，而自己又没读，觉得心里空荡荡的。于是按照原来的节奏每天读十小时左右。空闲之际，我开始以自己为切入点，思考个人与集体的关系。我既是独立的个体，又是集体的一分子。身处集体，我得融入群体活动中去，与他者一起成长；集体之外，我不是边缘人，能够坚持主体性，自主学习，独立思考。发挥个人特性与坚持集体意识是平衡的。

此外，集体提供了批评与自我批评的机制。2019 年麻城春游和麻城会议期间，在伙伴们的感染下，我开始反省自己 2019 年的不足之处。研一上学期，能够掌握个人与集体之间的平衡；研一下学期，随着读书越来越进入状态，自己逐渐主动地与团队隔离。通过导师的教诲与伙伴的批评，我以他人为镜，直面内心深处的个人主义倾向，观照自己不恰当的所作所为，认识到既要在自己的小天地里独自成长，也要走出小天地，与团队中的其他伙伴共同进退、分担责任，一起磨合出 0.3 厘米的亲密关系。

二、"扎"：扎扎实实地苦练内功

回顾这两年的读书经历，静下心来坐冷板凳的耐力和韧劲，慢慢地磨炼而成。同时，体系化地阅读经典系统地训练了五种内功。

绞尽脑汁地写读书总结和报告，改过来改过去，看书时输入的是 A 观点，思考时想到的是 A 或 B，等把思考以文字的形式写出来时可能为 A+B+C，在汇报会、双周论坛上用口语表达出来时或许是偏离了 A 或 B 的 A'+B'。这个思维过程，有契合或偏离作者的本意，也有误解，甚至主观臆断，但是自主思考的能力潜移默化地与日俱增。除了独立思考，写读书总结会提升写作能力；汇报会上听别人讲可以培养听的能力，并在他人观点的启发下再思考；交流时发言、辩论无疑能增强语言表达能力。通过高强度的读硬书，听、说、读、写和思考这五种内功，悄无声息地得到了训练。此处我主要谈谈思考即思维能力方面。

贺老师经常强调，体系化的读经典，在于训练思维。起初，我对思维训练的认知停留在：读书时要保持思考的状态，读得懂是训练，读不懂更是种训练，思考的过程最重要。后来，我意识到：当沉浸在社会学的话语体系，与一本又一本的硬书直接对话，不仅能培养独立思考的能力，更会训练批判性思维和结构化思维，乃至转变原有的思维方式。

总览读过的硬书，大多数社会学理论存在一个共性：理论阐释具有批判性整合的过程。理论提出者赞同某大家的思想 A1，在批判其理论 A2 的基础上，借鉴其他人的若干理论 Bn，同时融入自己的独到见解 C，整合出全新的理论 C+。在大佬们思想的引领下，我绞尽脑汁，一次次理解这个逻辑论证过程，逐步训练批判性思维——既明白他者观点的合理性和逻辑自洽性，又可看到其观点的对立面、局限性和不足，甚至完善或提升局限之处。同时，我逐渐明白：批判式思考不能带有偏见，不能为了反对而反对，一棒子打死；批判的前提是得了解他人说了什么以及怎样说的；回答问题前首先得理解问题本身，等等。思考批判性的理论整合过程，也使我训练了结构化思维，看到观点的多样性和社会学的包容性，避免了一叶障目，从而既见树木，又见森林，思维的视角更宽广。

结束过渡时期的阅读后，我预感到自己的思维方式存在很大问题，可又说不清楚到底问题究竟在哪。直至读完哈贝马斯，才发觉自己阅读时存在惯性思维：当思考问题时，不由自主地偏向结构和变迁等宏观论题，很难把握住个人、自我等微观视角。思维的过程注重宏观而忽视微观，能够整体上把握理论体系而很难注重细节。读到吉登斯时我恍然大悟，原来我是站在宏观社会学的视角思考问题，宏观层面思考得越得劲，微观视角的训练就越欠缺。久而久之，思维便进入了舒适区，就像深陷沼泽，越陷越深，好在结构二重性理论对我走出思维的困境起到了重要作用。读福柯时，我又认识到上次的突破并不到位，思考仍旧倾向于宏观，幸好权力谱系学使我逐步挣脱思维的舒适区。长达 7 个月的后现代之旅，可以说是我突破惯性思维的艰难之路，是最痛苦的阶段。

思维淬变，是无心插柳柳成荫的结果。这应该是思考的力量催生了蜕变，偶然之中孕育着必然。

三、"特"：建构特色的认知体系

自我认知方面，除了认识到自己心态的转变，还搞明白了自己缺乏什么以及如何弥补这种缺陷。阅读经典以前，我只知道自己喜欢什么且将来想做什么，却没弄清楚自己真正缺乏什么，更不知晓如何实现将来想做的事。就好比，我站在隧道的入口处，理想在隧道的出口，而我不知道如何从入口前往出口，因为我没有灯光照亮前行的路。暑假集体读书以来，我逐步认识到自己缺乏洞悉社会现实和众人众事的学科视角，缺乏既有广度又有深度的思考能力，缺乏逻辑思维能力和言简意赅的学术表达能力，等等。幸好，系统地读经典，无疑成为我弥补能力缺陷的不二法门。它指引着我在黑乎乎的隧道中前行，越走越有奔头。

另一方面，我日益认识到读经典所得到的东西，是教材和论文永远不会赋予我的。下面以教材为例。首先，通过读经典，可以了解原汁原味的理论体系，越读越有趣，越有获得感，固然读得异常困难，但是摄入的学术营养很高；教材是人为加工或筛选过的二手资料，可能以局部替代理论整体，读起来枯燥无味，营养非常少。其次，相比教材干巴巴地只罗列理论的内容或结果，读经典可以零距离感知理论的来龙去脉、逻辑推理与论证过程，不仅知其然还知其所以然。再者，读经典时总结的读书报告，是经过自己独立思考而梳理的知识体系，没有什么东西比这更适合自己。

再者，在硬书的饱和式浸泡下，我发现自己原有的思维和认知被教材所固化。幸好，阅读经典帮我解构并重构了认知体系。读经典之前，只要一提到"宗教"，我的脑子里立马跳出"宗教是唯心的，它是种虚幻"。然而，读了马克思、恩格斯的著作，我才得知自己被教材上的权威教条化了。后来，从只知其一转变成知其一二三四。涂尔干通过图腾崇拜阐述宗教，韦伯分析新教伦理与资本主义的亲和性，齐美尔的形而上学宗教观与生命宗教，这些研究一次次刷新着我对宗教的认知。鉴于以上六位大家的宗教思想错综复杂，在很多地方彼此对立或相似，我尝试着辩证容纳多种既对立又统一的思想，重塑对于宗教的认知体系。类似的情况，还有"形而上学""意识形态""现代性与现代化"……

就我来说，系统的读经典可以解放思想，开发大脑的潜力。其初衷不是为了让我变得更聪明，提高智商，而是为了训练思维，打通思维的"任督二脉"。它让我从思维小天地中走出来，畅游在多元化的思维大格局中；它也使我的思维路径从单一的线性思维转变成系统的结构化思维，能够尝试着从多角度思考问题；更重要的是，它促使我发挥主体性，做自己思维的主人，而不是被教材、大众传媒等具有导向性的工具牵着鼻子走。

为此我非常庆幸自己接受了饱和阅读法的训练，也感谢各位老师和伙伴们。

四、结语

2020 年 2 月 5 日，我结束了居家隔离，开始继续读经典。起初，读书状态没有在校期间好，每天阅读的时间不足六小时，经常回想在武汉读书和交流的场景，期盼着早点开学，情不自禁地玩手机。

后来，我暗示自己"在家学习也是学，顶多换个学习的地方而已"，并逐渐沿用以往的时间分配结构，恢复到在校时的读书状态。每天至少花八小时读书，勤思考，多动笔记录瞬间的想法，看书时远离手机。同时坚持锻炼，100 多天共运动 4584 分钟，最近又新增了早晨十公里慢跑。书看久了，偶尔也做做饭，以此活动下筋骨。

目前我在家已经待了 4 个月。这是上大学以来从来没有发生过的事。与父母和朋友日常闲聊时，我发现许多人、许多事并不是自己以前所思所想的那样，曾经很熟悉的村庄似乎有种陌生感。以前，我对村庄的关注侧重于传统文化、土地、农业等宏观层面，而对人的现实性和复杂性、人与人的交往或疏远，以及人情世故等最贴近日常生活的微观层面熟视无睹，甚至排斥对这些层面的了解和思考。然而，在与亲朋好友的交谈和自己观察的过程中，我发现乡村的人情冷暖很有趣，耐人寻味，尤其是基于人情往来的差异化行动逻辑，嵌套在乡村的秩序之中。这种转变，我将其归结为：读经典使我摆脱惯性思维，有了问题意识，看问题的视野也更加开阔。

　　两年的研究生读经典之旅，再有一个半月就要结束了。接下来，还得抓住时间的尾巴，稳扎稳打。距离呼啸着走向田野的日子，不远了！

阅读书单

1. 社会学
（1）古典社会学
涂尔干

《社会学方法的准则》	《社会分工论》
《自杀论》	《原始分类》
《宗教生活的基本形式》	《道德教育》
《职业伦理与市民道德》	

韦伯

《社会科学方法论》	《学术与政治》
《经济与历史》	《经济行动与社会团体》
《支配的类型》	《支配社会学》
《非正当性的支配——城市的类型学》	《法律社会学》
《新教伦理与资本主义精神》	《儒教与道教》
《印度的宗教：印度教与佛教》	《古犹太教》
《宗教社会学·宗教与世界》	

马克思、恩格斯

《马克思恩格斯选集》	《1844 年哲学经济学手稿》
《资本论》全三卷	《马克思恩格斯全集》第 30 卷
《马克思恩格斯格全集》第 33、34 卷	《马克思恩格斯全集》第 3 卷
《德意志意识形态》	《路德维希·费尔巴哈和德国古典哲学的终结》
《反杜林论》	《自然辩证法》
《共产党宣言》	《1848 年至 1850 年的法兰西阶级斗争》

《社会主义从空想到科学的发展》　　《马克思恩格斯论中国》
《家庭、私有制和国家的起源》

齐美尔

《社会是如何可能的》　　　　　　《货币哲学》
《时尚哲学》　　　　　　　　　　《金钱、性别、现代性生活风格》
《历史哲学的问题》　　　　　　　《哲学的主要问题》
《叔本华与尼采》　　　　　　　　《生命直观》
《宗教社会学》　　　　　　　　　《现代人与宗教》

斯宾塞

《社会静力学》

滕尼斯

《共同体与社会》　　　　　　　　《社会学引论》

舍勒

《知识社会学的问题》

曼海姆

《意识形态与乌托邦》　　　　　　《重建时代的人与社会》
《思维的结构》　　　　　　　　　《保守主义》
《卡尔·曼海姆精粹》

帕累托

《精英的兴衰》

（2）现代社会学

帕森斯

《社会行动的结构》　　　　　　　《现代社会的结构与过程》

默顿

《十七世纪英国的科学、技术与社会》　《社会学理论和社会结构》
《科学社会学》

库恩

《科学革命的结构》

米尔斯

《社会学的想象力》　　　　　　　《白领：美国的中产阶级》
《权力精英》

达伦多夫

《现代社会冲突》

科塞

《社会冲突的功能》

詹姆斯

《实用主义》

杜威

《我们如何思维》

库利

《人类本性与社会秩序》

米德

《心灵、自我与社会》

戈夫曼

《日常生活中的自我呈现》

布劳

《社会生活中的交换与权力》

柯林斯

《互动仪式链》

舒茨

《社会世界的意义构造》

马尔库塞

《单向度的人》

亚历山大

《社会学二十讲》

（3）后现代社会学

哈贝马斯

《公共领域的结构转型》	《理论和实践》
《合法化危机》	《历史唯物主义的重建》
《交往行动理论》第一卷	《交往行动理论》第二卷
《包容他者》	《后民族结构》
《现代性的哲学话语》	《后形而上学思想》

吉登斯

《社会学：批判的导论》	《为社会学辩护》
《社会学基本概念》	《社会学方法的新规则》
《社会的构成》	《资本主义社会与现代化理论》

《社会理论与现代社会》　　　　《民族—国家与暴力》

《现代性的后果》　　　　　　　《现代性与自我认同》

《自反现代性》　　　　　　　　《超越左与右：激进政治的未来》

《第三条道路》

贝克

《风险社会》

福柯

《福柯》(布朗著)　　　　　　《精神疾病与心理学》

《疯癫与文明》　　　　　　　　《临床医学的诞生》

《词与物》　　　　　　　　　　《知识考古学》

《规训与惩罚》　　　　　　　　《性经验史》

《惩罚的社会》　　　　　　　　《不正常的人》

《必须保卫社会》　　　　　　　《安全、领土与人口》

《生命政治的诞生》　　　　　　《主体解释学》

布迪厄

《继承人——大学生与文化》　　《再生产》

《区分：判断力的社会批判》　　《国家精英》

《关于电视》　　　　　　　　　《实践感》

《实践理论大纲》　　　　　　　《实践理性：关于行为的理论》

《反思社会学导引》　　　　　　《男性统治》

《文化资本与社会炼金术》　　　《单身者舞会》

《自我分析纲要》

多德

《社会理论与现代性》

弗里斯比

《现代性的碎片》

鲍曼

《后现代性及其缺憾》　　　　　《现代性与大屠杀》

英格尔斯

《人的现代化》

罗茨曼

《中国的现代化》

罗荣渠

《现代化新论》

费孝通

《乡土中国》 《生育制度》

许烺光

《祖荫下》

2. 制度经济学

凡勃伦

《有闲阶级论》

康芒斯

《制度经济学》

科斯

《企业的性质》 《社会成本问题》

《财产权利与制度变迁》

德姆塞茨

《所有权、控制与企业》

威廉姆森

《治理机制》

诺斯

《西方世界的兴起》 《经济史中的结构与变迁》

《制度、制度变迁与经济绩效》

斯科特

《组织与制度》

柯武刚等

《制度经济学：社会秩序和公共政策》

3. 政治学

柏拉图

《理想国》

亚里士多德

《政治学》

西塞罗

《国家篇·法律篇》

遇见你们，让我发现了人生的另一种可能性

李叶

（武汉大学政管学院2018级行政管理专业学硕）

两年时间在我二十多年的成长经历中，不算很长。然而，这两年时间带给我的改变却是巨大的，甚至可以说，这两年时间让我看见了人生的另一种可能性。在这两年的研究生读书生活中，我不再像大学本科时期那样过着五彩缤纷、忙忙碌碌的生活，我只专注地做两件事，读书和运动。读书，是为了训练思维；运动，是为了保持健康的身体。这两件事都是看似很枯燥、很难以长期坚持的事情，但实际上却都可以潜移默化地改变一个人。

一、初遇：心态的改变

在本科时期，我一直很迷茫，除了努力学课程知识、认真准备期末考试以保证高绩点之外，好像不知道该做些什么才好。虽然我一直忙忙碌碌地找一些事情丰富我的生活，比如学生社团工作、比赛、考证、看闲书做兼职，但是我心里却时不时会感到一阵阵焦虑。我不知道自己做这些事情的真正意义是什么，也不知道自己想要的是什么。大三的时候，我注意到了我们学院的一位"奇奇怪怪"的年轻老师——刘锐老师。在给我们上第一堂课的时候，刘老师就提出要办一个读书会，要求加入的学生每个月读一定数量的学术专著并定期汇报分享。虽然我们学院的每一位老师都强调了读学术专著的重要性，但是从没有老师提出要组织读书会。我感到很新

奇，抱着试一试的心态加入了读书会。加入读书会之后，我才发现刘老师是真的非常可敬可爱。我们每个月都会定期开一次读书汇报会，每次开会的时间都是周末，每次的会议都持续好几个小时，而且有时候有不懂的问题我们会在会议之后继续与刘老师讨论，他也非常有耐心。聊完之后，他就蹬着他的自行车呼哧呼哧地走了。每次看着他蹬着自行车离开的背影，我都会想："刘老师每次都花费那么多个人休息时间和我们一起开读书会，回答我们的问题的时候也特别有耐心，真是一位可敬的好老师啊！"这是我第一次接触中国乡村治理研究中心的老师。刘老师有一颗朴素真诚的赤子之心，他带着我迈出了我的读书生活的第一步。后来我才发现，原来中心的每个人都怀有一颗赤子之心。

2018年4月，刘老师听说我保研到了武汉大学，将我推荐给了贺老师。2018年6月28日，我参加了贺老师组织的暑期集中读书活动，与2018级读书会的小伙伴们正式见了面，开始了我的暑假集中读书生活。实际上，这是我第一次真正接触到我们的读书会。回首过去，我觉得自己非常幸运。当时，我心里并不坚定，只是贺老师给我们解决了一切障碍，住宿、吃饭问题等都解决了，我才抱着试一试的心态赶到华中科技大学参与暑期集中读书。这个小小的决定就像"蝴蝶效应"里的那只扇动翅膀的小蝴蝶一样，看似毫不起眼，却对我的整个研究生生涯，甚至整个人生产生了重大影响。

在华中科技大学集中读书的两个月里，我们大家每天一起起床、一起吃饭、一起看书、一起运动、一起讨论自己的想法和感受。俗话说："万事开头难。"在刚开始的那几天我不太适应这种每天读书十个小时的读书强度，总是没办法全身心投入地阅读，总是忍不住想开开小差、刷刷手机。不过，随着我与其他小伙伴的相互了解、相互熟悉，我慢慢融入了集体生活，也渐渐适应了大家的生活节奏，沉下心来读书好像也渐渐变得容易起来。我们好像每天都有用不完的力气，每天读十个小时书，即使读不懂也硬着头皮慢慢读，之后还可以去喻家湖环湖跑5公里。我们就像战士一样共同战斗，与自己内心的懒惰和懦弱做斗争。纵然其间偶尔有焦虑与懈怠，我们也可以通过与2017级的师兄师姐交流来解决问题，重新燃起斗志。我们这些"经典训练新手"所遇到的问题，师兄师姐们之前基本上都经历过。例如，什么问题需要给予重视、及时解决，什么问题会随着读书进度的推进自然得到改善，什么问题可以积极与同学交流、汲取经验，什么问题需要自行探索、自我反思等，这些师兄师姐们都能结合自己的经历给我们提供意见和建议。奇妙的是，师兄师姐们与我们中的大多数人是素未谋面的，他们却能非常亲切、自然地与我们交流，贴心地给我们提供各方面的帮助。我在他们身上感受到了和刘老师一样的赤子之心。

8月底，我终于在暑期集中读书的总结汇报会上第一次见到了贺老师。在汇报之前，我们观摩了2017级师兄师姐的汇报会。即使与2017级的师兄师姐们有过多次交流，在第一次和他们一起开读书汇报会的时候，我还是狠狠地被他们惊艳到了！虽然我和师兄师姐们一样都是在分享所读的内容，但是他们却可以从自己所找的切入点清晰地梳理清一部著作，甚至一个大家的主要思想，并且他们每个人的总结都带有鲜明的个人风格。师兄师姐们的那种提纲挈领的分析和我零碎拼接起来的读书报告形成了鲜明的对比，我在感到羞愧的同时，也兴奋地想成为他们闪闪发光的样子。我要变得像师兄师姐们那样！我就怀着这样的决心开启了我的研究生生活。

二、蜕变：方法正确，方向正确，持续努力

很多人都说："读书是一辈子的事情。"其实根据我们读书会对于"读书"的定义来看，这种说法是不正确的。贺老师一直强调，我们的"读书"是一种训练，是通过体系化地阅读学科经典训练自己的分析能力和逻辑思维能力。这种训练不同于那种消遣式的或单纯以获取知识为目的的读书，我们要在读研究生的两年时间内全身心投入，通过大量阅读迅速提高自己的能力，从量变引起个人能力的质变。两年训练结束后一般再没有机会进行这么纯粹的读书训练了。我们人生的下一个阶段有更多其他的事情

要做，错过了研究生阶段的两年时间，就再也找不出这么整块的、纯粹的时间进行阅读训练了，即使有时间也没办法全身心投入地读书了。我有很多高中同学和大学同学在参加工作之后表示，"真的很难再有耐心仔细地阅读一本学术专著了"。实际上，我的这些参加工作的同学已经进入了人生的下一个阶段，他们的人生任务卡已经切换到了下一张，通过阅读经典训练能力已经不是他们现阶段的人生任务了。如果想要再回过头来做原来的任务，就会耽误本阶段的任务。因此，我非常庆幸我抓住了研究生阶段的两年时间，全身心地投入经典阅读训练。

我们读书不是盲目地读，而是强调"读硬书，硬读书"。"读硬书"具体是指，我们先选择一个学科，从学科最初经典作家的经典著作开始阅读，把每一个大家的经典著作都读完，然后开始下一个大家的经典阅读，这样一家一家地往下读，读完了一个学科再换下一个学科，从而形成一个循序渐进的阅读体系。从一个学科最初的经典作家开始进行体系化阅读，可以让我们找到一个学科最初的问题，再往下读的时候，这些最初的问题会被后来的学者们反复讨论、批判发展，我们就可以在他们连续不断的讨论对话中逐渐把握问题的本质，厘清思维脉络。这个过程不但训练了我们的思维，也加深了我们对这个学科根本问题的理解。然而，"硬书"之所以能称为"硬书"，就是因为它们都很难"啃"，很多内容都需要我们全神贯注地深入思考。即使这样，我们可能还是会遇到有很多自己无法理解的问题。我读得最慢的时候，半天时间都读不完 20 页书。当时我读书的感觉是：虽然书上的每个字我都认识，但是把它们串成一句话我就不能理解其中的意思了。有时候，一句话要翻来覆去地读四五遍。这个时候，我们就需要"硬读书"。有些问题如果实在难以读懂就硬着头皮继续往下读，即使不能完全读懂也要一字一句地认真往下读，这个过程就是训练我们思维能力的过程。贺老师的比喻很生动形象："你们就是刀，经典就是磨刀石，读书的过程就是为了把你们磨成一把把锋利的刀。"

读书的事情，一个人很难坚持下去。读书要和团队一起读。贺老师经常说："一个人走得快，一群人走得远。"说到这里，我不得不比较一下我本科阶段和研究生阶段的读书状态。本科阶段，我们读书会只有每个月读书汇报会的时候见面交流，其他时间都是靠我们自己监督自己。当时，我每天给自己规定用半天时间来读书，对读书的速度并没有要求；每当我发现有某一本书太难读了就会果断选择换一本书；每当我读完一本书的时候都沾沾自喜；每当我坚持读书一段时间后，我就会找各种借口给自己"放假"。这种一个人读书的状态真的很难坚持，我经常会陷入自我满足和自我感动中。而在武大2018级研究生读书会里，我们每个小伙伴在看书的时候彼此互不干扰，在吃饭、休息的时候会相互交流书中的思想、遇到的问题、自己的状态等；如果发现有人状态不好，大家都会及时提醒并积极帮助其回归良好的读书状态。通过不断地与同学们交流，我可以避免自己陷入自我满足和自我感动中，及时把自己调整到全身心投入阅读的状态，从而督促自己持续不断地努力阅读经典。在团队中，我们更不容易走偏方向。

不过，我们2018级的团队读书氛围也不是一开始就很好的。刚开始的时候，我们的团队建设还不到位，大家都躲在自己的舒适区里，不肯直面问题、坦诚交流。2019年4月的麻城会议，是团队建设取得进展的关键事件。虽然会议过程很惊心动魄——大家都把平时积在心里的不满、对一些团队成员和整个团队的意见等开诚布公地说了出来，并发生了十分激烈的争执，但是自此以后，团队成员之间的隔阂好像就消失了，每个人都开始积极地为其他人考虑、为整个集体考虑，我们变成了一个真正的团队。当然，团队也不仅仅指我们2018级这个小集体，还有2017级的师兄师姐，还有整个华中乡土派大集体。我们的体系化经典阅读训练方法，就是前面十几届师兄师姐实践探索出来的。对于读书过程中遇到的种种困难也都有前辈的经验可以借鉴。在团队里，我们疯狂汲取师兄师姐们提供的经验方法和团队氛围，持续努力，野蛮成长！

三、发现自我：人生的另一种可能性

1. 持续努力，磨炼意志

读书和运动，这两件事是我在研究生读书生活中主要做的事情。它们都是无法在短期内看到成效，而需要坚持不懈、持续努力才能看到效果的事情。坚持做这两件事情需要顽强的意志。贺老师经常和我们开玩笑说，你就是这两年没看书，每天都坚持在图书馆里坐十个小时，两年后你也是很优秀的，因为你的意志力肯定很强。虽然是玩笑话，但是这也体现出，经典阅读训练不仅仅训练了我的思维，也锻炼了我的意志力。每天专心致志在图书馆里读十个小时经典，需要的不仅仅是用眼睛读书，更重要的是用心读书，也就是我们讲的"在状态"。这种"在状态"的读书是非常耗费脑力的，一旦习惯了这种强度的脑力劳动，磨炼出了坚韧的意志，其他的事情都变得不那么困难了。我相信，无论我将来处在哪一个人生阶段，这段时间磨炼出的意志力都将对我大有裨益。

2. 独立思考，成为有主体性的人

华中乡土派的理想是建立有主体性的中国社会科学。在此之前，我们要先成为有主体性的人。读书的过程就是在赋予我们独立思考的能力，帮助我们成为有主体性的人。以前我一直是那种传统意义上的好学生，考试一定要拿高分，老师教给我什么都要牢牢记住、奉为圭臬，课本里的知识我统统都会背下来，却很少自己提出问题进行思考。实际上，这种学习方式让我掌握了更多知识，但却不会让我变得更有能力。通过阅读经典，我持续地与学术大家交流，看他们从一些我们在生活中习以为常的现象中发现问题、提出问题，看他们提出观点又被人批判、不断打破又不断发展……我读书的时候经常会读这一家的时候觉得他说的非常有道理，读到下一家又觉得他说的也很有道理，然而他们的观点可能截然相反。我的思想就在各个大家的蹂躏中，打破了自己的条条框框，形成了自己独立思考的能力。从我不再随波逐流、焦虑浮躁地忙于实习、忙于兼职、忙于学生工作等，反而开始全身心投入地阅读经典、提升能力的时候起，我就已经

成为一个有主体性的人。

3. 心怀社会，感恩时代

当今社会的节奏非常快，社会中的人也变得越来越浮躁。大家都喜欢直接的刺激，喜欢付出了努力就立即见到成果，只愿意在对自己有利的人和事上花时间，成为一群"精致的利己主义者"。我一度以为这就是"社会人"的常态。然而，在去麻城参加战略研讨班的时候，我看到了一群积极思考社会问题、勇于承担时代使命的人。他们一方面非常重视培养学生，把学生们看作自己未来事业的接班人，一方面非常重视扎根中国社会现实搞研究，把解决社会现实问题、建设有主体性的中国社会科学作为自己的使命。这群人让我看到了"社会人"的另一种活法，看到了人生的另一种可能性。

时代给了我很多机会，而且让我遇见了你们，我太幸运，太没有资格不努力了！

阅读书单

涂尔干

《社会分工论》　　　　　　　　《社会学方法的准则》
《自杀论》　　　　　　　　　　《原始分类》
《宗教生活的基本形式》　　　　《乱伦禁忌及其起源》
《职业伦理与公民道德》　　　　《实用主义与社会学》
《道德教育》

韦伯

《新教伦理与资本主义精神》　　《经济与社会》第一卷
《经济与社会》第二卷　　　　　《以学术为业》《以政治为业》（演讲稿）
《社会学的基本概念》　　　　　《社会科学方法论》
《儒教与道教》　　　　　　　　《印度的宗教：印度教与佛教》

阿隆

《社会学主要思潮》

威特

《社会学的邀请》

马克思、恩格斯

《共产党宣言》　　　　　　　　　《工资、价格与利润》

《政治经济学批判》　　　　　　　《资本论》第一卷

《资本论》第二卷　　　　　　　　《资本论》第三卷

《马克思恩格斯选集》第一卷　　　《1844 年经济学哲学手稿》

《德意志意识形态》(节选本)　　　《马克思恩格斯选集》第一卷

《马克思恩格斯选集》第二、三、四卷(选读)

齐美尔

《货币哲学》　　　　　　　　　　《叔本华与尼采》

《哲学的主要问题》　　　　　　　《宗教社会学》

《现代人与宗教》　　　　　　　　《西美尔与现代性》(陈戎女著)

马尔库塞

《单向度的人》

帕累托

《精英的兴衰》　　　　　　　　　《普通社会学纲要》

舍勒

《知识社会学问题》

特纳

《社会学理论的结构》

米尔斯

《白领：美国的中产阶级》　　　　《社会学的想象力》

曼海姆

《保守主义》　　　　　　　　　　《意识形态与乌托邦》

《重建时代的人与社会》

滕尼斯

《共同体与社会》

戈夫曼

《污名》　　　　　　　　　　　　《日常生活中的自我呈现》

《日常接触》

曹锦清

《现代西方人生哲学》　　　　　　《平等论》

《如何研究中国》

米德

《心灵、自我与社会》

帕森斯

《社会行动的结构》

布劳

《社会生活中的交换与权力》

默顿

《社会理论和社会结构》

吉登斯

《批判的社会学导论》　　　　　　《社会理论的核心问题》

《社会的构成》　　　　　　　　　《社会学方法的新规则》

《亲密关系的变革》　　　　　　　《超越左与右：激进政治的未来》

《现代性的后果》　　　　　　　　《现代性与自我认同》

《民族—国家与暴力》

鲍德里亚

《消费社会》

布迪厄

《继承人——大学生与文化》　　　《再生产》

《单身者舞会》　　　　　　　　　《实践感》

《实践理论大纲》　　　　　　　　《实践理性》

《区分：判断力的社会批判》　　　《反思社会学导引》

《自我分析纲要》

福柯

《疯癫与文明》　　　　　　　　　《性经验史》

《词与物》　　　　　　　　　　　《知识考古学》

《规训与惩罚》

哈贝马斯

《公共领域的结构转型》　　　　　《合法性危机》

《交往行为理论》

不可思议的成长

——记我的两年读书生活

徐慧

（浙江师范大学 2018 级社会工作专硕）

两年前，第一次旁听贺老师组织的 2016 级研究生师兄师姐们的读书总结大会仿佛才过去不久。师兄师姐们丰富扎实的书单与汇报，热情阳光的精神面貌，灵动跳跃的思维状态都还在我的脑海中熠熠闪光，构成了我对"青春该有的样子"所有理解，也激起了我内心因阅读积累不足的羞愧与羡慕。

两年时间倏忽而逝，毕业将近，我的经典阅读生活也即将结束。两年来，我竟也沿着当时欣羡的师兄师姐们走过的方向，走了长长的一段路。深夜打开电脑准备对这两年自己的读书生活做一个总结，一时间有关过去的种种回忆与体验翻涌而来，感慨万千。痛并快乐着，野蛮成长着，有遗憾但无悔。这应该是两年来我最深刻也最真实的感受与总结。

一、改变的起点

经典阅读于我而言是看似平静却惊心动魄的成长旅程。然而这一切成长的历程都始于 2018 年 6 月 26 日——武汉再普通不过的一个炎热夏日。正午时分，我赶到华中科技大学参加贺老师组织的研究生暑期读书集训。最开始，我心里还怀着到未知的环境读书的焦虑与紧张，但随后这种情绪很快就在马平瑞同学来接拖着行李、满头大汗的我，以及读书会其他伙伴们热情的关心与帮助中迅速消散了。来自五湖四海、从前互不相识的同学们汇聚于华科图书馆集体读书，这是我从来都没有过的体验。那也是一段至今回想起来都觉得平凡而纯粹、深刻而难忘的读书时光。

在暑期读书集训动员大会上，第一次听到贺老师正式地介绍中心研究生读书模式。读书会同学们读的"书"不是一般的教科书，而是社会学的经典著作，是真正的"硬书"；而且中心研究生读书是系统化的读书，是集体读书，也是每一个同学有主体性的读书。而只有将这样的经典当作磨刀石，将我们自己当作需要打磨的刀，才能真正在阅读过程中经受磨砺、获得成长。

在接下来的两个月读书生活中，我更是直接感受到了系统化的经典阅读与集体化的主体性读书带给我的冲击。经典毕竟是经典，刚开始阅读经典，我就因理解问题产生了很深的挫败感。清楚地记得，我阅读的第一本西方社会学经典是涂尔干的《社会学方法的准则》。就是这一本不太厚的、一百来页的书，对于只在考研阶段看过一些相关社会学教材的我而言，总是觉得读起来非常困难。带着一股和自己较劲的心态和一定要咬牙读下来的目标，我将这本书反复读了三遍，终于觉得好像略略能明白部分内容了。由此正式开始了从涂尔干、韦伯、马克思、齐美尔等古典社会学家到帕森斯、莫顿、戈夫曼、马尔库塞等现代社会学家，再到布迪厄、福柯、吉登斯、哈贝马斯等当代社会学家这样体系化经典阅读的历程。幸运的是，暑期读书时我身处一个相互激励的集体读书氛围中。刚开始读经典，早八点到晚十点稳坐在图书馆对我的专注力与定力就是极大的考验。每当疲惫或想放松时，抬头看到坐在身边共同读书的同学正在认真阅读与思考就能马上让自己获得坚持的动力与能量。在集体读书的模式下，小伙伴们还在一起吃饭、夜跑、暴走，一起开交流会，分享读书过程中的感受、收获与困惑。在这样的环境下，每个小伙伴读书遇到的困难都得到了不同程度的解决，从而可以抛下负担继续前行。

纯粹而专注地读书，仿佛时间也会过得快起来。暑期读书集训结束时，我竟然读了八九本书，大致读完了涂尔干主要著作并且还尝试着做了一个小的总结与汇报。这是两个月前刚到武汉读书时的我无法想象的。此外，出乎我自己预料的是，两个月的经典阅读让我养成了早八晚十稳坐图书馆并且坚持体系化阅读经典的习惯。正是这一习惯，成为我之后两年坚持经典阅读的起点。

二、坚持的力量

两年的读书生活中，武汉大学中国乡村治理研究中心 2018 级研究生读书会于我而言是支柱与坐标，更是不竭的能量源泉。没有读书会，难以想象我一个人可以在这场经典阅读训练的长跑中一直坚持下来并且收获不可思议的成长。

虽然完全不再有"为什么读书"和"怎样读书"的疑问，但研究生生活正式开始之后课业安排还是占用了大量的时间。如何平衡课业与经典阅读，保持阅读专注度与连贯性就成为一个新的考验。有了之前暑期集体读经典的体验，我深信经典阅读一定能够提高自身能力并且必须在武汉之外的环境中继续坚持。为了让自己能在一个人读书的情况下获得更多坚持的力量，贺老师在武汉组织读书会时，我时常会从金华赶来参加。每次参加读书会，对我而言都是一种宝贵的"受刺激"体验。听武汉大学社会学院研究生们正在报告的书单与小结，我就有了为自己读书状态对标找差的参照系；与读书会小伙伴们交流近期读书收获、心得与困惑，我就有了解决阅读过程中遇到问题的百宝箱；聆听贺老师对小伙伴们及对我的指导与鼓励，我就有了汲取动力与能量的加油站。读书会"比学赶帮超"的氛围形成了一种无形的压力，也激发了每一位同学努力的动力。每次从读书会回到学校图书馆继续读书时，我都会感到收获了一种来自集体的心理能量，从而可以专注地投身于经典阅读并且每天坚持。

两年来，经典阅读带给我的个人体验与思考历程，也是极富魅力与吸引力的，并且成为我长期坚持的另一个关键。不得不承认，经典一般都不是易读易懂的，经典阅读的大部分时刻都是痛苦的。记不清多少次在图书馆读经典时读到几乎卡壳，也数不清多少次闭馆铃声响起的时候脑袋发胀的感觉，苦苦思考可就是想不通、读不懂、悟不透经典大家某本书里的思维与分析方式。但是，或许"读不懂"本身就是"读懂"的一个过程。齐美尔在《货币哲学》中曾说，"唯有我们不得不克服的抵抗能证明我们的力量"。在经典阅读过程中，我所看过的每一本书，所痛苦思索过的每一个点，尽管不能尽解，但却在磨砺思维的过程中，逆水行舟，点点滴滴地积累与镌刻着成长的痕迹。在经典阅读过程中，尤其是在后期的经典阅读过程中，有了前期古典社会学经典的积累，我理解社会学经典有了前后贯通的感觉，并且还能进行横纵向的比较思考，甚至有时还能突破不同大家之间言语概念的差异思考他们解释社会运行、结构、变迁等问题的分析方式异同。这可以说是较为少有的、极其令人兴奋与畅快的阅读高峰体验了。经典必须自己读了才知道。这种痛并快乐着、内心充实与确定的经典阅读体验本身就有其独特的魅力，吸引进入状态的读者不断在其中感受探索与思考带来的成就感。

三、成长的蜕变

对成长变化的反思，总是在历时性的自我比较中实现的。比较两年前的自己与如今的自己，我竟然有些不敢相信时间改变我自己的速度。从身体、思维到品格、心性，从外到内，这一段经典阅读之旅带给我的成长是丰富与多维的。

经典阅读带给我的直接变化首先是对西方社会学理论脉络与相关的理论知识有了更具体的理解与把握。更为重要的是，在阅读经典过程中，我对诸多社会学大家解释社会与分析问题的思维方式有了更多思考与探究，并在这一过程中使自己的思考与分析问题的抽象思维能力得到了锻炼。这表现在经过诸多经典的磨砺，对专业相关的文献与书籍的鉴赏力水平有较大提升；也表现在有了对经典大家建构理论思路的探索性理解，抽丝剥茧分析问题的能力也有较大增长。此外，为每天早八晚十地进行经典阅读，我还形成了规律的作息并养成了长跑的习惯，文明精神与野蛮体魄并举。

读经典的过程，也是磨砺心性品格的过程。看似只是简单地每天在图书馆里看书，实则需要笃定的目标，并且能够每天坚持，两年下来这对我的定力与专注力具有极大的提高作用。在当下这个浮躁的社会，专注纯粹的读书生活有效地隔绝了许多来自外界的诱惑与干扰，使我能够在简单的状态下修身静心，形成更多的向内思考，诚实地面对自己，接纳自己的不足，调整自己的心态，在反思中克服并改善存在的问题，成为更好的自己。回望曾经迷茫与焦虑的自己，两年后更加坚持、沉稳、自信的自己，正是经典阅读过程中慢慢发酵出的自然又惊喜的成长。

行动的价值与意义是要以实践为导向的。两年读书生活体验让我明白，读经典的意义不仅在于对个人能力的提升，更在于建设有主体性的中国社会科学的学术目标导向。在转型中国的时代大背景下，作为一个普通人文社科青年学生应该积极投身于对社会现实问题的思考与探索，为家国民族的发展贡献自己的心智。而实现这一更远大目标的基础，就在于通过经典阅读的方式，训练自己，成长自己，首先做好个人能力的积累。有了明确的方向，前进的脚步才会更踏实而有力量。

读书生活即将结束，两年里我所有的成长与收获都离不开老师与同学们的帮助、支持与鼓励。非常幸运地遇到了武汉大学中国乡村治理研究中心 2018 级研究生读书会这个大集体，经过刻苦的经典阅读，我可以成为自己曾经深深羡慕的"青春该有的样子"，经历一场如此平凡而又壮美的阅读成长之旅。如果没有贺老师对我参加读书会的接纳、鼓励与指导，没有导师对我读书成长的教诲、支持与理解，没有读书会小伙伴们在交流中对我的关心、帮助与启发，这些成长不会发生得如此自然而然又超乎想象。无限的感激最后只能凝结成一句简单的感谢。但读书会这个大集体对我的帮助与期待却永远如同一个巨大的能量场，不断激发我心怀感恩、继续前行。成长，永远在路上。

阅读书单

涂尔干

《社会分工论》 《社会学方法的准则》

《自杀论》 《原始分类》

《宗教生活的基本形式》 《乱伦禁忌及其起源》

《职业伦理与公民道德》 《实用主义与社会学》

《道德教育》

韦伯

《新教伦理与资本主义精神》 《经济与社会》第一卷

《经济与社会》第二卷 《以学术为业》《以政治为业》（演讲稿）

《社会学的基本概念》 《社会科学方法论》

《儒教与道教》 《印度的宗教：印度教与佛教》

雷蒙·阿隆

《社会学主要思潮》

乔恩·威特

《社会学的邀请》

马克思、恩格斯

《共产党宣言》 《工资、价格与利润》

《政治经济学批判》 《资本论》第一卷

《资本论》第二卷 《资本论》第三卷

《1844年经济学哲学手稿》 《德意志意识形态》（节选本）

《马克思恩格斯选集》第一卷 《马克思恩格斯选集》第二、三、四卷（选读）

齐美尔

《货币哲学》 《叔本华与尼采》

《哲学的主要问题》 《宗教社会学》

《现代人与宗教》 《西美尔与现代性》（陈戎女著）

马尔库塞

《单向度的人》

帕累托

《精英的兴衰》　　　　　　　　　《普通社会学纲要》

舍勒

《知识社会学问题》

特纳

《社会学理论的结构》

米尔斯

《白领：美国的中产阶级》　　　《社会学的想象力》

曼海姆

《保守主义》　　　　　　　　　　《意识形态与乌托邦》

《重建时代的人与社会》

滕尼斯

《共同体与社会》

戈夫曼

《污名》　　　　　　　　　　　　《日常生活中的自我呈现》

《日常接触》

曹锦清

《现代西方人生哲学》　　　　　　《平等论》

《如何研究中国》

米德

《心灵、自我与社会》

帕森斯

《社会行动的结构》

布劳

《社会生活中的交换与权力》

默顿

《社会理论和社会结构》

吉登斯

《批判的社会学导论》　　　　　　《社会理论的核心问题》

《社会的构成》　　　　　　　　　《社会学方法的新规则》

《亲密关系的变革》　　　　　　　《超越左与右：激进政治的未来》

《现代性的后果》　　　　　　　　《现代性与自我认同》

《民族—国家与暴力》

鲍德里亚

《消费社会》

布迪厄

《继承人——大学生与文化》　　《再生产》

《单身者舞会》　　　　　　　　《实践感》

《实践理论大纲》　　　　　　　《实践理性》

《区分：判断力的社会批判》　　《反思社会学导引》

《自我分析纲要》

福柯

《疯癫与文明》　　　　　　　　《性经验史》

《词与物》　　　　　　　　　　《知识考古学》

《规训与惩罚》

哈贝马斯

《公共领域的结构转型》　　　　《合法性危机》

《交往行为理论》

成长在路上

——记研究生读书生活

于洁阳

（华中科技大学法学院 2018 级法学学硕）

得知 2018 级要开始写读书总结时，身居家中的我不免有些恍惚，没想到不知不觉间这段偶然开启的读书生活要步入尾声了。回首看，这段读书生活其实来得很偶然，结束得也较仓促，但它却结结实实地扎进了我的生命里，成为我成长路上一个清晰又深刻的路标。

时间拉回到了 2018 年武汉的夏天，武汉的夏天也和它最知名的美食一样，又干又热。夏天的大太阳会烘烤地面上的一切，人若在路上走一会儿就会觉得干渴闷热，周身仿佛被罩上了透明塑料袋，越是挣扎着动弹，就越是烦躁、喘不上气。

就是在这样的夏天，我做了一个有些"上头"的决定——参加暑期读书会。其实做决定之前，我也纠结了一阵子。因为原本自己是想去个有名的景点游玩，那样既可以放松也可以为大学四年画个完满的句号，但转念一想又觉得那样很"俗"且"浪费金钱"，反倒不如去华科安安静静地读书，读书会包吃包住还有免费空调吹，岂不美哉？"文化"与"经济"因素影响了我的决定，而这个决定则影响了我整个研究生生活。

2018 年 7 月 10 日下午，我带着一大堆行李（研究生新生宿舍还未开放，所以本科四年的行李只能先搬到暑期读书的住处），顶着奋力喷火的大太阳，从地质大学前往华科。由于对华科校内不熟悉，所以当好不容易找到住处时，我已经有些中暑了，而住处还有密码锁，看着密码锁和大包小包的行李我真的是一阵恼火，甚至想着干脆回家算了，何故给自己找罪受。

不过这样的念头很快就被打消了。同样参加暑期读书的几名"先行者"在得知我到了之后，立马下来接我，虽然我们来自不同的高校、不同的省份，但是见了面却几乎没有任何距离感。我们一边相互介绍，一边共同奋力搬行李，很快就彼此熟稔起来，也正是这种真诚舒适的氛围让我打消了之前的念头并更加坚定了自己的选择。

后来人到齐了，我们便一起去南二门小巷子里吃烧烤撸串庆祝，那天晚上燕子与飞哥点了满满一桌子的菜，电风扇呼哧呼哧吹着。

之后的日子便如流水一般淌过。记得大家一起约图书馆、约食堂、约运动，记得郝哥、飞哥和龙哥在客厅里"吃瓜论英雄"，记得蓉姐、甜甜每天晚上的"天鹅臂"打卡，记得小马哥总是一个人在厨房里练书法，记得彩川做各种小甜点给大家品尝，记得图书馆的路上透着光绿莹莹的梧桐叶，记得老图二楼乱糟糟的"藏书架"……

两年前的夏天回想起来竟像放电影一样一帧一帧在脑海中浮现，鲜活清晰。当时的我万万没想到一个小小的决定竟会成为之后生活的转折点，念至此不由感慨人生或许就是这样悄无声息地展开的吧。

从2018年到2020年，两年时光虽转瞬即逝但也有迹可循，十余次读书检查汇报会，近五万字读书总结，都是成长的痕迹。时光每一天都轰隆着从我身上轧走，并留下深深的成长沟壑。因此，这篇总结既是对过往两年读书生活的总结也是对自己成长的回顾，常记常省，以求不忘来路铭记初心。

一、阅读经典，雕刻自我

暑期读书结束后，我们2018级成员参加了第一次正式的读书检查汇报会，这次会议让我对读书会以及华中乡土派这个大团队有了更为直观系统的认识。

读书会以及华中乡土派这个大团队自身有着独到的研究生培养方式，具体来说就是"两经一专"。所谓"两经"是指经典和经验，具体则是要求硕士研究生体系化阅读学科经典著作，博士阶段进行饱和经验训练；"一专"则是指"专业化研究"。"两经"与"一专"是相互承接的，其中"经典经验"训练为后续的"专业化研究"打下基础，而"专业化研究"则是"经典经验"训练的主要目标。

也就是说，我若确定加入读书会，那么首先需要面对的就是"两经"训练的第一项——两年经典阅读训练。

坦率地说，在参加暑期读书之前，我已经习惯了现有的教育方式，不论是高中的填鸭式教学还是大学的突击备考，都是我熟悉的学习节奏，同时在熟悉的学习节奏下我逐渐产生了"重结果轻过程""重技巧轻思辨""重记忆轻创造"的学习偏好，并一步一步成为课堂中的"老油条"。当然如果用布迪厄的观点来看，我的认知某种程度上也体现了我背后的社会结构以及文化资本，我这种学习偏好或许也能反映出社会局部领域的文化特点。

而暑期读书让我感受到了与以往完全不同的、更自由、更富有挑战性的学习氛围，也带引着我慢慢走出了自身的舒适圈，看到了更为生动的学术图景。基于以上种种，我选择正式加入读书会，尝试"改变"和"雕刻"自我。

加入读书会后，我便开启了经典阅读之路。所谓经典阅读当然并不是随意地读，而是有一定体系地读。从涂尔干、韦伯、马克思、齐美尔"古典四大家"到过渡时期再到哈贝马斯、福柯、布迪厄、吉登斯"后四大家"，一家一家读，一个阶段一个阶段读，这样既可以横向把握比较不同大家之间观点的差异，同时也可以纵向观察到整个历史时期学术思想的动向。

阅读经典是解放思想的重要路径。如上文所述，我的行为带着社会印记，我的思想也存在着社会惯性。以前的我接受了多少输入性知识就原封不动保存起来，知识在我印象中就只是静态的死掉的"尸体"。但是通过经典阅读，我更深刻认识到知识是活的，也应当是活的，它与客观世界相互映照，是社会的衍生物。从"古典四大家"到"后四大家"每一个学者都是根据自己所处的时代而进行的研究，他们的知识是从他们的土地中生长出来的。比如涂尔干所处的法国社会，经过了文艺复兴、宗教改革与启蒙运动，人民的思想基本得到解放，社会上自由主义风气盛行，而有关理性与知识的问题、信仰与宗教的问题、社会及政治构成基础的问题成为当时社会最受关注的三大问题。因此，涂尔干立足于当时的社会状态，选择结合生物及物理科学研究的方法来对上述问题进行回应；比如马克思所在时期的社会，资本主义发展逐渐成熟，不同阶层间的差异逐渐扩大，关于阶级与价值、自由与福利的问题则成为全社会关注的问题。基于此，马克思重新思考价值与劳动的含义并创造性地提出了"资本"这个概念……

真正的知识必然是褪生于社会的知识，是植根于大地的知识，而非虚无的束之高阁的"死物"。通过阅读经典我了解到了不同时期不同大家对时代的思考，也更好地接收到了流动性的知识，这种精神上的开拓感是无与伦比的，仿佛打破了层层壁垒从教科书的真空环境走进了真正的学术生态世界。阅读经典某种程度上解开了我过往的主观偏见与学习惯性的束缚，为我提供了更多思考的空间。

阅读经典也是锻造自身的重要方式。我来自农村，家庭本身并不富裕，因此从小我便对金钱有较强的渴望。还记得自己本科的时候找过不少兼职，但大多都是钱挣得不多时间投入却不少，人也在兼职过程中变得越来越浮躁。与此同时，在做这些兼职的时候我并没有感受到工作的意义与自身的价值，感觉自己就完全只是在为了挣钱而工作，能否挣到钱决定了我是否有价值。

但通过阅读经典，尤其是在阅读齐美尔时，我才突然意识到自己本末倒置了：我将金钱与货币作为生活的目的而追求，但事实上它只是我获取幸福生活的手段而已。

在齐美尔看来幸福是个体灵魂对外在客观存在的感知与接触，这是一种体验派的感知幸福，而货币阻碍了这种细腻的幸福体验。

因为货币具有非人格性和无色彩性，是一切东西的等价物，具有强大的夷平作用；它不仅可以夷平生产过程，将生产劳动变为无灵魂的流水量化的客观活动，还在逐渐夷平交易过程，将人与人之间的具体接触变为纯粹匿名的一般化行为，个体间的交换互动变成了纯粹的物与物之间的交换。

我们的本意是通过货币获取幸福，但是现在却逐渐陷入了永不停止的对货币的追逐中，失去了自身的稳定性、宏大性与深邃的品质。

同时就像贺老师所说的，要学着提高自己的境界，将格局放大、眼界放高，而非纠结一城一池的得失。如果自己最终的目的是追求有意义的生活，那么通往该目的的道路绝不仅仅只有金钱一条，志业才是通往该目的的坦途。

阅读经典的过程也是锤炼品性形塑身体节奏的过程。在饱和式阅读过程中须按住心、坐下去、躬下身，日日如此身体自然将这种生活默认为常规状态逐渐适应，与此同时耐受力阈值也不断提高，少了些浮躁与急功近利，多了些沉稳与诚恳纯粹。

总之，读书会是"改变自我"的平台，经典则是"雕刻自我"的利刃，它削去了浮在体内的油腻的功利主义，打通了闭塞在脑海中的垢渍般的教条主义，通过日日打磨逐渐雕刻出纯粹且能动的自我。

二、建设集体，镶嵌自我

涂尔干曾指出，个体褪生于社会，也依赖社会。个体之间存在差异，因此产生排斥与分离的现象是在所难免的，要构建一个有机的共同体就需要有共同的价值趋向，也就是说每个个体都要有主动的向心力而非离心力，否则就只是强制凝聚起来的机械的共同体。我们 2018 级读书会小集体建设的过程就很好地印证了涂尔干的理论。

一开始，2018级读书会小集体与个体成员间的张力较大。暑期结束，2018级读书会整体转移至武大，转移后，读书会成员结构也有了一定调整，一些小伙伴因为自身原因退出，同时也有一些新伙伴加入进来。但很多小伙伴"来自偶然"，也就是说在加入时其实并不是很了解读书会，所以潜意识里还是将其当作一个普通的读书社团而不是正式的有约束力的组织来对待的。这种认识就导致了个体成员与集体之间张力的产生，以至于当读书会对个体读书行为进行一定约束时，很多小伙伴否定其约束的正当性，并在心里产生对抗甚至排斥情绪。

而后，2018级读书会小集体内部开始建设，但个体成员间的差异较大，融合过程较慢。

意识到集体与成员之间的对抗张力后，最早加入读书会的几名小伙伴开始尝试组织一些集体活动，如每周读书分享会、东湖暴走与羽毛球运动，希望通过同步性的活动，增加成员间的接触，从而加强彼此的关系，促进共同体意识的形成。

但由于每个人本身的生活习惯与读书方式并不相同，甚至存在较大差异，比如有些小伙伴喜欢大家坐在一起读书，有些则喜欢自己一个人读书；还有的小伙伴很喜欢打羽毛球，有的则讨厌打羽毛球等。

总之，这些细节上的差异导致每次在组织集体活动时，就会有不同的声音出现，组织成本大，组织者的压力大；与此同时，参与者的心理成本也大，参与活动的社交压力也随之增加。慢慢地，不论是组织者还是参与者都开始疲惫，个体成员间的关系虽然得到了一定的加强，但集体内部却开始呈现出"组织者"与"参与者"两种较为割裂的状态。

这种对抗、疲惫以及割裂的状态交织在一起，在第一次麻城春游时暴发了出来。

还记得那天晚上的会议室，2018级读书会成员们虽然坐在一起，但却仿佛是分开的，随着交流的不断深入，成员们似乎默默分成了两个阵营，各自"捍卫"着自己的意愿。那天大家将自己长期以来对团队的困惑、对2018级小集体的不解以及对彼此的不满全部抛了出来，问题一个接一个，但是却难以得到有效的解答，情绪宣泄后便是长久的沉默。

自那以后，2018级读书会的建设步伐似乎就停滞了，大家仍抱有疑惑但却不再发声。第二次麻城会议算得上是一个转折点，也是对第一次麻城春游所提问题的一次全面解答。

这次会议具体又全面地解答了大家在第一次麻城春游时提出的问题，解答了成员们长久以来对团队以及集体的困惑，同时也通过了更为灵活的集体建设方案，解决了之前组织者与参与者都不满意的问题。

第二次的麻城会议不再只是2018级读书会参与，而是各个年级读书会以及整个华中乡土派都参与的盛会。在这次会议上，大家看到了真实、具体、生动的团队图景，了解了从经典阅读到经验调研再到学术研究这一完整的培养过程，同时更感受到了团队内在的凝聚力以及每个团队成员的纯粹性，领略到了更为深刻的集体魅力。

总而言之，这次麻城会议大大补足了之前的信息差，同时具体又全面地解答了大家在第一次麻城春游时提出的问题，解答了成员们长久以来对团队以及集体的困惑。趁热打铁，集体建设也紧随其后，2018级读书会内部随即对集体进行了更精细化的构建。首先是意识层面，确立了每月例行召开务虚会，务虚会主要是为了让成员多一些三观与意识上的碰撞，并在碰撞中不断提高自身的境界；其次是操作层面，明确了日常读书的要求以及体育运动的人员分配，操作层面的建设主要是为了解决大家实际读书生活中已经遇到的问题，从而建设更团结的读书共同体、生活共同体甚至事业共同体。

上述集体建设的过程是明线，与之齐驱并行的还有我探索自己与集体之间的关系的暗线。

作为团队转移武大后仍"留守"华科的一名成员，坦率地说，在2018级读书会建立后的很长一段时间里，我都没有感受过来自集体的关注。当然最多的原因还在于我自身，就像师兄师姐曾说过的："不存在边缘人员的说法，只要积极向集体靠近，那自己就是集体的中心。"正因为我心理上总将自己定义为边缘人员，自然而然就会慢慢边缘化，"心远地自偏"，从而越来越丧失向集体靠近的积极性；加之我所处的又是另一个场域，在学习与生活的过程中或多或少都会受到该场域引力的影响。里外两股力量撕扯着，慢慢地就影响到了自己的读书状态。

记得贺老师曾经在读书检查汇报会上一针见血地指出我读书状态不够生猛，并且提示我要想清楚自己的坐标系。的确，因为自己的自我边缘化，所以不知不觉间我就将自己置于两个坐标系的交叉地界，处在交叉地界的人一般能感受到两种力，一种是来自不同坐标系内部的引力，另一种则是不同坐标系之间的对抗力，而我就常常处于这两种力量的撕扯之中。

这种煎熬的状态一直持续到第二次麻城会议。在去往麻城之前我给自己下了最后通牒，即如果此次研讨班自己仍是这种状态那索性就退出团队，不做"搭便车者"浪费团队资源。

但幸好，第二次麻城会议上，集体与团队以其强大的吸引力将我从交叉地界扯了回来，随后 2018 级读书会的建设更是将我深深镶嵌在了集体内部。

在第二次麻城会议上我真正感受到了团队的力量，集体的力量——团队里每个人都在追逐着自己生活真正的幸福而非陷于追逐手段；团队成员都为共同的志业纯粹地奋斗着，这共同的志业便是团队凝结起来的核心磁力点，同时也是将我从交叉地界吸引回来的主要力量。

同时我们 2018 级读书会内部经过长时间的讨论后也解开了很多遗留问题，并随之建立了一系列行之有效的集体活动，如务虚会、双周论坛等。我在这些读书、生活行动中不断与小伙伴们接触联系，彼此之间的关系也不断叠加深描，慢慢就建立了良好的伙伴关系，而我也逐渐被镶嵌进了集体内部，作为个体和集体之间勾连了起来。

自我和集体的关系是社会科学探讨的核心命题之一。发现自我是困难的，西方通过文艺复兴解放了个体，中国也通过五四运动等一系列活动开启了民众的自我意识，但时至今日仍有许多人在探索自我的路途中迷失；镶嵌自我更是困难的，现代社会本身就是一个脱嵌化的过程，个人也不断原子化，人们逐渐成为工具性的孤独个体，如何将个体重新镶嵌在有机的共同体中已经成为新的时代诉求。

我深感幸运可以在当下社会加入到一个纯粹的非功利的社群中。读书会对我而言不仅仅是观点交换的空间，是承载着情谊的共同体，更是自我价值得以实现的重要平台。它带领着我阅读经典，雕刻自我，同时也让我切实参与了集体建设的过程，在反思和建设中获得了踏实的归属感。

三、珍惜时间、继续成长

2020 年春季学期原本是两年研究生读书生活的最后一学期，也就是大家的冲刺阶段，但是，一场疫情打乱了所有人的计划。

2020 年 1 月 23 日，武汉封城。这座我生活了六年的城市，以壮士断腕的姿态将自己封了起来。

最开始得知封城的消息，我十分震惊，总觉得不真实，直到有一天看到了舍友转发的求助信息。舍友是武汉人，她转发的是她高中同学的求助信息。舍友同学一家三口全都确诊了，女生的爸爸已经不幸离世了，而她和妈妈的情况也很不乐观，急需入院治疗。

看到求助信息的那天晚上我怎么也睡不着，这个女生的求助让我第一次感受了这场疫情的真实与可怕，同时也让我第一次认真地思考了生命意义这个问题。

我们的生命中充满了意外，比如有人会偶然加入一个充满力量的团队从而主动改变自己的生活，有人也会偶然被充满力量的病毒加入从而被迫改变自己的人生。

意外有好有坏，生命也因此充满了不确定性，我们每个人都无法确定自己明天是否会安然无恙，既然如此，生命的意义又在哪里呢？一个随时可能会跌落砸烂的苹果挂在树上的理由究竟是什么?

我想了很久,最终得到了一个可以让自己接受的答案,那就是:生命是不确定的,但是每一个我睁开眼的今天都是昨天去世的人奢望的明天。生命的意义也许就是珍惜被奢望的今天,并在每一个明天到来之前都认真地成长。

就像苹果,每一个还未曾掉落的苹果不都在尽力让自己茁壮成长吗?

作为这次疫情中的幸运儿,我拥有的每一个今天都是昨天在病床上挣扎的人曾苦苦奢求的明天,因此只希望自己可以更加珍惜幸存,珍惜时间,抓紧一切机会努力成长,希望自己可以在掉落之前沐浴更多的春光。

阅读书单

涂尔干

《社会学方法的准则》　　　　《社会分工论》
《原始分类》　　　　　　　　《自杀论》
《乱伦禁忌与起源》　　　　　《宗教生活的基本形式》
《孟德斯鸠与卢梭》　　　　　《教育思想的演进》
《道德教育》　　　　　　　　《职业伦理与公民道德》

韦伯

《学术与政治》　　　　　　　《儒教与道教》
《印度教与佛教》　　　　　　《古犹太教》
《宗教社会学·宗教与世界》　《新教伦理与资本主义精神》
《经济与历史　支配的类型》　《支配社会学》
《经济行动与社会团体》　　　《非正当性的支配》
《法律社会学》　　　　　　　《社会科学方法论》

马克思、恩格斯

《资本论》全三卷　　　　　　《共产党宣言》
《德意志意识形态》

齐美尔

《社会是如何可能的》　　　　　　　《时尚的哲学》

《桥与门》　　　　　　　　　　　　《金钱、性别、现代生活风格》

《货币哲学》　　　　　　　　　　　《现代人与宗教》

《宗教社会学》　　　　　　　　　　《叔本华与尼采》

《历史哲学问题》

波兹曼

《娱乐至死》　　　　　　　　　　　《童年的消逝》

勒庞

《乌合之众》

马尔库塞

《单向度的人》　　　　　　　　　　《爱欲与文明》

弗洛姆

《爱的艺术》

帕累托

《普通社会学纲要》　　　　　　　　《精英的兴衰》

曼海姆

《意识形态与乌托邦》

滕尼斯

《共同体与社会》

米德

《心灵、自我与社会》

布劳

《社会生活中的交换与权力》

帕森斯

《社会行动的结构》

米尔斯

《社会学的想象力》　　　　　　　　《权力精英》

科塞

《社会冲突的功能》

达伦多夫

《现代社会冲突》

哈贝马斯

《哈贝马斯精粹》　　　　　　　　　《公共领域的结构转型》

《合法化危机》　　　　　　　《重建历史唯物主义》

《交往行为理论》第一卷　　　《后形而上学》

《在事实与规范之间》　　　　《哈贝马斯》（中冈成文著）

福柯

《疯癫与文明》　　　　　　　《知识考古学》

《规训与惩罚》　　　　　　　《词与物》

《性经验史》　　　　　　　　《主体解释学》

《惩罚的社会》

刘北成

《福柯思想肖像》

布迪厄

《男性统治》　　　　　　　　《再生产》

《国家精英》　　　　　　　　《单身者舞会》

《区分：判断力的社会批判》　《反思社会学导引》

《实践理论大纲》　　　　　　《实践理性：关于行为的理论》

《关于电视》

吉登斯

《社会学：批判的导引》

柏拉图

《理想国》　　　　　　　　　《政治家篇》

《法律篇》

亚里士多德

《政治学》　　　　　　　　　《尼各马可伦理学》

西塞罗

《论法律》

马基雅维利

《君主论》

霍布斯

《利维坦》

洛克

《政府论》

波斯纳

《超越法律》　　　　　　　　《道德与法律理论的疑问》

埃里克森

《无需法律的秩序》

塔玛纳哈

《法律工具主义》

布莱克

《法律的运作行为》

瞿同祖

《中国法律与中国社会》

金观涛

《兴盛与危机》　　　　　　　　　《开放与变迁》

滋贺秀三

《家族法原理》

于海

《西方社会思想史》

费孝通

《乡土中国》　　　　　　　　　《生育制度》

孔飞力

《叫魂》

苏力

《大国宪制》

王笛

《袍哥》

许纪霖

《家国天下》

戴蒙德

《枪炮、病菌与钢铁》

摆脱贫困

——经典阅读的心路历程

游贤梅

（海南师范大学马克思主义学院 2018 级学硕）

明天和总结，永远不知道哪一个先来。在这个疫情突袭的时期，意外倒是显得平常，一切的确定好像都是在为不确定做铺垫。幻想过结束经典阅读的激动，也意识到差不多到时候了。但当这一天真的来临，内心却是五味杂陈，远不如预料的那般洒脱。

读书计划本就一再缩减，当下仍旧只能匆匆收尾，多少有点依依不舍。两年多的时间不算短，一路紧赶慢赶，遗憾终究没能避免。更让我感到迟惑的是，不知道这个遗憾是能够被弥补的偶然，还是它接下来会繁殖出一连串的遗憾，抑或整个人生其实都是遗憾的。

正因为有遗憾，书写变得小心翼翼，害怕文字遗漏哪怕一星半点的收获，又增添一些辜负的味道。事实上这种书写也注定是遗憾的。待在家中，没有办法去抚摸那些纸质经典，再好好地染上一身书香。凭着记忆，回想自己翻阅它们的场景，反复搜寻验证当时或困惑或顿悟的情绪。烈日炎炎的午后，卖力呼啸的电风扇，哦，还有一场及时的大雨。清晨、寒夜，春夏秋冬。仔细地说来，这段旅程倒也算圆满。过去的阅读时光点点滴滴，有血有肉，瞬间的回眸都能在内心掀起滔天波浪。但如今将它们反映为文字，无力感席卷而来，动态的变成静态的，有生命的变成死气沉沉的。越想挣脱越不如意，用词句掩盖这种无力的尝试，最终因无力的加深而失败。

当需要用题目来概括两年经典阅读生活的时候，我想到的是"摆脱贫困"。2020 年是一个特殊的年份，我们既遭遇生存挑战，又将迎来生存发展的胜利。站在国家和民族的角度，2020 年是脱贫攻坚决胜和全面建成小康社会的"双喜"之年。在这个历史性的时间点，我自身也处在关键期，国家和个人实现脱贫的交汇。"摆脱贫困"这一话语存在含糊不清的意义，它先是一种行为意志，然后才有可能是一种具体行为，还是说这种行为意志的确立本身就通过具体行为。作为认识和作为实践的"摆脱贫困"何为因何为果，抑或它们可能互为因果。它的整个实践过程的起点在哪里，或者说这个过程根本没有所谓的起点。问题对写作的直接影响，就是我不知道自己的这个脱贫故事应该从何处开始叙述。是从有了贫困这个事实？是从意识到了这种贫困？是从已经开始进行反抗的斗争？好像都是又好像都不是。最终选择的是呈现自己到目前为止对于贫困的漫长的认识过程，因为其中包含了所有可能的起点，也明确回答了认识和实践之间的关系。我试图以此来靠近历史和逻辑的统一。

感谢这次总结，允许我有足够的时间和空间沉浸无关紧要的遐想！

一、现实的贫困还是贫困的现实

一定有人生来就带着贫困的印记，但一定没有人自出生就能真正感知到贫困。认识贫困的这个过程，由生理及心理，随着年龄的增长和阅历的积累而不断推进。当然，在我看来这个过程并不是一条直线。甚至说，如果要对它的发展轨迹做一个略微细致的描述，那么或许是：先从无到有直至逐步上升到一个顶峰，然后从这个峰端逐步往下降低直至归零；上升的过程和下降的过程都只是总的、相对的趋势，不是绝对的，也就是说阶段间和时间点间的发展不都是一致的，还可能伴随着暂时的局部的微小的变化，包括超前和滞后；在速度、幅度上有相对的规律区分，即越靠近顶点的两边速度越快、幅度越大，反之越靠近起点和终点速度越慢、幅度越小。只有到达了这个认识贫困的峰值，才有可能实现对整个过程的认识，即知道每个阶段和时间点的真实状态及其在整个过程中的地位和作用。从实际来说，就是能够正视过去贫困的残酷现实，切身体会到改变这种贫困状况的需要，同时思考未来摆脱贫困的计划并督促自己将其付诸行动。任何坚强意志的诞生，都得益于感性和理性两者在爆发时的结合，随便哪一方程度不够都不能促使其实现。换句话说，纯粹的经历不足以成就文学，它还必须成为反思的对象，也就是经验。

我的贫困经历的确可以追溯到生命伊始。生在一个穷困潦倒的农民家庭，吃饭没有多余的筷子，屋顶还漏着雨。这个时候的贫困至少是作为一种客观事实存在。

童年时代的贫困嵌入真实世界，开始变得鲜活。就我个人而言，这个时期对贫困的认识极其复杂，大致可以分为两个不同的部分和前后四个阶段。之所以会这样，是因为这个时期我的家庭处在剧烈变动中，并由此造成我的艰难波折。两个部分其一指向家乡，具体说是渝中部的一个小村庄，其二指向父母务工所在的异乡，具体说是闽东北的一个小县城。四个阶段是我在两个地方的来去往返。最初在家乡，稚童的眼里没有贫困，只看见一个个真实的生活场景，虽然它们有着共同的贫困主题。是田间地头人们的劳作与汗水，是望着父母渐行渐远的背影，是寄宿亲戚家时的沉默害羞。后来被父母接到身边，接触另一番面貌，好奇心看到的只是不同，仍然没有贫困的概念。再是父母工作不顺重返家乡，也跟着转学回家，但是不久后父母重整旗鼓再次出走，只好留守在家重温寄宿生活。由于已经在外地适应了一段时间，又突然回到家乡，慢慢地尝到生活奔波之苦，也渐渐意识到这种奔波背后反映的两个地方好坏的对比。这个时候萌发了贫困意识，只不过小孩子更喜欢用好坏来代替说贫富。最终是父母稍微稳定后再次去往异乡。这个时候知道漂泊是自己生活的常态，并由此产生厌烦感。先前在家乡，贫困要么被平淡琐碎所覆盖，要么还没有触及内心，这种低程度认知引起的反应只是隐忍。与此不同，背井离乡尤其是在童年尾声最后一次去那个熟悉的异乡时，感受到强烈的城乡对比。这个时候开始正视现实，对贫困的认识走向最日常的话语情境，即说它带有不道德的属性，明显不是受欢迎的对象。这不光是因为贫困之下的窘迫生活，还有伴随着物质水平低下而同时出现的尊严的流失。情感层面的失落和自卑在发酵，初步变化成行为上的反抗，也就是羞于显露家境、慌乱掩饰贫困。

踏入青春期，环境改变，关于贫困的故事换了篇章。中学六年住校，集体的一致的校园生活取代家庭生活，几近成为生活的全部。高度纪律化营造出紧张氛围，也带来趋同面相。相对隔离的状态没有过多信息来源，身处封闭校园对外面的一切也都了无关心。同样的着装打扮，同样的居住空间，同样的生活节奏，同样的学习目标，让彼此之间的差异尤其是家庭背景的差异不再醒目甚至无从体现。早期阶段对贫困的认知似乎中断，也许可以说终结，因为它推翻过往直接否定了贫困这种事实。可惜这种假象没能始终持续，时间一长就被发现。贫困并没有彻底消失，而是躲藏在日常的生活背后，换了形式。也正是在这个阶段，认知中贫困的内涵开始从物质向精神扩展。反复被告知读书可以改变命运，家庭和学校都寄予希望，在它们看来学到知识就可以重写人生。但很遗憾，即便我付出了努力，也曾有段时间学业突出，却没能一直稳定。当然，这并不总是让人难过，因为这种结果我并不排斥，并且可以说是自我意识催生的。因为校园故事的简单重复与现实中学习的枯燥无聊，让我对其能改变生活的宣传信条产生怀疑。这一点最突出的表现，就是我越来越不在乎成绩。有很长一段时间都用"浪费时间"来消除反感，干得最多的事就是在自习课看课外书以及发呆冥想。应该说，这是整个贫困认识过程最早出现的一个特殊时间段。因为现在想来，当时的我已经有了反思和批判的认识萌芽，在行为上也有了较童年只是不露不显而程度稍强的反抗，即便总体看来它还是温和的。其中的主要原因来自受到强烈外在刺激，更具体是家庭的影响。父母在外发展不顺、多生矛盾，并且瞒着我，与我少有交流，我长期留守在家生出强烈孤独感和反叛心；同时，父母从不主动给我学习增加压力，但自己明显感觉到他们很在乎，成绩下降了父母说没关系，但能明显感觉到他们的失望，这种"表里不一"的方式即便是善意的也让我反感，无形中的巨大压力让我觉得自己的学习不被认可和没有意义。不过这些事情很隐秘，加上我平日也是一个听话的学生，所以表面上不易被察觉。偶尔被看到，老师也只是提醒要花更多时间精力在学习上，学习退步了，老师也只是安慰鼓励。师长的苦口婆心在初中或许还能给予我动力，在高中我虽敬重他们但已经不再能从中获得力量。中考、高考接连失利，但是自认为还勉强过得去，有点失望但心态也算平和，所以客观说是以"合格且可接受的成绩"宣告结束这场对抗贫困的斗争。本想通过学习摆脱贫困的愿望半落半成，脱贫手段得到了一定但不充分的运用。总体说来，这个阶段的贫困认知带给我三个方面的思想改变：第一，相信贫困不是顽固不化、永久固定，而是真的可以改变的，其可能的已知的方法、途径是学习；第二，意识到自己资质平平、学习一般，知道自己与别人存在差距，贫困投射在脱贫手段的不完全掌握上；第三，看到性格和学习态度的变化，发现自己已经不再是传统意义上的"好学生"，对学习和知识之于脱贫的作用存有疑虑和默然。

带着更为成熟的心智进入大学，在新大陆上继续探索贫困，认知的提升和变化程度前所未有。刚开始留有中学的余温，被惯性支配生活。熟悉的校园环境，相对规律的"三点一线"，算不上努力也算不上马虎。但是也确实有了新的东西。加入了几个社团，尝试参与志愿服务，和室友同学出游，实际过得远比中学精彩。即便读的是普通大学，但是不得不承认，它的层次和高度是中学不能相比的。老师素质很高，自己每天都在接受新的知识，好奇心再次被激发。并不排斥上课，甚至可以说对学习能够摆脱贫困又重拾了信心。这也是一个特殊时间段，因为认识不仅没有前进上升，反而退回中学时期的水平，自己消除了对学习的怀疑。其原因在于外在新环境，大学宽松的氛围和有品质的生活给人新气象，抚平焦虑变得平静。对当时的我来说，初初感知"自由"，大学真的有了神圣感。一年过去，自己适应了，心情也还愉悦。但到了二年级，心境骤变，原因是知道了大学竟然也有成绩排名、评奖评优。事先没有了解相关信息，而且在我的潜意识里大学的评价标准肯定与中学不同，所以根本没有将这些放在心上，现在想来那时是多么幼稚。所谓的综合成绩就是所有课程成绩和包括学生干部、志愿服务、各种证书和比赛获奖等在内的附加分的集合，并且后者比重不小，事实上与中学如出一辙。如果记得没错，第一年学业成绩排在年级十多名，但附加分少到可忽略不计，因此最终一无所得。虽然有段时间对大学教育感到不可思议，但现实不允许我再深入探究它的不合理性，我被失败刺痛以致冲昏头脑。这就又出现了贫困认知的特殊时间段，并且它相较于之前两个更为特殊，因为在其内部也不是统一的趋势，而是有两个不同的部分。先是认识有前进，刷新对一年级的看法，对大学教育感到失望；后是认识又下降，选择妥协、顺从和屈服。这种急速的"堕落"变化仍然是源于外在环境刺激，没有办法接受自己成绩差的现实。不能再任事情朝坏的方向发展，必须缩短与别人的差距，这成为我当时的信念。也正是这个信念，让好胜心和功利心滋生，使我往后的几年都没能真正做到纯粹。

第二年，在经过仔细考虑之后，我给自己定了目标和计划，并且为之付出努力。我发现自己实在没有兴趣竞选学生干部，也不够大胆去参加一些比赛，因此把赶上别人的希望全部寄托在学业上，要让它具有绝对优势。我的方法很简单，就是更加认真，每天早出晚归，除上课和定时参加一些志愿服务外就是自习，辗转于各个教学楼、操场以及任何安静的角落。强度非常大，自律性很强，从清晨闹钟吵醒整个宿舍到生物钟慢慢形成。事实上那时任务还不重，光是课业花不了这么多的时间和精力，我有很大一部分时间是用来看书、发呆和仰望蓝天白云。因为思政课程安排极其广泛，所以上了很多专业和通识课，课上老师都会提及或推荐阅读书目，我就自己买了一些闲看。公选了体育类课程，加强了锻炼，爱上了跑步。那是一段接近心灵和身体都在路上的时光。学年末，学院重组到了马院，又通知实行本科生导师制。当时院里有一位教社会学的女老师，因为连续上了她两门课，加上有交流，与她很投缘，觉得课好人也好。表达了想跟她学习的愿望，但是因为她不参与带学生只好作罢。学院哲学出身的老师多，印象都不错，自身也感兴趣，所以在没有任何联系的情况下也选了一位研究现象学的老师。规定可填三个，我觉得一个可能会漏掉，还得再选一个。这时，恍然想起一个师生见面会上的身影，我已经忘记他发表了什么讲话，只记得他慷慨激昂的神态、严肃夹带的幽默还有提到的农村研究。就像冥冥中被什么东西指引，鬼使神差填写了先前完全不认识的名字，又鬼使神差觉得必须把他填在前面。不确定背后的"录取"机制，总之就这样分配给王老师，感受到大学以来少有的惊喜。大学没有过多的束缚没错，但是这种广阔空间少了一点人情味，也容易让人没有方向感、安全感。有一个直接指导的老师，尤其是像王老师这样细致负责的，确实能够在一定程度上弥补。结识王老师后，经典阅读被多次强调，自己开始有意识地在这方面下功夫。虽然想坚持也一直没有放弃，但是实事求是地讲效果并不理想。其他方面倒是达成目标，成绩一年比一年好。奖项奖状积攒，不敢说成山也可说成小山丘。如梦幻泡影，好像一夜之间，我就从默默无闻没有姓名的"十八线"小学生出道成为"学霸"，享受高光时刻。如果说我有虚荣心，那么它确实被满足过。也正是这种满足，让我没有进一步反思自己，更没有为经典阅读再多做实际努力。为什么会这样？现在想来，在当时的认知里，贫困就等同于与他人的学业成绩及其外在评价差距。这种贫困认知虽然指涉精神贫困，但还停留在表面的形式，并没有深入内核实质；它虽然看到了精神财富的不足，但是并不清楚这个"不足"的具体表现。只要学业成绩分数高、奖评好，就代表完全掌握了"学习"，也就不会比别人差。这种贫困认知虽然肯定了学习对脱离贫困的作用，但却缺少了对其本身进行反思；它虽然看到了学习是脱贫的手段、工具，但是并不知道这个"学习"的内在含义。

真正开始理解"学习"和"不足"是在大学的最后一年，但这也经历了相当曲折的过程。转眼临近毕业，每个人都在思考自己的将来，为其做打算和准备。我也不例外，但不同的是多了很多意外，让这段经历犹如过山车般惊险刺激。大三下学期的时候，我确定了要考研，但是不知道去哪和读什么专业。接触了多个学科，认为可以尝试跨专业，但又觉得本专业学得也蛮有兴趣。纠结得很，翻来覆去地想，在教育学、哲学和马理论之间来回徘徊。选学校也是，都知道哪所好、有名气，但是要真正选择一个作为现在的奋斗目标以及未来的心灵寄托地时，要考虑的特别多。渐渐发现很多光鲜亮丽的标牌只适合欣赏，如果一所大学没有亲近敬爱的老师，可能它就不能真正承载理想。同样地，如果出现这样的老师应该珍惜，因为师生缘分可遇不可求。最终选择考本校继续攻读马克思主义理论，我觉得那是我用真诚和勇气作出的选择，是真正意义上的第一次在关键路口做的主动选择，是历史和理想的选择。事实上，站在现在的时间节点回头看，这个选择意味着我对贫困的斗争又往前走了一步，只不过当时自己没有意识到。这似乎也是一个特殊的时间段，因为对大学教育具体说是师生关系有了进一步反思，并且在行为上作出了有力反抗表现。起初我自己也无法分析判断，后来结合个人实际觉得原因还是外在环境影响，特殊事件赋予的特殊动能，更细说是遇到一个有影响力的"重要他人"。

随后就开始复习，先要总体熟悉考试内容，我就看了一些教材和专业试题，结果发现没有一个知识点是完全掌握的。此外，看到招生目录上定了大量教材，发现考试科目和内容太多了，就生出了无穷无尽的烦躁。这个时候开始反思过去三年的学习。自己已经作出了努力，但是仍然没有取得好的学习效果，自身有问题但学习本身也一定出了问题。至于问题到底出在哪儿自己还没有切身认识到，所以产生茫然，认识水平只有微弱的提升。如果说这个时候我还能安慰自己，想着再花时间学习复习，就能改变这种状况了。那接下来发生的事，让我已经无法自我疏解，而是陷入极度的失落。大四开学传来学校获得推免资格的消息，在同学的提醒下我慌慌张张提交了申请材料，意外地于随后获得资格，并最终用这个资格保研留校。后来走在路上碰见同学都会收到他们的祝贺，他们都说我太幸运了。

事实上，当时我并不开心，很害怕见人，完全没有觉得幸运。我感到从未有过的困扰、难受。只有我自己知道，这让我变得更敏感更自卑，往后很长一段时间直至现在也没有完全消除影响。原因是参加了两场面试。一是推免资格面试，和当时申请的同学一起参加的，由院里几位熟悉的青年教师担任评委。方式就是提问和回答，年轻老师也像年轻的学生一样内敛含蓄，问的都是简单知识和他们课上讲的内容。但是我当时真的记不得了，含糊其辞的，答得并不好，分数一般。以为就这样结束了，但后来的综评又略微高了一点点，据说是平时学业成绩拉了分。我觉得考核仓促不充分，加上面试确实不佳，总体无明显优势胜之不武。当时我就想，为什么不笔试，宁愿笔试。因为那样我就可以只对着一份试卷，怎么回答还是不回答，全凭我的心意。或许笔试相对面试的优点就是用白纸黑字来达成对自我的认可，减少人的心虚。这已经很让我难过了，没想到不久后又迎来了一场学院录取的面试。可能因为是第一年办，阵仗搞得太大了，一长排领导、老师。事先有心理准备，也想着要复习一下，但是觉得内容太多没法复习干脆直接点吧，就干瘪瘪地去了。过程太"血腥"，就像刚入江湖就遭遇刀剑横飞的武林大会，并且赤手空拳上阵打擂。总之结果一塌糊涂。全是有资历的老教师，有闲谈有专业，谈不上刁难但也有点刁钻，偏偏聊的都是我不想说、不知道和不记得的东西。我觉得太压抑了，说不出的反感，以至于情绪崩溃得哭了。

我对过去的这件事进行了不眠不休的反思。身处其中时看不到全部场景，只能从自己的视角瞥眼，但就是这冰山一角也足够锤击灵魂。自己本身也知道能力不足，但是这种"知道"程度非常低，而且人都习惯于原谅自己。只有在真正具有冲击力的场合，在封闭固定的空间，这种自我矛盾才会凸显。在小小的面试室里，感受到的不是平等，而是来自权威的轻视。这种压力的施加更像是天然形成的，是师生差异极大的学习研究阅历和身份地位带来的，它不是老师的温柔话语能够主观抹平的，也不是坐在椅子上平视就可以完全遮蔽的。得不到释放的压力只能改变方向，往自己的内心撞打。不觉得很奇怪吗？这无非就是一场考试，考过则过，不过也没有什么大不了的，生活还是会继续。但是为什么，明明我心里都清楚，但还是失控，不能不走心若无其事！应该说，随着保研程序的完成同时出现的，是我的贫困认识走到最高点。只不过要注意的是，它还只是半成品，也就是说只有纯粹情绪、感性上的爆发。

正如前面提到的，每一个特殊时间段的形成多是由于外在环境的刺激，它的贫困认识强度非常大，可以改变原有的走向。但是物极必反，越是坚强的也极容易顷刻破碎，要想不偏执，必须有另一个同样强大的东西来平衡它。真正"稳定的"毋庸置疑的贫困认识峰值离不开理性的加持。但是这里有一个问题，那就是这种理性有没有程度要求，也就是说它需不需要也达到峰值。我在前面给出过判断，即它需要达到峰值，但是写到这里，我突然又泛起了一点迟疑。当然这或许不是对自我的怀疑和否定。问题出在"理性"一词的内涵上，它本身是有不同层级的，只是日常较少区别让人习惯性认为理性就是铁板一块的东西。同时，好像也要说明，理性和感性不是绝对的区分。作为人的情感它们是共存的，就好比人不可能有两个身体，只有合体才能让它们各自拥有完全的意义。之所以在这里分别论述，是为了表达和理解更细致方便。写作就是这样，既要服务于程序技巧需要，又要不偏离事物的本来面貌，对我这样还没有能力融会贯通的学习者来说，只能多做解释尽量朝向准确。

遭遇挫败后连续半个月都意志消沉，没能真正展露笑容，沉入湖底一般的窒息感，开始怀疑自己以往的自信乐观是不是都是虚假的。人生的真实奇妙或许就在于它的残忍又仁慈，关了门又开了窗，让人坠入地狱又辐射光明。2017 年 10 月下旬，开始结缘贺老师和读书会，真正收获理性的爆发以及完整的贫困认识峰值，同时看到久违的希望。当时贺老师受邀来院里做讲座，现在想起，那天我是板着脸去板着脸走的，坐在最后面的角落，全程没有怎么说话。心里郁结太深，没有心思关注旁的，面不改色一直低头记录。但是我深知这种"平静"是表面的，事实上我的内心受到了如大厦轰然倒塌般的极大触动。主讲人有着鲜明的个性和强大的气场，没有幻灯片没有电脑甚至没有讲稿，一个人一个杯子一张桌子开讲。让人吃惊的是，竟然真不停歇地讲一两个小时，并且思路飞快逻辑不乱，写都来不及。神奇！虽然时间过了很久，但是内容我还记得，不仅因为当时记得深刻，而且因为过去的两年多一直在重温加深。不知道有没有人和我有一样的感受，有的话语、大道理，它一定要有机遇才能实现对人的启发。当然这种机遇绝不是话语的简单重复创造的，更不是话语的"新"和"旧"决定的。换句话说，如果当时的我不是我，贺老师不是贺老师，那么这些述说无论出现多少次，无论以什么样的修辞表述包装，都将不能带来任何影响。贺老师讲述的个人经历以及对学生培养的看法，戳中我的内心，就是我竭力的呐喊和渴望，只不过我没能把它变成实际的话语。恍然的工夫，我的心情好像舒缓了，这是被理解和被鼓舞带来的变化。

随后有幸加入读书会，并在11月中旬前往华科参加了一次集中的读书检查汇报会。在那次会上，同学们读书的精气神确实感染了我，让我明白过去几年态度、状态和方向上存在的问题。没错，虽然上课认真听讲，但是最终还是依靠划重点背诵记忆通过考试，并且考完试后就再也不会回顾，事实上这些知识并没有真正成为我的东西。阅读经典也没有坚持，随意性大，读也是为了消遣，老师有要求时至多也只是摘录和记住里面的内容。如果前面取得的成绩以及在期末对知识点信手拈来让人看到记忆力可以多么好，那么一下子忘光所有知识点也让人看到记忆力可以多么差，在一个人身上同时出现两种极端的状况，它已经不是单纯生物构造学可以解释的问题了。自己还是没有走出应试教育的学习法，这种方法虽然达到了速成的效果，但是它的持续性很弱。很多同学也分享了自己的经历，让我更加全面和客观地来看待自己所接受的教育，也让我为过去糟糕的经历和潜藏的看法找到了更合理的解释。施予高等教育的大学，更多的是像一所严重缺乏反思批判精神的伪象牙塔。不去深入思考它存在的一个个悖论，比如明明是以专业招生但培养模式和评价体系却是非专业的，比如明明自诩超越应试教育但却还是中学模式占主导，再比如师生都知道要读书但却还是没多少人读书。不想办法解决问题营造更好的环境氛围，却寄希望于学生理解，不仅不抱怨还要"以德报怨"，尽力为学校做不必要的牺牲。深入思考这背后折射出来的办学思维以及认识高度，看到它对学生的定位和对教育的理解，让人不寒而栗，这该是怎样"贫困"的教育观。这或许是特殊个例，但很多让人唏嘘的事确实已经成为所有大学的共性。总体而言，那次参会让我的贫困认识水平再度上升，并真正完成了攀登顶峰。原因一是由于集体的力量。不得不说规模有的时候确是一个强大因素，当时第一感觉就是数量太大了，太震撼了。先前只有贺老师一个人讲，现在是几十个人一起讲，话语的内容和形式都更丰富，回声更嘹亮。当然全程观摩下来，发现这种力量也不光是由表面的规模数量呈现的，更重要的还是同学们内在的一致性。应该说，那是我第一次真正有了"集体"这个概念，因为过去的集体更多是纯粹生活上、形式上的联系，它缺乏情感和精神的交流。也是在那个时候，感觉到过往的遗憾，就是过于独立，缺少学习上的同伴。原因二是同龄人的力量。拿自己和贺老师联系的时候，不可避免地会感到各方面的差异，所以经历的交汇有一定的时间差和错层。但是面对一群同龄人，彼此之间阶段相近，会发现话语更具相似性也更能引起共鸣。发现自己过往的确有很多的误区，又看到真的不是只有自己在遭遇种种，验证了人生的通性，找到了自信和方向。这个时候的贫困认识兼具感性和理性：它与先前一味地自我否定不同，而是进行了客观的自省和批判；它不仅觉察了现实世界的物质贫困，还触及个人和整个社会精神世界的贫困。

二、阅读与革命

写到这里，这篇总结的篇幅已经超出预料，甚至超出我个人的控制。我的初衷就是想好好回应内心，考察自己在读书会发生的变化，绝不是为了煽情或其他。事实上，前面的写作也给我自身带来压力和痛苦，已经快溢出我能力的承载范围。只有回忆极度清晰和情绪到达高潮时才能思考，思路一度中断甚至推倒重来，远远不是流淌的写作。但是随着心境和认知改变作出的调整，却又意外地收获新的思考，写作本身也是一个认知过程。这是我第一次尝试用这么多细节描述心理活动，也是第一次这么公开坦诚地面对自我，自认为在一定程度上实现了和灵魂的对话。两年的经典阅读始终不是一个孤立的时空，而是延续的有联系的。经典阅读和经典阅读前是结合的，两者之间存在着玄妙的分子运动。在正式开启它之前我已经有过一段人生并且成长为当时的我，我只能带着昔日的自己进入，只有理解了"旧我"才能更好地理解"新我"。

在我的叙述框架里，七百多天的经典阅读生活是越过认识贫困峰值之后紧接着出现的认识阶段，它的结束约莫可以代表"摆脱贫困"第一阶段的胜利。这种胜利的取得不是自然实现的，也不是由之前有过的温和的行为反抗促成，而是通过一场激烈的阅读革命！

经典阅读的革命性首先体现在革命的方式。具体来说是三个方面：第一，系统性的阅读，其中包括对象、数量和强度要求。阅读的对象有选择，必须是人文社会科学领域内公认的经典著作，更具体说主要是西方的，这就把教材和供消遣娱乐的闲书排除在外。当然这并不是要否定其余著作的价值，只是说它们不适用于我们语境中的经典阅读。集中阅读，以作者、流派或阶段等为阅读顺序，数量和强度以两年时间完成一百到两百本经典为指标参照。第二，主体性的阅读。这里具体指自己读，不参考辅助二手资料，摒弃小聪明和投机取巧，笨读笨想。第三，集体阅读，这里是形式上的意义，即读书会同学聚在一起读书。其考虑在于营造良好环境，帮助克服个体的惰性，在集体氛围中施加一定的无形压力，以此来督促个人坚持。

其次，革命性也体现在革命的组织。读书会是一个有机构成的集合体，它是经典阅读有力的实施推动者和保障后盾。这种强大作用的形成，是由于团队一系列建设机制的长期完善和执行。一是有规律和温度的集体生活，覆盖居住、读书和休闲，这样的长期生活能够带来默契和亲密，而这是团队真正形成最基本的条件。二是敢于批评和自我批评。真诚而不是报复性的公开指出意见，有助于个体逐步健全人格、改正性格和行为上的缺点，进而实现自我素质的提升。同时，当这种集体自省活动成为常态，向心力、凝聚力和纪律性都会更为强烈。其对友谊的定义超越传统和常规，最高的衡量标准是共同的理想，促成的是真朋友。三是不断明确理想目标和加油打气。具体是一些非正式日常交流和正式的会议，包括读书也包括认识思想上的交流，能让成员及时扫清障碍进而轻装上阵。这也是使得经典阅读长期持续不间断成为可能的原因，因为逐渐从外在约束向内在自律过渡，同时将个人成长和社会进步连接起来。

最后，革命性还体现在革命的具体实践。经典阅读到底是怎么让人的认知得到脱贫的？它内在的实践过程是如何进行的？这无疑是一个大问题，其复杂性非我所能完全理清。就自身经历和当前认识而言，我认为经典阅读最大的一个影响或作用就是唤醒经验。而要深入理解"唤醒经验"的行为路径和实现机制，或许也可以从经典阅读最鲜明的三个口号"主体性"、"系统性"以及"集体性"中得到阐释。主体性的经典阅读追求的就是不借助任何其他外在的力量实现对书的理解，那么很显然只能从自己身上找可供利用的东西，更进一步说那最大范围就只能是生命个体的全部经历及其经验。读经典不是孤立地看文字，而是要充分调动自己的记忆和想象，但是记忆很容易被遗忘和掩埋，而想象又必须有清晰的现实基础。系统性的经典阅读说起来就是要求在一定时间内有顺序地大量阅读，并且还有阶段性的检查汇报和交流。挨个分析它的关键词。时间有限又要受检，给人紧张感，但同时也最能调动人的积极性甚至是身体机能。有顺序就有相对规律，利于联系和总结。量大丰富，能最大限度提供"故事材料"，提供思想者的思想经验，使个人得以补充经历或经验。这种补充要么让人想起相似或有差异性的经历经验，要么让尘封的记忆被重新打开，要么让其成为个体新的经历或经验。还有集体性，人多就意味着经历和经验的总量也多，并且它们相比经典著作更具有当代性，更有对比感和现实变化感。如此说来，当主体性、系统性和集体性融合时，可想而知那是多么强大的一股力量。通过连接个体、经典著作和当代现实，人的认识实现重组，也就成了可以被"看见"的经验。经典阅读将经验唤醒，然后带着被唤醒的经验再次步入实际的田野，也就真正打通了从古至今的整个经验。我对经典阅读"唤醒经验"的理解还离不开持续关注话语。正如前文论及，确实可以说话语就是一门艺术，从来源产生到运用完成都是精巧的施工。我对经典阅读系统性作用的理解，最开始就是在贺老师的讲座上。当时觉得是一个新词新概念不明其意，但是我从贺老师的讲述中初步有了感知。为什么明明我本人先前也有反思，也在老师同学那听到过类似言论，但是它们都没能引起这么大程度的感触并且极易听过则忘？我想其中一定有一个原因是那些都是零碎不成逻辑体系的，更多是闲谈，不正式，太分散，不集中，力度也就降低了。表现形式很重要，言论只有成系统，才能说服自己进而说服别人。经典阅读同理，只不过它是成文的言论。还有，主体性和集体性的加入，会让语言的力量更非凡。为什么有的劝诫、鼓励明明出发点是好的，但就是让人听不进去？这是因为说话的人不同，听话的人也不同。没有共同的经历，没有共同的认识，说的人和听的人无交集，语言的任何形式交流都是无效的。相反，一旦有了相同经历和认识，人际间的深层次的联系也就有了，这时就算是再平淡单调的语言都能让人出奇地激动。我想，这或许也是为什么在读书会里大家反复提一些概念、看法、理想，不仅没有带来反感反而让人越听越兴奋。这些语言成了灵魂深处的对话，并且随着实践的发展而不断被赋予新的内涵，它们是永远不会被免疫的。

归结起来，经典阅读之所以成为革命，最根本的是实现了对以往阅读和学习认识的超越，具体是目的对工具的超越。读书不是为了直接获取知识，拿来就用，而是重在体悟，为了训练思维和联系生活。读书不仅是一个工具，更重要的是目的，不是为读书而读书，而是要让读书本身成为生存的意义。视野只停留在复述前人的经验，我们将永远不能拥有属于自己的经验。单纯生命的延续不会创造经典，唯有深刻彻底的实践给人伟岸。经典阅读让我从先前狭隘的思维视野中跳出来，不仅看到"贫困"，也及时看到了"富裕"的模样，从而在认识上达成了一定的和解和全面。

三、愚人的品格

经典阅读已经过去，但"摆脱贫困"的斗争还远没有结束。接下来的脱贫阶段和挑战，不再主要是艰深晦涩的经典，也就不能再用阅读的革命解决所有的问题。但是这段时光不会就这么无声无息直至走向虚空，它会化成新的表现形式，也就是经验和品格，在往后的反贫困实践中发挥自己的余热。

之所以说经典阅读带来的革命不是一劳永逸的，是因为在这个过程中我仍然会经常感受到贫困认识的小高峰，忽高忽低层出不穷，刚跨越又迎来新的，直到结束的鼓声响起也没有完全战胜。一方面还是物质上的贫困，另一方面自然也是精神上的贫困，这两者是紧密联系在一起的。

过去求学这许多年生活无忧，父母在经济上全力支持，学校和社会也有一定资助。但随着年岁渐长，对身边人的生活压力愈发感同身受，连带着对金钱越是敏感，不好意思再伸手讨要，觉察到贫困或许是绝大多数平凡人的生活底色。尤其是面临突发变局时，个体的命运总是逃避不了搅扰。同样，我的家庭也没有足够的保障能力，我深知不可能在家人的庇护下过完余生。尤其是作为女孩子，我个人觉得一般会遇到更为尴尬的处境，那就是由于传统观念和社会环境造成的"性别孤独"——普遍是把男性作为永久的家庭成员看待，就算对女性没有苛待也总是会或多或少、有意无意地营造"别家人"现象，久而久之，女性对原生家庭的疏离感油然而生。这种孤独和疏离即使不是来自物质交付上的贫困，也一定来自精神传送上的贫困。外在的精神财富得不到也就算了，但更为残酷的是内在精神财富的补给也成问题。阅读经典的时候并不总是顺利的，读不懂、读懂了也无法自己表述出来、和现实有对照但也不明所以然的情况时有发生，得不到肯定会难过，完不成计划会内疚。看不到自己实质的进步，怀疑能力不满态度，偶尔还是会有想放弃的念头。一想到自己马上又要结束一个学习阶段，随时都有可能"失业"走入更现实的世界，而万不敢奢求和毫无羞涩地接受家人的继续支援，也没有足够可供使用的学识，就难免心生害怕。

衣食不愁的时候比较容易有"见识"，对物质嗤之以鼻，但一旦开始捉襟见肘就会萌发对物质的追求甚至崇拜。越长大越不敢轻松笑谈个性气节，也越来越能够理解"不为五斗米折腰"为什么会被传颂，越是稀少的越是珍贵的。同样，当精神足够丰富时，对物质也能看淡，物质上的不能满足便不会引发焦虑。最糟糕最困难的，就是当下这个阶段，物质和精神都处于紧缺亏空的状态，茫然无措以致被表面所迷惑。看到很多人明明已经学业事业有成生活不错，但仍然会为了提升生活质量或应对重大疾病等棘手状况抛弃理想，尤其是原本热爱文化教育行业的人转道经商。人类毕竟不是活在真空中，年轻人也会为对比差异苦闷，"读书无用论"在现实领域始终占有一席之地。对于顶尖科研人士，社会至少还能给予足够尊重和回馈，历史也会记下他们的名字。但是要想达到那个程度太难了，我们这样普通的学生是万万不敢期待能有如此成就，这样一来我们的努力到底有什么实在的价值？前方是如此艰难波折的长路，凭着微弱的情怀感觉支撑不了多久，一点点的诱惑说不定都能让我弃旗而逃。凡此种种，会让人不禁想问：我们到底要读多少书，到底要赚多少钱，才能过上自在随性而有理想的生活？

解读"无用"之"大用"的工作我不能胜任，因为我的实践还没有达到那个层次和高度。反而是要更诚实地说，我在自己的生活中感受到了真实的"无意义"。但值得高兴的是，这种"无意义"背后反映的是最高程度的公平，因为所有人的生命和认知都是有限的。但更不幸的是，这种公平不是双赢，而是个人乃至整个人类群体的悲惨宿命。我国古人提倡"穷则独善其身，达则兼济天下"，西方社会也有人赞扬"看清生活的真相之后仍然热爱生活"，这里面都蕴含着君子和英雄的理想人格。以前觉得这看起来有些苛刻，对人施加了过多道德要求和行为规则，很虚妄不切实际，但现在愈加晓得这其实是最符合现实的信条。我们的目的不是为了过上更优越的生活，甚至不是为了扫清生活中的所有障碍，而是要培养自己不论何种人生境遇都能乐观直面、捍卫原则和保持素养的心性。若是贫困不得志便死守自己的蝇头小利，那只会一直贫困，越是抑郁贫穷越是大方爽快甘于奉献，才能摆脱贫困实现"小我"与"大我"的结合。天将降大任于斯人，必先苦其心志劳其筋骨，只有这样才能锻造立身之本。

　　每个人的生活方式不一样，脱贫的具体举措也不同，每种选择都有其合理性，值得被理解和尊重。大体而言，人们的理想集中于两个地方，要么在庙堂要么在田野，要么是诗要么是远方。我的内心一度非常渴望"侠隐"生活，宁静恬淡，也常常问自己为什么不早早工作攒够费用好去环游世界。想来想去还是"意难平"，我阅读了这么多的经典难道就是为了找一份谋生活路，就是为了不用思考游戏人间？就算我可以日出而作日落而息，身居郊外饱览自然风光，就算我更幸运有财力游览名山大川住着海边豪宅，那又能怎么样呢？始终看到的只是有限的呆板的风景，眼里有青山绿水但能装得下千山万水吗？眼里有一花一草一木但能装得下整个世界吗？不可否认这个世界的一部分是舒适安逸甚至可以说是极度的奢侈挥霍，"天堂"和"地狱"的对比异常鲜明刺眼，由此带来的是一刻也不敢松懈的追逐。事实上，对这种表面平等的追求是完全没有必要的，这个世界的公平是很特殊的，它不是通过"同"而恰恰是通过"异"来达到的。富人拥有穷人无法比拟的财富和资源，但是穷人也有富人所不能贪图的物产。富人费尽心力打造庭院花园，但是最美的景色却在穷人街巷的烟火气中，那里的花天然不修更被衬托得具有生命力。富人的教育更多是锦上添花，但穷人的教育一旦成功就是颠覆性的，因为那时穷人明白无所谓贫与富，不会再为自己的贫困而感到羞耻，它对贫困斗争的理解将牵涉富人乃至所有人。本来我是有所怀疑的，但写下这些文字的时刻，我突然可以全面肯定自己的目标了。我发现自己又变了，小儿女的心思已经不再突出，满脑子想的都是更为崇高的事业。于我而言，物质贫困只会影响生活的形式不会触及内心，但精神贫困也就是"愚"则不可忍受，它会影响生活的整个状态。所有的贫困，都可以归根于不确定性带来的安全感缺乏，这种不安全感不能由物质财富来抵消，而只能由人的强烈精神意志来祛除。不可替代性是最高的价值体现，是摆脱贫困最终想要达到的东西，其背后是人通过自身实践获得的经验反思和积累。我再也做不到回归原始的贫困，也不会用财富包装贫困，只想成为一名真正的学者。即便现在离这还有很大距离，但我愿意为之奋斗，哪怕最终结果不尽如人意，我也不后悔。

阅读经典是一个系统实践，它调动的是各个方面的机能和知识积累，采取的是多样的具体行为。理论和机制再完备也不能代替个人实践，品格的形成只能从经验中慢慢取得。"主体性"并非一个固定不变的东西，或许可以从主体性阅读中移植出许多要素，为缺失精神层面财富的愚人锻造品格。

最主要的品格构成有以下几点：其一，纯粹彻底。只管耕耘不问收获，不断寻找，明确自己的初心和使命。不能唯利是图，也不能屈服于精神贫困，能征服我们的只能是整个社会光明的理想。为了这个理想的实现我们应该不畏牺牲，尤其是物质层面的牺牲，直至生命或"贫困"的结束。纯粹彻底不是孤立的，而是有联系的合体，它集自律、倔强、不屈不挠、勤奋毅力和埋头苦干等各种特质于一身。其二，自信。具体来说，体现为不设限、不盲从，坚定信念。这种自信品格的形成是可能的和合理的，它来源于对团队道路、机制以及自身经验的认可。团队建设的历程及其组织制度的正确有效，都是被实践证明了的。而对自身经历的反思和认识，是一个人所能施与自身最宝贵的东西。其三，谦虚、包容、平和以及反思。如果将"摆脱贫困"放置在人生短暂渺茫和宇宙浩瀚无穷对比的坐标系里，会发现它只能是一个理想，一个没有完成时的过程。这是一个极端复杂困难的工作，因此要正视客观的自身的不足，带着包容心看待其他的实践认识，最终以平静的内心接受结果。以上对品格的描述略显粗糙，有含糊之处，这是不可避免的，也是正常的。因为它们本身就有相关性，人始终是一个不断被塑造的系统，没有人只存在一种品格。目前只是完成了这些特质要素的添加和杂糅，有了一个大概的模板样式，但形塑还需要进一步的认识和实践。

写到这里，这篇总结该收尾了，我也该和过去的自己道别了。正如前面所说，这篇总结是不确定、不完整和不成熟的，不可避免地存在"贫困"。我想，写作也是摆脱贫困的一个体现过程，注定要用不断的斗争获取新的滋养。通过这次具有挑战性的写作，我深刻地体会到，即便是普通人的经历也蕴含着丰富的内容，任何一个道理要被人接受和真正认识，都需要一个刻骨铭心的过程。

阅读书单

马克思、恩格斯
《马克思恩格斯选集》第二、三、四卷
伯格
《与社会学同游》
涂尔干
《社会学方法的准则》　　　　　《职业伦理与公民道德》
《社会分工论》　　　　　　　　《自杀论》
《原始分类》　　　　　　　　　《乱伦禁忌及其起源》
《孟德斯鸠与卢梭》　　　　　　《宗教生活的基本形式》
《教育思想的演进》
韦伯
《儒教与道教》　　　　　　　　《古犹太教》
《印度的宗教：印度教与佛教》　《学术与政治》

《新教伦理与资本主义精神》　　　《宗教与世界》

《宗教社会学》　　　　　　　　　《社会学的基本概念》

《社会科学方法论》　　　　　　　《支配的类型》

《支配社会学》　　　　　　　　　《非正当性的支配》

《法律社会学》　　　　　　　　　《经济与历史》

《经济行动与社会团体》　　　　　《民族国家与经济政策》

齐美尔

《货币哲学》　　　　　　　　　　《社会是如何可能的》

《桥与门》　　　　　　　　　　　《哲学的主要问题》

《叔本华与尼采》　　　　　　　　《时尚的哲学》

《宗教社会学》　　　　　　　　　《历史哲学问题》

《社会学——关于社会化形式的研究》　《金钱、性别、现代生活风格》

帕累托

《普通社会学纲要》　　　　　　　《精英的兴衰》

曼海姆

《保守主义》　　　　　　　　　　《意识形态与乌托邦》

《重建时代的人与社会》　　　　　《文化社会学论集》

《卡尔·曼海姆精粹》

布迪厄

《实践与反思》

《继承人——大学生与文化》　　　《国家精英》

《自我分析纲要》　　　　　　　　《艺术的法则》

《关于电视》

勒庞

《乌合之众》

马尔库塞

《单向度的人》　　　　　　　　　《爱欲与文明》

鲍德里亚

《消费社会》

戈夫曼

《日常生活中的自我呈现》

米尔斯

《社会学的想象力》

波兹曼

《娱乐至死》　　　　　　　　　　《童年的消逝》

布鲁斯

《社会学的意识》

鲍曼

《流动的生活》

滕尼斯

《共同体与社会》

福柯

《词与物》　　　　　　　　　　　《知识考古学》

《不正常的人》　　　　　　　　　《性经验史》

《主体解释学》　　　　　　　　　《临床医学的诞生》

《必须保卫社会》

哈贝马斯

《哈贝马斯精粹——知识与人类旨趣》　《公共领域的结构转型》

《重建历史唯物主义》　　　　　　《现代性的哲学话语》

《后形而上学思想》　　　　　　　《包容他者》

《交往行动理论》第一卷

吉登斯

《第三条道路》　　　　　　　　　《第三条道路及其批评》

《现代性与自我认同》　　　　　　《社会学》(第五版)

《社会理论与现代社会学》　　　　《全球时代的欧洲》

《失控的世界》　　　　　　　　　《社会的构成》

《批判的社会学导论》　　　　　　《资本主义与现代社会理论》

《社会学方法的新规则》　　　　　《现代性——吉登斯访谈录》

凡勃伦

《有闲阶级论》

怀特

《街角社会》

德波

《景观社会》

贝克

《风险社会》

于海

《西方社会思想史》（第三版）

柏拉图

《理想国》

亚里士多德

《政治学》

霍布斯

《利维坦》

马基雅维利

《君主论》

洛克

《政府论》

卢梭

《论人类不平等的起源和基础》　　　《社会契约论》

哈耶克

《通往奴役之路》

亨廷顿

《文明的冲突与世界秩序的重建》

罗尔斯

《正义论》

托克维尔

《论美国的民主》

斯科特

《弱者的武器》

欲穷千里目，更上一层楼

——我的研究生读书生活

简鑫源

（武汉大学社会学院 2018 级研究生，本科毕业于郑州大学）

研究生第二年接近尾声，意味着两年的经典阅读即将结束，惊叹时间不等人。在经典阅读中翻过的不仅是一页一页的知识，还是宝贵的时间。回顾研究生入学以来的时光，除了课堂和生活以外，就专心致志地做了一件事情，那就是阅读社会学经典，在阅读经典过程中受到来自学院的关怀与照顾，来自老师的帮助和监督，来自同窗好友的分享和交流，更感觉到了读书生活的纯粹。坐在窗明几净的图书馆，沉浸在或生动或晦涩的经典著作中，到饭点约上三五好友一起去食堂，读累了就叫上几个伙伴一起去运动，这种纯粹而简单的两年读书生活转瞬即逝。在现代如此快节奏的社会，学习也在强调快速高效，读书是不讨巧的一种学习方法，但正是这种慢下来、沉进去的读书学习让我感觉到了学术的严肃，对学术保持敬畏之心，从基础的学起，在经典阅读中收获。

从开始阅读到现在，自己经历了巨大的变化，体现在专业学习、生活习惯、自我提升等多个方面。进入武大社会学学习以来，在老师的带领下以及和同学们的交流中，一直坚持经典著作阅读，经历了从入门到提高的过程。社会学经典著作的阅读是学习社会学的基础，能够直接在社会学名家的原著中感受社会学思想，在潜移默化中培养社会学的思维方式，读经典不仅锻炼了我思考问题的能力，还磨炼我的心智，锻炼我的毅力。读经典是美好而短暂的时光，和同学们一起努力读书的日子历历在目，虽然现在情况特殊只能在家坚持阅读，但是我们依然要不忘初心，坚定决心，守望未来。现在回想起读书的开始，就是从考研进入武大社会学院开始的。

一、开端："面对面"读书会

记得第一次开"与院长面对面交流"是在院系开学典礼结束之后，那时候已经是贺老师布置读书任务五个月之后了，我作为一名考研的同学，每周都在群里向老师汇报一次读书情况，虽然只是线上交流，但我俨然感觉到了武大社会学院的严肃学风。其实我在本科的时候，并没有阅读经典著作的习惯，甚至可以说是连读书的习惯都没有，在专业学习上也只是机械地通过上课来学习，自己主动钻研的主动性弱，对专业的认识浅薄，仅仅停留在教材总结的一套知识体系里，没有良好的学习习惯，也完全坐不住、静不下来去认真阅读。本科学习状态和考研后入学前学习状态的反差让我紧张焦虑，本科时的学习实践以及获得的荣誉仿佛无源之水、无本之木，摆在我面前的问题是面对未知的学习模式我能够始终如一地坚持吗？

我带着这样的疑问直到入学第一次"面对面"，所有人依次汇报读书情况，听着同学们的汇报，我感到自惭形秽，同学们的读书量和读书状态让我大吃一惊，看着同学们自信的神采，我转而明白了阅读的力量，也明白了贺老师的读书培养达到的目的与效果。我开始为自己之前的不努力而后悔，随之而来的还有巨大的压力，来自老师的监督以及和同学的对比。这第一次"面对面"交流让我对武汉大学社会学院鲜明的培养学生的风格留下了深刻的印象，做研究生就是要努力读书，学习社会学就是要打好基础、读经典；这第一次的"面对面"也给自己敲响了警钟，在这里不努力读书就会落后。开完读书会之后，就进入了紧锣密鼓的读经典生活，每天都泡在图书馆，都泡在经典著作中。有趣的是，刚开始大家读书进度差不多，图书馆的书总是借不到，每次好不容易借到一本书就立马被别人预约了，从而缩短了每本书的读书时间，后来学院特意为我们置办了很多经典著作，缓解了书籍供不应求的紧张。

刚开始读经典是艰难的。首先是在对书籍的理解方面存在困难，从涂尔干的《自杀论》开始阅读"古典四大家"的经典著作，每一位社会学家都有不同的思想体系，研究也有不同的侧重点。每一本经典都是思想精华，有时候会过于抽象和复杂，难以理解。还记得刚开始阅读涂尔干、韦伯、齐美尔、马克思等社会学家的作品，很多地方阅读起来都很吃力，有时也会因为不能理解十分懊恼和沮丧，印象最深刻的就是广西师范大学出版社出版的一系列《韦伯作品集》，一共有十来本，阅读起来十分吃力，常常不知所云，读书笔记也不知从何做起，花了大量的时间。不过，即便是读不懂，我也坚持读完了这一套作品集。开始进行经典阅读时，大部分同学都有这样的苦恼，在"面对面"读书会上进行交流后，贺老师给的建议是读书不用过于纠结，适当地跳过部分困扰，坚持阅读就能"守得云开见月明"。这个读书的方法给了我很大的帮助，虽然读不懂，但是坚持阅读就能有收获。其次，开始阅读时会有点坐不住，每天长时间阅读要求平静的心态和高度的专注力，阅读最重要的就是坚持，刚开始阅读习惯还没有形成时常常感到很焦虑，再加上书本难以理解，所以情绪会有波动，但是经常能在图书馆看到其他同学都在奋斗，自己也必须要坚持，这也是集体读书相互比较相互监督的作用。

二、过程：从入门到提高

万事开头难，读经典也是如此。读经典的开端是"面对面"读书会，读书过程中"面对面"读书会也起着至关重要的作用。每一次的总结和汇报交流都是一个阶段的结束和下一个阶段的开始。在读书会上，自己的汇报是检验一段时间阅读成果的总结，听别人的汇报也是交流学习的机会，听老师对每位同学的点评和建议更是受益匪浅。回头想想在武大读书这接近两年的时光，好像并不是按月按周来计算时间，而是按每个月如期而至的"与院长面对面交流"来生活和学习。这种学习制度是集体读书必不可少的环节，就像一个定时闹钟，反复提醒你努力读书，每次都在"面对面"中把压力转化为动力，总结上个阶段的结果，开启下个阶段的阅读。

"不积跬步，无以至千里；不积小流，无以成江海。"任何成就的取得都是在过程中一点一滴地累积起来的。读经典的过程是一个从入门到提高的过程，尽管最初是无所适从的，但是习惯成自然，慢慢养成了读经典的习惯时，读书就成了一种生活习惯。我的阅读是在与老师和同学的交流中渐渐入门，明白读经典的时候要注意哪些重要的地方，以及在书本内容的理解上应该纠结什么、不纠结什么。比如说，贺老师最强调的是阅读的系统化，按照西方社会学的发展，系统地阅读每位著名的社会学家的著作，而读到过渡时期的著作时，就应该适当地挑选部分著作阅读；在阅读时遇到有关时代背景不清楚的可以忽略，但是在重要内容上面应该加强思考。另外，在阅读时我学习到的一个重要的技巧就是规划，两年的阅读时间不知不觉就流逝了，大到每个名家著作要读哪些，读多久，小到每个星期每天读什么读多久都需要规划，有效率地利用时间。读经典是一个持久的过程，并不能一蹴而就，提升的过程是需要坚持阅读的。

阅读从入门到提高的过程可以在重读部分社会学经典时深刻地感受到。第一次拿起涂尔干、韦伯、马克思等人的作品阅读时，其实是一知半解，硬着头皮去读，对一些书中所讲的概念理解得并不清楚，到了研二已经阅读了一年的社会学经典后，在上社会学名著导读课时，重新阅读这些书本，感觉到跟自己第一遍的阅读状态完全不一样，能够很好地进入书本，阅读时的思考方式、对书本的理解都有提高，并且在课上大家交流分析时，都能够清晰地感觉到每位同学读书的收获。记得我们小组要讲的书是韦伯的《儒教与道教》，最开始阅读这本书时，完全就是云里雾里，不能清晰地理解书本，但是我们准备展示的时候，和佳鑫、晓晨、雯雯、刘宇等讨论时发现大家都理解了书本的脉络，都有一些独到的见解，后来回到宿舍我们又和敏娜一起讨论时也有同样的感受。这种提高的过程是在日积月累中慢慢实现的，因此在剩下的读书时间里我需要持之以恒，更加努力。

贺老师时常讲研究生在两年之内阅读社会学经典，经过体系化的阅读完成严格的学术训练。当时初步接触经典的我对此是模糊的，不知道怎样才能通过经典训练自己的学术能力和思维能力，而现在经过一年多的阅读后，我看到了自己的进步，不仅是书本数量的积累，而且是阅读习惯的养成、对社会学更深刻的学习以及思维方式的训练，这种从入门到提高的过程是通过体系化的阅读实现的。贺老师也常告诫我们读书不能"温水煮青蛙"，不能满足于自己的状态而失去突破自己的动力。记得有次读书会结束后，碰巧跟贺老师坐在一起吃午饭，老师说感觉我的读书状态不是很生猛，还需要再努力，当时我就意识到我有些安于现状了，仿佛掉进了一个陷阱，读书进度保持着一定的速度，但是难以取得更大的突破，这种状态没哪里不对，但是长此以往反而不利于进步，这是读经典过程中特别需要注意的。

三、结果：更上一层楼

研究生生活的两年读经典时光是短暂而充实的，读书使人明智。记得从初次拿起《自杀论》，到现在阅读福柯、吉登斯等，我经历了一场阅读的洗礼，它充实我，督促我，提升我，使我受益终生。在经过长时间的经典阅读后，我感受到了自己的进步，最显而易见的就是以前我可能坐下来阅读一两个小时就很困难，现在可以在图书馆坐上一天专心阅读。读书的收获是三言两语说不清楚的，这是一个漫长而又短暂的过程，在这个过程中有了很多收获。

读社会经典著作以来，首先在读书量上是巨大的进步，在读研以前，从来没想过自己能够有这么大的阅读量，每个月都保持了一定的阅读量，量变引起质变，读书量达到了一定程度后，对于社会学思想的理解就变得更加深刻，而且会慢慢形成自己的思考方式。读万卷书，行万里路，只有多读社会学经典，大量地积累，才能在社会学研究中面对研究问题时厚积薄发，形成自己的见解。在院系里集体读书也能够和同学们和睦相处，友好交流，使得我们班级学习氛围浓厚，十分团结。

读经典也让我养成了阅读和思考的习惯，在长此以往的读书中养成的这种阅读和思考的习惯是难能可贵的。每次和在别校读研的本科同学交流学习情况时，别人问我在学什么，我总说自己在读书。当阅读成了一种习惯，就能越发地感觉到有时间读书真是幸运。在每次与老师同学"面对面"交流时，我读得好时感觉自己必须保持住状态，读得不好时就会烦恼不安感觉到自己必须作出改变，在这样的反复汇报与反思中读经典成为了日常的学习状态，养成了阅读的习惯。思考的习惯是在日常与同学们交流中养成的，同学们对不同的社会学家都有不同的看法和见解，在一起交流时就能够产生碰撞，在面对一些社会时事和社会问题时就会经常思考用社会学应该怎么看。这种阅读习惯和思维能力的提升能够提升个人能力，用于以后的学习和生活。

读经典还让我更加理解了社会学，社会学是生活的也是哲学的，它需要生活的经验和阅历，需要从社会中寻找和发现，它同样也需要理论化的反思和提炼，而读经典让我们直接接触了总结后的理论，相当于找到一扇门，至于门背后还有什么则需要保持阅读以及田野调查。

规律的读书生活也规律了作息时间和运动习惯，有好的生活习惯和健康的身体才能全情投入学习。每次读书汇报除了读的书目以外，还要汇报自己的运动情况和作息情况，这也是贺老师特别强调的。我原本是不爱运动的，读经典以来，看着同学们都积极运动，打球或者跑步，我也不自觉地加入了运动队伍，每周都保持一定的运动量，身体素质有所提高，精神面貌变好也能提升学习状态。

读书不是为了雄辩和驳斥，也不是为了清醒和盲目，而是为了思考和权衡。读书于我们而言是受益无穷的事情，在浮躁喧哗的时代，能够静下心来坚持读书是难能可贵的。总而言之，我的研究生读书生活过得紧张而充实，并在充实中收获。"欲穷千里目，更上一层楼"，为了取得进步，要坚持读书！非常感谢学院给我们营造的读书的优良环境，非常感谢贺老师不辞辛苦的指导和督促！

阅读书单

涂尔干

《自杀论》　　　　　　　　　　《社会学方法的准则》

《宗教生活的基本形式》　　　　《原始分类》

《社会分工论》　　　　　　　　《道德教育》

《教育思想的演进》　　　　　　《社会学与哲学》

《孟德斯鸠与卢梭》

韦伯

《社会科学方法论》　　　　　　《新教伦理与资本主义精神》

《学术与政治》　　　　　　　　《社会学的基本概念》

《经济行动与社会团体》　　　　《法律社会学》

《支配社会学》　　　　　　　　《非正当性的支配》

《经济与历史　支配的类型》　　《儒教与道教》

《印度的宗教：印度教与佛教》

马克思、恩格斯

《1844 年经济学哲学手稿》　　　《德意志意识形态（节选本）》

《1848 年至 1850 年的法兰西阶级斗争》《法兰西内战》

《共产党宣言》　　　　　　　　《资本论》全三卷

《家庭、私有制和国家的起源》

齐美尔

《货币哲学》　　　　　　　　　《金钱、性别、现代生活风格》

《生命直观》　　　　　　　　　《时尚的哲学》

《桥与门》　　　　　　　　　　《叔本华与尼采》

《现代人与宗教》

过渡时期

《日常生活的自我呈现》　　　《心灵、自我与社会》

《社会学的想象力》　　　　　《旧制度与大革命》

《革命与民主》　　　　　　　《论美国的民主》

《单向度的人》　　　　　　　《文明的冲突与世界秩序的重建》

《乌合之众》　　　　　　　　《现实的社会建构》

《发现社会》　　　　　　　　《文凭社会》

《风险社会》　　　　　　　　《文明的进程》

《通往奴役之路》　　　　　　《礼物》

《社会学研究》　　　　　　　《局外人／鼠疫》

《信仰的法则》

布迪厄

《实践感》　　　　　　　　　《自我分析纲要》

《男性统治》　　　　　　　　《实践理论大纲》

《国家精英》

福柯

《规训与惩罚》　　　　　　　《疯癫与文明》

《词与物》　　　　　　　　　《说真话的勇气》

《不正常的人》　　　　　　　《性经验史》

《自我技术》　　　　　　　　《什么是批判》

吉登斯

《社会学：批判的导论》　　　《资本主义与现代社会理论》

《自反性现代化》　　　　　　《现代性与自我认同》

《现代性的后果》

只争朝夕 不负韶华

——我的研究生读书生活

董晓晓

（武汉大学社会学院 2018 级研究生，本科毕业于中国地质大学）

有一种离别叫作毕业，有一份总结视为结束，不管前方如何，在珞珈山读书的时光永远在心中铭记。2020 年 1 月 17 日归乡，在家已经整整一百天，研究生生活也进入了倒计时。读书生活即将落幕，虽然不是想象中的相互拥抱不舍、热泪盈眶，但也终生难忘。回忆在"珈"中两年的充实生活和满满收获，愿做到总结过往，见证成长，不负韶华。

一、好读书——养成阅读的好习惯

在如此浮躁的社会大环境中，几乎所有的老师和同学都会意识到读书的重要性，却很少有人能一个人坚持读下去。在 2018 年 3 月武大复试的动员大会上，听到读经典的益处，我拿出小本本默默地记上老师所推荐的社会学家以及著作，暗暗下定决心回家后就要开始阅读这些书籍，并且信心满满。虽然每个月都会在群里汇报本月所读的书籍与感想，但是刚开始比较吃力有些无从下手，是个"思想的巨人，行动的矮子"，没有全身心地沉浸在读书中，一个人坚持自觉地读书太难做到，浪费了四五个月的时间。9 月份开学，我结识了集体，从此成为集体读书中的一员。在第一次的"面对面"汇报会上，看到同学们的读书书单和状态，我为自己所浪费的时间感到懊恼和后悔。

刚开始读书经历了被动、自我怀疑与自我否定等负面阶段，犹记得第一次在信部羽毛球场交流时，暑假期间留华科读书的小伙伴们侃侃而谈的自信让我震撼又羡慕，惭愧自己读得不够好，理解得不充分，对自己适不适合读书产生深深的怀疑。学院决不让一个人掉队的信念时刻激励着我前进，不在乎你的出身，只要你够努力就会有收获；老师不压榨学生、相信每一个人都是可塑之才的独特培养理念让我感动，这给了我们充足的发展空间和心灵支持，充分激发了我们的自主意识和无限潜能。"一个人走得快，一群人走得远"，作为集体中的一分子，我体会到集体读书的乐趣和动力，看到优秀的老师和同学们，一起奋斗、努力，让我更加有了动力和信心，促进我更加努力地进步和成长。在小组讨论中会乐于将自己的想法和感悟与同伴分享，也期待一起思想碰撞中得到指点和共鸣，在困惑或者烦躁时也期望得到伙伴的鼓励和解析，在自己稍微松懈时给予提醒。每当听到小伙伴说到"我觉得这本书很难""我前段时间也觉得焦虑""我读书报告的大总结也不完美"时，我会觉得不是我一个人存在这样的困扰，我们都还没有达到质变，有很大的共同进步空间。虽然目前我的阅读进度还是很慢，仍处于集体的末梢，但在集体中的学习成长是由内而外塑造着自己，前行的力量激励着我向更优秀的人看齐。

读经典没有捷径可走，而且不能投机取巧，不仅需要用心和静心，更需要恒心和耐心。我逐渐习惯了早八晚十的作息，享受图书馆读书的氛围，以饱满的激情投入读书中，并学会静心思考和反思，在阅读中训练思维养成良好习惯，将读书日常化、常规化。读经典的关键在于读书的状态、过程和方法，在正确方法——饱和阅读法的指引下，我保持着"笨读笨思"，读书的过程中也进行绞尽脑汁的思考，以学术该有的姿态严格要求自己；由于长期踏实的积累、沉浸其中，促使我不断进步和突破自己，最后由量变达到质变；以前坐冷板凳如坐针毡，如今每天十小时浸泡在图书馆，有规律的生活让我备感踏实，心态更加平和沉稳。

二、读好书——体系化的经典阅读

从被动无知到完全认同并付出行动。在研一的"读书面对面"中，每当我们汇报本月的读书书单时，老师点评最多的就是"阅读要有体系化"，刚开始是不太能理解的，只能跟着老师的要求和"三农中国读书论坛"中师兄师姐的书单按部就班地阅读，大体上是从社会学"古典四大家"到过渡时期再到"后四大家"，有体系有规划地进行阅读，逐步加深思考和融会贯通，以掌握社会学的整体脉络和框架以及达到纵向与横向的比较。

体系化的阅读使我不断地认识自己、挑战自己并突破自己。这两年经历了严格的社会学学术训练，提高了学习能力、理解能力、独立思考能力、逻辑思维能力和批判思维能力。我觉得社会学是一种对于眼界和思维能力的锻炼，社会学经典具有科学的思维和严密的逻辑推理，其独特的思维方式与视野训练，使我们可以批判性思考、内身性反思，培养发自内心的真心、正义、同情、责任感与使命感。

布迪厄的教育思想所追求的不是去灌输某个确定的理论或一组有限的概念，而是强调一种产生社会学创造力的一般性倾向，这一理念与学院阅读经典是训练思维、触发思考并提高能力而不是记住某个确定的知识点或理论不谋而合。"两经一专"的培养模式，是经过时间检验的，非常具有可行性。深山老林苦练内功，在体系化的阅读下，逐渐对社会学形成了初步的认识，逐渐找到了"社会学是什么，能有什么用"这一问题的答案。在经典训练的沉淀中，我的心性品质被重新塑造，认识上从迷茫到清楚认知，最后达到蜕变，意识到过去自己的肤浅和不成熟，自己的思维方式和思维能力产生了转变；极大地克服了以前学习中的拖延与散漫，提高了自控力和自觉性，学习效率和学习状态也得到了提高；自主学习、独立思考的能力也得到提升，做事更加有计划，主体性增强。读书只有两年的时间，而不是用一生在训练，要做到只争朝夕。

三、读书好——锻炼思维达到蜕变

读书的日子，每天"宿舍—食堂—图书馆"固定的三点一线，收获的不只是良好习惯，更有良师益友。与小伙伴们相约一起去吃饭、交流、运动锻炼，彼此之间关系纯粹，生活简单，一起野蛮成长。每一次和武大的小伙伴交流，我感觉彼此都亲近了好多，解决了读书方法和情绪的问题。每一次和师兄师姐交流，我都感觉茅塞顿开，满满的敬佩和动力。良好的读书氛围需要大家一起营造，在集体中，秉承人人共建人人共享原则，以0.3厘米的亲密距离为目标，不断探索尝试和磨合融洽。在集体生活中，从小我到大我，彼此以真心换真心，感恩相遇相知。两年中我们由面和心不和、相互戒备到之后的坦诚相待、惺惺相惜，集体在成长，集体中的每个人也在进步。这是一个充满活力与积极上进的集体，在如此有温度的集体中，我们留下青春无悔的印记。

在认识社会学的过程中我重塑了自我。两年的积累，成长的不只是能力，更多的是信念、理想，思想境界的提高。首先，我有了更加准确的自我认知，以前生活在不确定性的迷茫和焦虑中，如今有了一种属于自己的底气和自信，不再盲从，更加沉稳，坚定了自己要成为一个怎样的人。其次，更加有情怀和信念，可以站在更高的角度看问题，建立理性，寻找信仰。以前或许有天马行空的想法，但是现在觉得脚踏实地，一步一个脚印才是最重要的，重新树立正确的价值观和人生观，思想的富足才是最大的财富。最后，树立了远大理想，从满足于小我转变为关怀社会，在这个遍布着精致的利己主义者的时代，在身边人的影响下，认识到站在人民的立场上是一种怎样的大格局，自己也开始觉得人生目标应该更纯粹一些。视野开阔，使自己的定位更加准确，目标更加清晰，理想信念更加坚定。在麻城召开的战略研讨班，让我见证了华中乡土派的新时代，第一次有了触及灵魂的感悟，被师兄师姐们以学术为业的责任感和使命感所感动，开始思考人生的意义与价值、学术的使命与担当，想要提高自己的境界和认识水平，争当有理想有担当有情怀的新时代青年，以坚定的学术追求为建设有主体性的中国社会科学而努力奋斗。

两年的研究生生活很短，只能开十六次的读书"面对面"，由于条件的限制，最后四次总结只能在线上进行；两年的时间又很长，长到我可以在图书馆待三千多个小时。读书生涯即将画上句号，我很庆幸来到了社会学院，也很感恩遇到恩师挚友。首先感谢老师们两年的无私指导和时刻鞭策，感谢小伙伴们的相遇相知和鼓励陪伴，还要感谢晦涩难懂的书籍、环境舒适的图书馆和自己的付出。忆往昔，一张书桌、一支笔，沉浸在经典中思考就是青春最美的样子。期待未来依旧可以做到不忘初心，茁壮成长，做更好的自己！

时光如逝，岁月如梭，只争朝夕！

饱怀激情，不负韶华，未来可期！

阅读书单

涂尔干
《原始分类》 《自杀论》
《社会分工论》 《社会学方法的准则》
《职业伦理与公民道德》 《乱伦禁忌及其起源》
《道德教育》 《实用主义与社会学》
《宗教生活的基本形式》

韦伯
《印度教与佛教》 《儒教与道教》
《宗教社会学·宗教与世界》 《新教伦理与资本主义精神》
《社会学的基本概念》 《非正当性的支配》
《经济行动与社会团体》 《支配的类型》
《经济与历史》 《学术与政治》
《法律社会学》

马克思

《1844 年经济学哲学手稿》　　　　　《社会主义从空想到科学的发展》

《马克思恩格斯选集》第一卷　　　　《马克思恩格斯选集》第二卷

《马克思恩格斯选集》第三卷　　　　《马克思恩格斯选集》第四卷

齐美尔

《货币哲学》　　　　　　　　　　　《时尚的哲学》

《社会是如何可能的》　　　　　　　《金钱、性别、现代生活风格》

《现代性的诊断》　　　　　　　　　《社会学与哲学》

《叔本华与尼采》　　　　　　　　　《生命直观》

《桥与门》　　　　　　　　　　　　《现代人与宗教》

过渡时期

米尔斯《社会学的想象力》　　　　　米德《心灵、自我与社会》

马尔库塞《单向度的人》　　　　　　马尔库塞《爱欲与文明》

特纳《社会学理论的兴起》　　　　　勒庞《乌合之众》

帕累托《精英的兴衰》　　　　　　　科塞《社会冲突的功能》

曼海姆《意识形态和乌托邦》　　　　曼海姆《重建时代的人与社会》

帕森斯《现代社会的结构与过程》　　科塞《社会思想名家》

帕森斯《社会行动的结构》

福柯

《疯癫与文明》　　　　　　　　　　《规训与惩罚》

《临床医学的诞生》　　　　　　　　《这不是一只烟斗》

《词与物》　　　　　　　　　　　　《知识考古学》

《性经验史》　　　　　　　　　　　《主体解释学》

《必须保卫社会》　　　　　　　　　《不正常的人》

布迪厄

《实践感》　　　　　　　　　　　　《单身者舞会》

《区分：判断力的社会批判》（上）　《区分：判断力的社会批判》（下）

《再生产》　　　　　　　　　　　　《继承人——大学生与文化》

《国家精英》　　　　　　　　　　　《关于电视》

《实践理论大纲》　　　　　　　　　《实践与反思》

苦读书，不设限，东湖水畔起云澜

——我的研究生读书生活

张丽芳

（武汉大学社会学院 2018 级研究生，本科毕业于东南大学）

2020 年 4 月末，暑气初袭，恍然惊觉放假已经三月有余，静心读书时日子总是会静悄悄地溜走。而开始这样规律的生活刚好是在两年前的 4 月，比照自己这两年的变化之大，着实让人惊叹。我的两年研究生生活，始于苦读书，突破于不设限，最后于无声处收获惊雷。

一、珞珈山下苦读书

犹记得 2018 年 4 月初刚接到读书任务时的疑惑与不解，花费大量的时间在晦涩艰深的经典阅读上是否真的有必要呢？尤其是在入学前几个月，由于各种琐事的烦扰，难以进入读书状态，不禁质疑这种只伏于案头不问世事的培养模式是否适用于当代快节奏变化的社会。所幸，9 月份入学，自己的这一疑问很快便得到解答。

珞珈山实在是一个适合读书的地方。武汉大学林荫蔽日的小道、古朴的建筑很容易让人联想到民国时治学于此的大师，景仰之心油然而生，便不自觉地向他们看齐。第一次的读书"面对面"记忆尤深，同学们长长的二十多本的书单让我自惭形秽，而听他们的读书收获，对各社会学大家如数家珍，对其间流变异同侃侃而谈，更是让我深刻感受到自己和大家的差距，也暗暗下决心，一定要赶上大家的进度。于是就这样，我的武大读书

344

生活正式开始了。

苦读书生活面临着三大挑战。第一，作息和饮食问题，本科期间养成的晚睡晚起、不吃早饭、糊弄午饭的习惯完全无法支撑现阶段高强度读书的需要。幸运的是克服生理惰性并没有很难，在室友的监督下很快养成了每天早起结伴去吃早餐的习惯，发现晨起的阳光和三环公寓的鸟叫声都很迷人，新鲜空气和梅园的包子总能让我一天都充满了干劲。第二个挑战便是作息。一开始很不理解贺老师为何如此强调运动的重要性，然而在自己保持高强度读书的一周后就发现了问题所在，久坐和长时间低头读书使得腰部和脖颈不堪重负，酸痛难忍，眼睛也会酸涩，身体活力下降，运动必须提上日程，懒癌人设经年不倒的我终于制订了健身计划——跑步。一开始是顺着光谷大桥跑两个来回，后来沿着东湖绿道再加光谷大桥跑一个"口"字，配速逐渐从每公里7分多提高到6分。所幸，沿着东湖跑步实在是件令人惬意的事情，和风拂过水面带来水汽，灯光闪烁映着水波粼粼，再把一天的读书内容捋出一个思绪，使得跑步成为一天中最享受放松的时刻。第三也是最大的挑战，读书难题。如贺老师所言，经典阅读就是要"读硬书，硬读书，读书硬"。经典书籍之"硬"实在可怕，其硬不止在动辄二三百万的字数或上千页的厚度，更在于理论的艰深晦涩与博大。由于文化背景、时代背景和翻译的缘故，理解文字的表层含义已属不易，而要从中读懂经典大家的所思所想有所悟更要下苦功夫，因而只能硬读书。关于硬读书，最开始不是很理解硬读书的读书方法，觉得自己只是一味地去读内容，但并未理解理论的意涵，是否只是为了赶进度求量呢？然而过了一段时间之后，自己还是感觉出了一些变化，读书的速度越来越快，从开始的一天勉强80多页到100多页，读书过程中的思考也是在无形中进行的，笔记越来越厚，质的突破在无意之中已经发生了。所谓硬读书，作为一种阅读训练方法，是在量的基础上不断挑战大脑皮层活跃度和思维理解能力的极限，从而达成质的突破。在这个过程中，心性也得到了很大的磨炼，不浮躁，不世故，不急不馁，自成一方天地。

二、不设限挑战自我

研究生读书生活收获最大的一个词就是"不设限"。以前自己的性格还是偏保守的，不主动不积极，喜欢待在自己的舒适圈里安安稳稳。犹记得研究生刚入学时，面对自己和同学们的巨大差距和未来学术走向的困惑，陷入了一段短暂的迷茫期。于是我鼓起勇气去找导师交流，说自己性格比较内向定性访谈做不好，但是定量的研究方法学得也不好，不知道该往哪个方向走。导师对我说：不要给自己设限，你的研究生生涯才刚开始，还有各种各样的可能性，要勇于尝试，敢于挑战自己。"不设限"这个词我一直记在心里，读不懂没关系，失败了也没什么大不了，都可以再来。重要的是去做了，成则发现另一个自己，败则加勉改之，缩在自己的舒适圈中就永远不会有成长。

带着这样的想法，这两年做了许多挑战自己的事情。比如说"苦"读书，定下看似不可能完成的读书目标，最后惊喜地发现"我可以"；比如说坚持锻炼每天跑步，配速越来越快，身体素质变强；比如说规律作息，改掉熬夜晚起的习惯，发现原来晨起的阳光与鸟叫，都是带着生气的。这段研究生读书生活，让我收获了不一样的人生风景。首先，是专业基础理论知识的学习和夯实，从"古典四大家"到过渡时期再读到现代经典，从涂尔干、马克思一路读到布迪厄和福柯，对社会学理论再认识的同时，对学科的敬畏感和使命感也油然而生。其次，系统的阅读是对个人能力的锻炼，是辩证思考能力和批判逻辑等多维度综合能力的提升，形成多元化的视角，在与大家交流中确立主体性。此外，通过和同学们的交流与讨论，在无数个宿舍深夜学术座谈交流会与每周的集体运动中，也无意中收获了志同道合的伙伴，大家互相激励、共同进步，也使得这段青春故事更加多彩。最后，也是最重要的，在经典的体系化阅读过程中，我的心性也得到了极大的锻炼，目标坚定，内心也更加纯粹，因为不设限，所以敢于挑战自己走出舒适圈，发现自己能做到之后，收获的不只是喜悦，还有一个更加自信和勇敢的自己，明天也无所畏惧。

三、东湖水畔起云澜

从 2018 年最初的抗拒与不理解，到如今全身心的投入，伴着珞珈山水的春夏秋冬，一本书一本书地啃，积累也越来越多。读书的变化，需从无声处听惊雷。自己的脑袋开始只是经典大家们的跑马场，逐渐形成一些自己的东西，虽不至于与其对话，但也能加以辩证地思考然后有所悟，有所出。而经过两年的专业经典阅读训练，东湖水畔也早已云澜四起。可以看到在这场突如其来的疫情中，同学和老师们都积极建言献策，对疫情的基层治理情况、防疫制度设计和舆论时事等议题发表自己的见解，贡献了自己的一份抗疫力量。

经由这次的疫情，我自己的感触也颇深，对社会学学科有了新的认识。如贺老师所言："社会学的训练让我们更有温情，更有使命感，也更有分析能力和判断能力。"社会学是一种视角，即一种思考方式，或者也可以说是一种观看和探究世界的方式。作为这场疫情特殊的亲历者和贴近的观察者，对如何在嘈杂的信息洪流中作出理智的判断，如何体察到社会情绪的微妙变化和其背后的结构因素并保持自身的独立性，如何肩负起当代青年学子的责任重担和多年社会学训练形成的使命感和担当，我有了更多的私人感悟。两年封闭环境下的经典阅读训练，看似脱离了世事的纷扰和外界的喧嚣，但何尝又不时时处在社会之中呢？我们的目光聚焦在书本上，书里写着的正是对现世纷扰的答案，是处世的道理以及治世的良方。历史的车轮滚滚而过几千年，无数社会革命和改良循环上演，历史书的骨架是由其间的帝王贵胄和英雄人物撑起的，社会学的经典里却道尽了小人物的命运悲欢。社会学兼顾着洞察和呼吁，理解和悲悯；它欢迎大家，欢迎在现代社会里奔走、反思、怀疑、迷茫着的每一个人，也质疑宏大叙事和永远进步的神话。这场抗疫的初捷，不仅是属于党的领导和社会主义制度优越性的胜利，也是生活在其中的每一位护士、医生、讲故事的快递员等社会一分子的胜利。经典时读时新，每个时代都面临着自己独特的巨大挑战，也不乏共同的结构性问题令我们思考。同样需要我们从经典中汲取的，还有大家的思考方式和思维逻辑，以及那份浓浓的人文社科情怀。

"靡不有初，鲜克有终"，两年的读书时间如白驹过隙，匆匆而逝。未来仍然有很多挑战，有许多选择要做，但相信自己，带着当代青年的使命感和责任感，不惧前行。2020，不忘初心，步履不停。

阅读书单

涂尔干

《自杀论》   《社会学方法的准则》

《社会分工论》   《宗教生活的基本形式》

《职业伦理与公民道德》 《原始分类》

《实用主义与社会学》

韦伯

《新教伦理与资本主义精神》 《学术与政治》

《儒教与道教》   《印度的宗教：印度教与佛教》

《古犹太教》   《宗教社会学》

《中国的宗教　宗教与世界》 《社会学的基本概念》

《经济与社会》   《支配社会学》

《法律社会学·非正当性的支配》

马克思、恩格斯

《资本论》全三卷   《马克思恩格斯选集》第一、二、三卷

齐美尔

《时尚哲学》   《宗教社会学》

《货币哲学》   《社会是如何可能的》

《生命直观》   《现代人与宗教》

《社会学——关于社会化形式的研究》《叔本华与尼采》

滕尼斯

《社会学引论》   《共同体与社会》

《新时代的精神》

帕累托

《精英的兴衰》   《普通社会学纲要》

马尔库塞

《爱欲与文明》   《单向度的人》

曼海姆

《意识形态与乌托邦》   《保守主义》

《卡尔·曼海姆精粹》   《重建时代的人与社会》

帕森斯

《社会行动的结构》   《社会系统》

默顿

《社会理论与社会结构》   《理论社会学》

布劳

《社会生活中的交换与权力》   《社会交换中的公平性》

《不平等和异质性》

科塞

《社会冲突的功能》   《理念人：一项社会学的考察》

米德

《心灵、自我与社会》

米尔斯

《白领：美国的中产阶级》   《权力精英》

《社会学的想象力》

戈夫曼

《日常生活中的自我呈现》   《污名》

柯林斯

《互动仪式链》   《冲突社会学》

埃利亚斯

《文明的进程》   《个体的社会》

斯科特

《弱者的武器》

马尔库塞

《爱欲与文明》   《单向度的人》

《理性与革命》

布迪厄

《单身者舞会》   《继承人——大学生与文化》

《遏止野火》　　　　　　　　《言语意味着什么》

《国家精英》　　　　　　　　《区分：判断力的社会批判》

《实践感》　　　　　　　　　《自我分析纲要》

《帕斯卡尔式的沉思》　　　　《关于电视》

《男性统治》

福柯

《古典时代疯狂史》　　　　　《疯癫与文明》

《规训与惩罚》　　　　　　　《生命政治的诞生》

《词与物》　　　　　　　　　《临床医学的诞生》

《社会学研究》　　　　　　　《性经验史》

《必须保卫社会》　　　　　　《不正常的人》

哈贝马斯

《交往行动理论》　　　　　　《公共领域的结构转型》

《包容他者》　　　　　　　　《合法性危机》

《文化与批判》　　　　　　　《现代性的哲学话语》

《重建历史唯物主义》

吉登斯

《现代性与自我认同》　　　　《亲密关系的变革》

《民族—国家与暴力》　　　　《第三条道路》

《现代性的后果》　　　　　　《社会学方法的新规则》

柏拉图

《理想国》

亚里士多德

《政治学》

马基雅维利

《君主论》

图书在版编目（CIP）数据

长江边的后浪：武汉大学社会学院 2018 级研究生读书生活 / 贺雪峰 主编 . — 北京：东方出版社，2021.1
ISBN 978-7-5207-1752-6

Ⅰ.①长… Ⅱ.①贺… Ⅲ.①武汉大学—读书活动—概况 Ⅳ.① G252.17

中国版本图书馆 CIP 数据核字（2020）第 229201 号

长江边的后浪：武汉大学社会学院 2018 级研究生读书生活
（ CHANGJIANG BIAN DE HOULANG: WUHANDAXUE SHEHUIXUEYUAN 2018JI YANJIUSHENG DUSHU SHENGHUO ）

主　　编：贺雪峰
责任编辑：王　端
出　　版：东方出版社
发　　行：人民东方出版传媒有限公司
地　　址：北京市西城区北三环中路 6 号
邮　　编：100120
印　　刷：北京联兴盛业印刷股份有限公司
版　　次：2021 年 1 月第 1 版
印　　次：2021 年 1 月第 1 次印刷
开　　本：680 毫米 ×960 毫米　1/16
印　　张：23
字　　数：317 千字
书　　号：ISBN 978-7-5207-1752-6
定　　价：59.00 元
发行电话：（010）85924663　85924644　85924641
